SAHRA WAGENKNECHT

Christian Schneider, Dr. phil. habil., Sozialpsychologe und Führungskräfte-coach, gilt als Begründer der Disziplin »psychoanalytische Generatio-nengeschichte«. Er lehrte an den Universitäten Hannover, Kassel, CEU Budapest und LMU München. Von 1989 bis 2001 Forschung und psycho-analytische Fortbildung am Sigmund Freud-Institut Frankfurt. Seit 2001 eigene Praxis für psychoanalytisches Coaching. Der Autor zahlreicher sozialpsychologischer und wissenschaftsgeschichtlicher Veröffentlichun-gen sowie vieler Porträts von Politikerinnen und Politikern lebt in Frank-furt am Main.

Christian Schneider

SAHRA WAGENKNECHT

DIE BIOGRAFIE

Campus Verlag
Frankfurt/New York

MIX
Papier aus verantwor-
tungsvollen Quellen
FSC® C089473

ISBN 978-3-593-50986-0 Print
ISBN 978-3-593-44111-5 E-Book (PDF)
ISBN 978-3-593-44122-1 E-Book (EPUB)

Redaktion: Sabine Bayerl
Satz: DeinSatz Marburg UG | tn
Gesetzt aus der Minion, der Rift und der Din Next LT Pro
Druck und Bindung: Beltz Grafische Betriebe GmbH, Bad Langensalza
Printed in Germany

www.campus.de

INHALT

EINE FRAU MIT WIDERSPRÜCHEN

Auftakt mit Vogelgezwitscher

In der Ecke des Zimmers, das auf die Terrasse führt, steht neben einem Bücherregal ein kleiner roter Mann. Einige der hier eingestellten Werke kenne ich. Gleich werde ich mit ihrer Autorin sprechen. Sie ist draußen dabei, den Tisch zu richten. Die Vögel zwitschern atemberaubend laut, es ist Sommer.

Der kleine, gerade mal einen Meter große rote Mann, der die Bücher bewacht, ist Karl Marx: die bekannte Skulptur von Ottmar Hörl. Ein Geschenk von Freunden, sagt Sahra Wagenknecht, die mittlerweile in der Küche steht, um den Darjeeling aufzugießen. Am Fenster lehnt das gerahmte Foto eines anderen Bekannten: Che Guevara. Nein, nicht das berühmte Demo-Poster mit dem entschlossen-visionären Gesichtsausdruck des Revolutionärs. Das Küchenbild zeigt einen eher gemütlichen, ja, etwas dicklichen Mann mit einem freundlichen Lächeln, das so gar nicht nach Guerillakampf und Revolution aussieht. Auf meinen ironischen Kommentar erwidert Sahra Wagenknecht, genau das möge sie. Hier wirke der Held der 68er einfach so menschlich. Gerade wegen des Lächelns. Auch dieses Foto sei ein Geschenk von Freunden.

Für einen Moment laufen Szenen durch meinen Kopf, in denen Freunde Karl und Che wie Pralinenpackungen als Gastgeschenke ins Haus bringen. Wo bin ich hier? Schließlich ist seit 1968 ein halbes Jahrhundert vergangen. Damals war Sahra Wagenknecht noch nicht geboren und ihr Mann, Oskar Lafontaine, der Besitzer des Hauses in dem kleinen Dorf Silwingen dicht an der französischen Grenze, noch ein ordentlicher Sozialdemokrat. Treffe ich etwa eine nostalgische Altlinke?

Hält man sich an das, was in den Medien über sie verbreitet wird, ergibt sich kein klares Bild. Und mein persönlicher Kontakt mit Sahra Wagenknecht besteht bislang aus einem 90-minütigen Gespräch, das ich mit ihr 2014 für ein Porträt in der *tageszeitung* geführt hatte. Ich erinnere noch gut das Gefühl, auf eine außergewöhnlich facettenreiche Frau zu treffen, die sich in den üblichen Netzen des Journalismus nicht fangen lässt.

Wir gehen auf die Terrasse. Das Vogelgeschrei schafft eine Art Grundtaubheit in den Ohren. Ich baue das Mikrofon auf. Eine graue Katze schleicht geschmeidig und scheu an mir vorüber. Gibt es Futter? Meistens, denn wenn Sahra Wagenknecht zu Hause ist, stellt sie etwas für das streunende Tier ins Freie, das regelmäßig vorbeischaut – und macht sich Sorgen, ob vielleicht wieder einmal der viel kräftigere Kater aufkreuzt und die kleine Kostgängerin wegbeißt. Sich um Dinge zu kümmern, die für viele Inbegriff des Nebensächlichen wären, ist ihr ein Bedürfnis. Tiere gehören dazu.

»Sie müssen mir Fragen stellen«, hatte Sahra Wagenknecht vor unserem Treffen gesagt. Ich ahne, dass es selbst für einen Medienprofi wie sie nicht leicht ist, über das eigene Leben Auskunft zu geben. Zumal es sich nicht um ein Zeitungsporträt von einer oder zwei Seiten handelt. Aber sie beginnt mutig, mit der klaren, disziplinierten Sprache, für die sie bekannt ist, zu erzählen. Über lange Strecken wird es dann doch ein Monolog.

Als sie über ihre Kindheit spricht, fällt mir auf, wie jung sie hier im heimischen Umfeld, lässig in Jeans und roter Bluse im strahlenden Sommerlicht, wirkt – und plötzlich packt mich ein Schrecken: Kann man denn die Lebensgeschichte einer noch nicht einmal 50-Jährigen in Buchform niederschreiben? »Biografie« heißt ja im Wortsinn: Beschreibung eines Lebens, das heißt in aller Regel eines *gelebten* Lebens, von seinem Ende aus betrachtet. Sportler und Schlager-Sternchen mögen da eine Ausnahme bilden. Sie haben tatsächlich oft genug das Leben, das andere interessieren könnte, schon in jungen Jahren abgeschlossen. Aber Politiker?

Und halt, stopp mal! Ist Sahra Wagenknecht wirklich eine Politikerin? Beziehungsweise ist sie *nur* eine Politikerin? Es gibt nicht wenige intelligente Leute, die sie als scharf analysierende, sozialwissenschaftlich und ökonomisch argumentierende Theoretikerin wahrnehmen. Als Intellektuelle, deren hauptsächliche Fähigkeit darin liegt, kluge Bücher zu schreiben. Manche sehen sie als Philosophin. Andere warten seit Jahren auf ihr abschließendes Werk zu Goethe. Und selbst das Wort vom Popstar taucht bei ihrer öffentlichen Beurteilung immer wieder auf. So viele verschiedene Meinungen und Erwartungen – das deutet für mich auf eine Vielfalt von Begabungen und Möglichkeiten hin, die weit über das hinausgeht, was ein »normales« Leben bereithält.

Sahra Wagenknecht erzählt gerade von ihren frühen Erfahrungen in der Schule, als mir aus dem nachmittäglichen Himmel die Einsicht zufliegt, dass eine Biografie von ihr neben der Bestandsaufnahme des Geschehenen eine Geschichte der Möglichkeiten sein muss. Und eine der Widersprüche. Sicherlich, es gilt aufzuzeichnen, was sich in ihrem Leben ereignet hat. Das, was sie manchmal wie beiläufig erzählt, auf seine Bedeutung hin zu befragen. Dazu die Stimmen von Weggefährten zu hören. Aber im Grunde, das wird mir im schallenden Singsang der deutsch-französischen Vogelschar deutlich, wird die Herausforderung wohl sein, sich einer Frau zu nähern, die wie kaum eine Zweite in der deutschen Politik fasziniert und polarisiert, verehrt und abgelehnt wird. Und dabei derart rätselhaft bleibt.

Was heißt: Ihrem Biografen kommt die Aufgabe zu, im Licht der Spuren und Narben ihrer Vergangenheit ihre Gegenwart zu betrachten. Und ihre bisherige Geschichte auf die Möglichkeiten ihrer Zukunft zu projizieren. Mit dem üblichen Risiko. Niemand weiß, was morgen sein wird. Am wenigsten bei Personen, deren Charakter durch eine so verwirrende Vielstimmigkeit der Lebenspartitur bestimmt wird wie bei Sahra Wagenknecht.

»Gehen wir rein?«, fragt sie nach vielen Stunden Gespräch. Eigentlich ist sie krank, und sie hat sich auf das Interview nur eingelassen, weil schon der erste Termin aus Krankheitsgründen geplatzt ist. Als wir den Sonnenplatz mit Blick auf die sommerliche Landschaft verlassen, habe ich das Gefühl, dass ich den kleinen Marx nun irgendwie anders sehe. Bewacht er wirklich das Bücherregal? Oder die Autorin?

Wahlkampf

Heißer Herbst 2018 in Deutschland. Es brennt an allen Ecken und Enden. Buchstäblich ein ganzes Moor nach einem Bundeswehrmanöver. Andere Brandstellen lodern ohne sichtbare Flammen. Tausende Aktivisten besetzen einen Wald, um dessen Rodung zu verhindern, die den Weg zu neuem Braunkohleabbau freimachen soll. Millionen Autofahrer, die das Pech haben, ein Dieselfahrzeug zu besitzen, wissen nicht, ob sie demnächst noch durch ihren Wohnort fahren dürfen. Klar ist nur: Die Autoindustrie hat mit gefälschten Abgaswerten getäuscht und betrogen, und die Politik geht vor ihr in die Knie.

Die Stimmung ist gereizt. Nicht bloß in der Bevölkerung, sondern auch bei den Volksvertretern. In der regierenden Großen Koalition herrscht offener Krach zwischen den Unionsvorsitzenden Merkel und Seehofer. Das Versagen der SPD bei einer Reihe von fatalen Entscheidungen ist offensichtlich.

Heute ist die »Causa Maaßen«, die Absetzung des Verfassungsschutz-Chefs nach einem schweren Lapsus und seine zwischenzeitliche Beförderung, Schnee von gestern. In diesem heißen Herbst aber provoziert der Skandal die Frage, ob Deutschland überhaupt noch eine funktionierende Regierung hat. Und wenn ja: wie lange noch? Gerade wegen der scharfen Kontroversen zwischen den beiden Parteien mit dem christlichen »C« im Namen werden die kommenden Landtagswahlen in Hessen und Bayern mit Spannung erwartet. In Bayern steht die CSU vor dem größten Stimm- und Machtverlust seit ihrer Gründung. Der Wahlkampf wird mit harten Bandagen geführt. Zumal durch die Verschiebungen innerhalb der Parteienlandschaft die kleineren Parteien neues Gewicht gewonnen haben.

Die Fraktionsvorsitzende der Linken, Sahra Wagenknecht, der Medienstar und das bekannteste Gesicht ihrer Partei, arbeitet in diesem Wahlkampf als Rednerin die Marktplätze und Säle dieser beiden Bundesländer ab. Meist bestreitet sie zwei Auftritte pro Tag. Morgen wird es der landsmannschaftliche Spagat zwischen dem bayrischen Aschaffenburg und der hessischen Metropole Frankfurt sein. Heute ist Fulda an der Reihe.

Es ist einer der letzten warmen Tage des Jahres. Die Menschen, die sich auf dem Universitätsplatz einfinden, um Sahra Wagenknecht zu hören, sind leicht bekleidet. Direkt links neben der aufgebauten Bühne der Linken bietet ein Café Sitzplätze an. Ich bin früh genug zur Stelle, um mir einen Stuhl zu sichern. An meinem Tisch sitzt ein Paar, beide Mitte 70, beide braun gebrannt, die Frau gertenschlank – und mit Hotpants bekleidet. Ein klassisches Kleidungsstück der 70er-Jahre. Das Gros der Besucher gehört der Generation 65 plus an. Früher hätte man sie Rentner genannt. Viele von ihnen tragen, wie meine Tischnachbarn, jugendliche Outfits. Jeans, die Arme teilweise mit Tattoos versehen, lässig, langhaarig, auch wenn die einstige Hauptpracht meist dünn, weiß und spärlich geworden ist: Es ist die Generation des linken Aufbruchs von '68. Dazu eine Minderheit von jungen Leuten. Anders als bei den Alten dominiert bei ihnen kein Look. Auffällig allerdings, dass so gut wie keine »ausländischen Mitbürger« auf dem Platz sind. Und: das Fehlen der demografischen Mitte. Die Altersgruppe der 30- bis 50-Jährigen ist hier unterrepräsentiert.

Es sind etwa 300 Leute, die den Universitätsplatz bevölkern und auf den Beginn der Veranstaltung warten. So erfahre ich es von einem der diensthabenden Polizisten, zu deren Aufgaben nicht nur die Gewährleistung der Sicherheit gehört, sondern auch, die Zahl der Besucher fürs Protokoll abzuschätzen. Er läuft durch die Reihen, spricht ab und zu jemanden an, lächelt, bekommt freundliches Feedback: eine »Staatsgewalt«, die zu der Zeit, als die fitten Rentner von heute ihren Protest gegen die als defizitär empfundene Nachkriegsdemokratie auf die Straßen trugen, so nicht denkbar war. Ein bisschen wirkt es wie auf dem Dorfe, in dem jeder jeden kennt.

Die Versammelten hören geduldig den ersten Rednern zu, dem Landesvorsitzenden Jan Schalauske und dem Direktkandidaten der Linkspartei in diesem Wahlkreis. Rechts und links der Bühne stehen zwei Menschen, die eine Armbinde als »Ordner« ausweist. Ein unauffälliger Mann unbestimmbaren Alters und eine junge Frau, die optisch präsentiert, was Die Linke wohl sein will: keine Rentnerpartei, sondern – auch – die der jungen Leute. Sie trägt Jeans und Sneakers, darüber ein dunkles Shirt, das die linke Schulter freigibt und einen Blick auf den Träger ihres schwarzen Unterhemdes erlaubt. In die roten Haare geschoben eine Sonnenbrille. Während der Rede des linken Spitzenkandidaten klatscht die Ordnerin immer wieder kräftig und lächelt auffordernd ins Publikum; sie bewegt sich dabei fast tänzerisch, so, als sei sie bei einem Pop-Konzert. Das Publikum braucht die auffordernden Gesten nicht. Wann immer die einschlägigen Parolen fallen, gibt es zustimmenden Beifall. Etwa, wenn es um das Reichtumsgefälle im Land, das soziale Auseinanderdriften der Gesellschaft, die Fragen von Mieten, Renten und Pflege geht. Aber es ist spürbar: Alle warten. Irgendwann tritt einer der Organisatoren der Veranstaltung zum Redner und flüstert ihm etwas zu. Jedem ist klar, was das bedeutet: Er soll zum Schluss kommen, der Haupt-Act ist eingetroffen. Es ist ziemlich genau 17:00 Uhr, eine halbe Stunde nach Beginn der Veranstaltung. Kurz darauf bricht der Redner ab mit der Aufforderung, doch bitte Die Linke im Oktober zu wählen, und die frohe Botschaft wird verkündet:»Sie ist da!«

Direkt vor der Bühne ist mir ein Mann aufgefallen. Offenbar ein »Bürger mit Migrationshintergrund«, ich tippe auf einen Syrer, an seiner Seite eines der wenigen Kinder, die sich auf dem Platz langweilen. Er hält einen Strauß roter Rosen in der Hand und wirkt ein bisschen nervös.

Und dann kommt sie. Sonnengebräunt, in einem ihrer typischen Kostüme, die so seltsam zeitlos wirken. Ebenso wie die Frisur, die Kette, die Ohrringe. Nichts an Sahra Wagenknecht weist sie optisch als Linke aus. Sie entspricht keinem der üblichen Klischees. Ohne Weiteres könnte man sie für die Vorstandschefin eines DAX-Unternehmens halten. Nicht ohne Ironie, dass zu Beginn ihres Auftritts ein Fenster der rechts vom Podium gelegenen Filiale der Deutschen Bank aufgeht und ein paar Mitarbeiter interessiert Wagenknechts Performance verfolgen. Am warmen Begrüßungsapplaus der Fuldaer beteiligen sie sich freilich nicht.

Auf dem Platz ist die Zeit der erhobenen Arme angebrochen: die Batterie hochgereckter Handys für die private Fotodokumentation. Während dieser Ouvertüre eilt der Rosenkavalier nach vorne und übergibt dem Star der Veranstaltung den cellofanumhüllten Strauß. Es bleibt unklar, warum. Unklar auch, ob es eine bestellte, gestellte Szene ist oder die spontane Handlung eines Fans. Sahra Wagenknecht jedenfalls ist überrascht. Sie freut sich, bedankt sich, erst beim Überbringer der Blumen persönlich, dann via Mikrofon, und legt den Strauß nach einem kleinen Zögern auf das Pult, das ihren Vorrednern als Ablage für ihr Vortragsmanuskript gedient hatte. Sahra Wagenknecht benötigt es nicht. Sie wird – wie immer bei solchen Auftritten – frei reden. Und – nein, nicht genau 30 Minuten. Sondern 31. Der Dank verzögert den Zeitplan.

Sahra Wagenknecht spricht so, wie man es von ihr kennt. Nicht nur ohne Manuskript, sondern auch ohne Fehler, Stocken, Versprecher oder falsche Betonungen. Doch, ein Lapsus ist dabei: »logal« statt »legal« – sofort korrigiert. Jeder, der schon einmal eine Rede, ein Referat, einen Vortrag oder eine Vorlesung gehalten hat, weiß, wie anfällig diese Situation für Fehler ist. Es ist faktisch so gut wie unmöglich, bei einer Redezeit von 30 Minuten fehlerfrei durchzukommen. Klar, wir hören hier eine einstudierte, mit kleinen Variationen mehrmals gehaltene Rede. Und doch ist die Präzision ihres Vortrags überraschend. Ebenso wie das erstaunliche Vortragstempo. Sahra Wagenknecht verpasst es fast systematisch, an dem Punkt innezuhalten, an dem ihre Rede den Beifall hervorlockt. Sie redet über den Beifall hinweg. Jeder Rhetor, jeder Populist zumal, der es darauf anlegt, eine aufgeheizte Stimmung im Publikum zu schaffen, würde ein anderes Timing wählen und den aufkommenden Beifall in die Sprechpausen hinein explodieren lassen.

Nicht so Sahra Wagenknecht. Sie spricht Punkte an, die offenbar die Gefühle ihres Publikums treffen. Aber sie erlaubt sich nicht die Atempause, die allein dem Beifall gewidmet sein sollte. Sie ist schnell. Ein Rhetoriktrainer würde sagen: zu schnell. Stopp, lass Raum für die Aktivität der Zuhörer! Denn der Applaus ist ihr Beitrag, er muss sich entfalten dürfen. Wenn deine Worte zwischenzeitlich in ihm untergehen und das Ende deiner Sätze schon wieder in die Stille fällt, ist ein wesentlicher Effekt verfehlt.

Dabei spricht Sahra Wagenknecht nicht nur fehlerlos, sondern gut: pointiert, nicht agitatorisch, sondern zur Sache. Sie hat eine Botschaft, die ihr wichtig ist. Und offenbar wichtiger als der rhetorische Effekt. Ist es nur der Termindruck – wenige Stunden nach dieser Veranstaltung steht eine Lesung in Erfurt auf dem Programm –, der sie dazu bringt, die Chancen einer emotionalen Steigerung ihres Auftritts und damit ihrer persönlichen Präsenz und Wirkung zu verschenken? Wohl kaum. Und auch ihre Liebe zur gedanklichen Präzision kann es nicht hinreichend erklären. Was aber ist es dann? Mir fällt ein, dass diejenigen, die Sahra Wagenknecht gut und lange kennen, immer wieder davon gesprochen haben, sie sei ein grundschüchterner Mensch. Was niemand glauben mag, der sie als routiniert durch die Medien surfenden Politprofi wahrnimmt, für den Auftritte der unterschiedlichsten Art alltäglich sind. Oder doch …?

Unter den Menschen auf dem Fuldaer Universitätsplatz gibt es zweifellos eine ansehnliche Zahl, die sich das »links« schon als Twens stolz auf die Fahnen geschrieben haben. Mit unterschiedlichen Folgen und Lebensgeschichten. Man kann es an der Kleidung sehen und aus den Gesichtern lesen. Einerseits die aus akademischen Zusammenhängen stammenden Alt-68er, die sich als Pensionäre durch ihr 50. Jubiläumsjahr feiern, und neben ihnen die »abgehängten« Hartz-IV-Empfänger. Was viele über alle Differenzen hinweg vereint, ist die zunehmende Unzufriedenheit mit der von der Kaste der Berufspolitiker dominierten Republik. Sie fühlen sich nicht mehr gesehen, geschweige denn anerkannt, ernst genommen, verstanden. Für sie ist »links« möglicherweise immer noch ein Zauberwort – nicht aber im Munde jener, die es nur als Losung für ihre persönliche Karriere benutzen. Sahra Wagenknecht indes spenden sie Beifall. Denn, das kann ich den Reaktionen und Randbemerkungen, den Kommentaren während und den Äußerungen nach der Veranstaltung entnehmen: sie glauben ihr.

Sie glauben ihr, dass sie nicht zu den Linksgewinnlern gehört, die im Namen einer großen Idee letztendlich nur fürs eigene Portemonnaie und das eigene Image arbeiten. Sie glauben ihr, dass sie tatsächlich versucht, die Lage der Armen und Abgehängten zu verbessern. Obwohl ihr Outfit dem zu widersprechen scheint. Oder – vielleicht sogar deshalb?

Nach genau 31 Minuten ist ihr Auftritt auf dem Marktplatz vorbei. Im Anschluss bildet sich noch die übliche Menschentraube, die die prominente Politikerin umringt. Das Bedürfnis nach Selfies ist groß. Aber die Uhr tickt. Um 19:30 Uhr ist ein weiterer Termin angesagt, 150 Kilometer entfernt. Viele Stunden verbringt Sahra Wagenknecht in diesen Wochen auf der Autobahn, Zeit, in der sie arbeitet oder sich mit ihrem Fahrer unterhält. Nach Tausenden Kilometern kennen sich die beiden mittlerweile gut. Und schon der nächste Tag wird wieder dem Wahlkampf in Bayern und Hessen gewidmet sein – erst Aschaffenburg, dann Frankfurt. Sahra Wagenknecht ist als Stargast beim »Sozialgipfel der Linken« geladen.

Der Frankfurter Saal, in dem die Veranstaltung stattfindet, fasst 800 Besucher. Der Zuspruch ist groß und die Rednerliste prominent besetzt. Nach dem Landesvorsitzenden der Linken, Jan Schalauske, der schon in Fulda aufgetreten war, ist Janine Wissler die zweite Vortragende, ihres Zeichens Fraktionsvorsitzende im hessischen Landtag, zudem seit 2014 eine der stellvertretenden Parteivorsitzenden der Linken auf Bundesebene. Beide sind Ende 30, beide haben Politikwissenschaft studiert – er in Marburg, sie in Frankfurt – und mit dem Diplom abgeschlossen. Danach haben sie jeweils eine Zeit lang für Bundestagsabgeordnete der Linken gearbeitet: der klassische Weg politischer Newcomer, die es zu etwas bringen wollen.

Nach ihnen, so kündigt der Moderator an, werde die Parteivorsitzende sprechen, Katja Kipping, einst jugendlicher Shootingstar der PDS mit ostdeutschen Wurzeln, die schon mit Mitte 20 in den Bundestag einzog, schnell in der Partei aufstieg und seit 2012 an der Spitze der Linken steht.

Alle Sitzplätze sind belegt, an der hinteren Wand drängen sich die Spätgekommenen. Auf der rot dekorierten Bühne prangt das Motto der Veranstaltung: »Mehr für die Mehrheit«. Die Stimmung ist, anders als in Fulda, seltsam aufgekratzt, das Publikum aber ähnlich zusammengesetzt, nur dass hier die mittlere Alterskohorte stärker vertreten ist. Und auch die Zahl der »Freaks«, insbesondere aus der 68er-Generation, ist größer.

Unter den vielen langhaarigen Weißhäuptern fällt ein wuchtiger, um nicht zu sagen dicker Mann in Jeans und einem mit Spruchweisheiten bedruckten Sweatshirt auf, der wie Karl Marx frisiert ist, das Haupthaar und der Bart lediglich ein bisschen zotteliger. Er drängt sich auf einen der vorderen Plätze. Später, bei den Reden, wird er dadurch Aufmerksamkeit auf sich ziehen, dass er bei den am stärksten bejubelten Passagen nicht nur – das tun auch andere – die Faust reckt, sondern bei den Aussagen, die ihn offenbar am meisten begeistern, Töne von sich gibt, die an die Laute von Seehunden erinnern: eine Mischung aus Bellen, Japsen und Jaulen. Bei den ersten Reden wird erkennbar, dass nicht nur Parteimitglieder oder Sympathisanten im Publikum sitzen. Einige der Zuhörer verzichten auf jeden Applaus. Offenbar sind es Interessierte, Menschen, die sich ein Bild von der Partei und ihrem politischen Angebot machen wollen. Sie repräsentieren im Saal eine kleine Minderheit. Die lediglich durch eine noch kleinere Minorität getoppt wird: Außer mir gibt es hier bloß noch einen weiteren Schlipsträger. Auch der hört, ohne zu applaudieren, genau zu.

Die Selbstinszenierung der Vortragenden ist so unterschiedlich, dass es fast wie ein geplanter Spannungsaufbau wirkt. Schalauske, der Landeschef, eröffnet die Reden, sachlich, ohne rhetorische Highlights. Zu erleben ist ein gewissenhafter Politikarbeiter ohne Schnörkel und Ausstrahlung. Janine Wissler bietet, einfach und lässig mit Hose und Shirt gekleidet, das Bild einer Studentin auf dem Campus. Sie kommt nicht nur jugendlich daher, sondern will es wohl auch sein. Eine junge Frau, die direkt, ehrlich, scheinbar unprätentiös andere Ehrliche und Unprätentiöse ansprechen möchte. Ihre Rhetorik indes ist deutlich mehr auf beifallheischende Pointen angelegt als die ihres Vorredners. Und tatsächlich beginnt mit ihrem Vortrag ein gewisses Brodeln im Saal. Hier spricht, das ist herauszuhören, eine gelernte Wahlkämpferin.

Katja Kipping tritt im roten Blazer an, der sich vom fast gleichfarbigen Hintergrund und ihren Haaren seltsam kontrastschwach abhebt. Aber sie redet gut. Man merkt ihr die gewachsene Routine an. Die Resultate wohltrainierter Rhetoriklektionen. Anders als früher gibt es einen thematischen und rhetorischen Spannungsbogen und, vor allem, eine temperierte Variation des Affekts. In ihre Rede sind Passagen eingebaut, die nicht nur auf lautstarke, beifallheischende Parolen setzen, sondern Emotionalität einfordern: eher stille Zustimmung und Nachdenklichkeit ins Spiel bringen sollen. Natürlich geht es dabei um die Armen und Abgehängten, eines der Grundthemen ihrer Partei. Nur am Ende ihrer Rede unterläuft ihr ein Lapsus. Sie sei nun beim letzten Blatt ihres Textes, verkündet sie: Sie habe genauso lange geredet wie verabredet, »und wenn jetzt Sahra …«. Der Satz bricht ab, verebbt irgendwo im Nichts. Aber die Botschaft ist klar: Die angekündigte Schlussrednerin ist noch nicht da. Was die Parteivorsitzende damit sagen will, hört sich an wie: *Ich* halte mich an die Verabredungen. *Sie* dagegen … An den Reaktionen meiner Sitznachbarn merke ich, dass ich nicht der Einzige bin, der es so wahrnimmt.

Eine ungute Pointe für Katja Kipping, dass just in diesem Moment Sahra Wagenknecht mit ihrer Entourage den Saal betritt. Viele der Anwesenden springen auf, eine Welle der Erregung, ein kleines Rasen geht durch den Raum, Fäuste werden gereckt. Und die begeisterten Rufe: »Sahra, Sahra …« Für ihre Vorrednerin kein Genuss. Man weiß um die nicht nur politisch motivierte Konkurrenz der Partei- und der Fraktionsvorsitzenden. Rivalität, ja Eifersucht ist im Spiel. Jedenfalls ist mit diesem Auftritt einmal mehr klar, wer der Star ist.

Im Unterschied zu Fulda tritt Sahra Wagenknecht hier bei einer Veranstaltung auf, die weniger als Wahlkampfwerbung für Interessierte gedacht ist, sondern stark auf die eigenen Mitglieder zielt. Sie ist insofern auch ein Test, wie man ihr neues Engagement für die außerparteiliche »Aufstehen«-Bewegung wahrnimmt, die von Leuten wie Kipping als Versuch, die Partei zu spalten, eingeschätzt wird. Es geht darum, die Klientel zu organisieren.

Der »Sozialgipfel« sei, so sagte Sahra Wagenknecht im Vorfeld zu mir, sicherlich nicht repräsentativ dafür, wie sie in der Partei wahrgenommen werde. Sie richte sich auf eine eher kritische Stimmung ein. Die Reaktion auf ihr Erscheinen bestätigt das indes nicht. Was in Fulda wie eine grundfreundliche Aufnahme durch das Publikum wirkte, erfährt in Frankfurt eine deutliche Steigerung: Hier wird nicht nur ein Star gefeiert, mit dem man gerne ein Selfie produziert, sondern eine Frau, die Hoffnung bringt. Eine Gestalt, die mit ihren Worten, mit ihrem Auftritt eine Tür öffnet. Die Tür zu einer anderen Welt, in der sich die alten linken Ideale verwirklichen lassen. In der endlich Gerechtigkeit einkehrt. In Frankfurt tritt mit Sahra Wagenknecht im Grunde keine Rednerin, keine Politikerin, keine, wie manche sich gerne selber nennen, Problemlöserin auf, sondern eine Erlöserin.

Was in Fulda zu spüren war, ist in Frankfurt mit Händen zu greifen. Auch hier gilt, dass sie klug und druckreif, eher nachdenklich als agitatorisch redet. Nein wirklich, die Rolle der Scharfmacherin, die die Massen mit ihrer Rhetorik zum Aufstand treibt, liegt ihr nicht. Sahra Wagenknecht ist auch keine Charismatikerin im klassischen Sinne. Und doch auf ihre Weise die wahrscheinlich charismatischste Politikerin der Republik. Ein seltsamer Widerspruch. Oder besser: ein politisches Rätsel.

»Heilige« und »Stalins Cheerleader« – wer ist Sahra Wagenknecht?

Sahra Wagenknechts Auftritte haben den diskreten Charme von paradoxen Botschaften. Sie besagen: Ich bin für euch, für euch da. Auch wenn ich anders bin. Die Leute auf den Marktplätzen, in den Sälen nehmen ihr ab, dass sie meint, was sie sagt – obwohl ihre Ausstrahlung nicht »volksnah« ist. Dem Jargon, der kumpelhaftes Augenzwinkern und das billige Vertrauen des geteilten Ressentiments schafft, passt sie ihre Sprache nicht an. Nicht nur, weil sie eine Frau ist: Sie ist für »locker room talks« à la Trump genauso wenig geeignet wie für den deftigen Stammtischton oder das bei öffentlichen Auftritten gerne gepflegte populäre Bierzeltgedröhn. Das längst nicht mehr eine rein männliche, bayrische Spezialität ist: Genügend Politikerinnen beherrschen es mittlerweile perfekt – regionsübergreifend. Nein, die Leute glauben ihr, weil sie etwas von dem spüren, was sie ihnen – bei allen offenkundigen Unterschieden – ähnlich macht. Zum Beispiel ihre Schüchternheit.

Wie es ein Redner fertigbringt, dass die ihm lauschende Masse freiwillig den Verstand aufgibt und sich in eine aufgeputschte, jedes rationalen Gedankens und Verhaltens beraubte, im Zweifel gewaltbereite Horde verwandelt, ist psychologisch kein Rätsel. Wohl aber das Phänomen, dass mitunter dieselbe Zuhörerschaft so etwas wie eine kollektive Sensibilität für den emotionalen Unterbau der Rede und damit für die innere Spannung des oder der Vortragenden entwickelt, die nicht vom Anspruch auf Souveränität und Omnipotenz lebt, sondern eine Schwäche offenbart. Sahra Wagenknecht ist niemand, der den Platz oder den Saal in eine rauschhafte Stimmung versetzt. Ja, sie kann durchaus überzeugend reden, Pointen setzen, ihre Punkte machen. Aber, sie sagt es selbst, sie ist weit davon entfernt, sich von der eigenen Rede mitreißen zu lassen, in und an ihr trunken zu werden, mit der Masse zu verschmelzen und daraus narzisstische Souveränität zu gewinnen, an der sich wiederum die Zuhörerschaft in omnipotente Höhen katapultieren kann. Ein Manko, das bei ihr zur entscheidenden Stärke wird. Man spürt ihr immer noch die Anstrengung, die Überwindung an, die es sie bei aller Routine kostet, ans Mikrofon zu treten und zu sprechen. Man spürt, tatsächlich, ihre Schüchternheit. Die Zuhörer nehmen an ihr etwas wahr, was sie von sich selbst kennen. Es ist diese Ähnlichkeit, die ein Band zwischen ihnen und der Rednerin bildet. Auf diesem Feld kann der argumentative Samen aufgehen. Glaubwürdigkeit ist das Gegenteil von Routine. Wer überzeugend demonstriert, dass es ihm oder ihr nicht leicht fällt, die erwartete Rolle auszufüllen, kann in ihr reüssieren.

Allerdings nur, wenn zu dieser spürbaren, nachvollziehbaren Ähnlichkeit etwas hinzukommt, das darüber hinausragt; etwas, das sie um das erweitert, was einem selbst fehlt, um das, was man haben möchte, aber nicht hat.

Schüchternheit und Wortgewalt: Es ist diese ungewöhnliche Mischung, die Sahra Wagenknecht zu einer Ausnahmeerscheinung in der deutschen Politik macht. Sie fällt damit aus dem Schema der routinierten Berufspolitikerin ebenso heraus wie aus dem der Aufstiegskarrieristin. Schüchternheit und Wortgewalt: Das eine steht für Aufrichtigkeit, Selbstüberwindung und Mut; das andere für das, was das »Volk« seit der Antike von seinen Repräsentanten erwartet: dass sie seine Fürsprecher sind; dass jemand mit der wunderbaren Qualität, unbezweifelbare intellektuelle Kompetenz mit moralischer Unbedingtheit und klarer Sprache zu verbinden, aufsteht. Für sie, die Mehrheit. Die Mehrheit jener, die meint, sich nicht adäquat politisch äußern zu können. Sie wissen um ihre Überzeugung ebenso wie um ihre Ängstlichkeit, ihre Enttäuschung und den mangelnden Willen zum Handeln. Sie finden schon Worte, aber sie zweifeln, ob es die richtigen sind. Es sind die richtigen im Verein, in der Kneipe, beim Geburtstagsfest. Es sind private Worte, und sie wissen das. Genauso, dass von ihnen keine Wirkung ausgeht. Dafür braucht es andere. Solche wie Sahra. Ihre auf den ersten Blick wunderliche Mischung von linker, strikt antikapitalistischer Ausrichtung und grundbürgerlicher Ausstrahlung ist dafür das Markenzeichen: Sie ist wie wir – und anders. Sie denkt an uns – und kann für uns handeln, weil sie anders ist.

Von einem Großteil der Medien wird Sahra Wagenknecht indes weitgehend auf das Format eines politischen Popstars reduziert, der gut für außergewöhnliche Berichterstattungen ist. Nimmt man sie jedoch ernst, nicht nur als Privatperson, sondern als Indexgestalt einer veränderten politischen Realität in Deutschland, dann stellt sich die Frage: Wer ist Sahra Wagenknecht?

Einer, der Sahra Wagenknecht sehr gut und lange kennt, hat diese Frage so beantwortet: »Sahra ist keine Göttin, und das weiß sie auch.«[1] So Gregor Gysi, als bekannt wurde, dass sie sich dafür entschieden hatte, die Bewegung »Aufstehen« ins Leben zu rufen. Gregor Gysi zählt, das ist kein Geheimnis, nicht zu Wagenknechts politischen Freunden in der Partei, besser: in den beiden Parteien, deren Mitglieder sie seit dem Ende der SED waren bzw. immer noch sind. Mindestens einmal im Laufe seiner Karriere als Vorsitzender hatte er mit seinem Rücktritt für den Fall gedroht, dass ihrer Forderung nach einer einflussreichen Stellung in der Partei nachgegeben werde. Darf man also vermuten, dass seine negative Charakterisierung augenzwinkernd zu verstehen gibt, sie sei das *Gegenteil* einer Göttin? Und was wäre das Gegenteil einer Göttin? Man muss es nicht präzisieren, um zu wissen: bestimmt nichts Gutes. Seine vermeintlich harmlos-alltägliche Beschreibung der innerparteilichen Rivalin zeigt ein für Wagenknechts Beurteilung typisches Muster: eine Ambivalenz, in der sich Idealisierung und negatives Ressentiment begegnen.

Ein anderer, der Sahra Wagenknecht ebenfalls sehr gut, ja gewiss besser als Gysi kennt und sie seit vielen Jahren berät und begleitet, ein hoch gebildeter, weder kirchlich noch links orientierter Mann, Thomas Städtler, ein Psychologe und Wissenschaftsstratege zumal, verrät knapp – und ohne Negation – seine ultimative Wahrheit über sie: »Sahra Wagenknecht ist eine Heilige.« Natürlich müsse das verkennen, wer sich des routiniert oberflächlichen Kommentartons der einschlägigen TV- und Print-Journalisten bediene, die Sahra Wagenknecht als eine der umstrittensten, aber auch beliebtesten Politikerinnen Deutschlands vorstellen.

Die Hochglanzmagazine stilisieren sie zur »schönen Sahra«[2], eine Perspektive, die nur am Rande etwas mit Politik zu tun hat. Tatsächlich, sie wird von vielen bewundert. Aber sie wird auch – so sagt es Sevim Dağdelen, eine ihrer Parteifreundinnen – bei ihren öffentlichen Auftritten »wie ein Messias verehrt«. Ein Messias in weiblicher Gestalt im politischen Geschäft: Wann hat es das seit Jeanne d'Arc je gegeben?

Sahra Wagenknecht hat sich all diese Zuschreibungen nicht ausgesucht. Klar ist, sie scheint in kein Schema wirklich zu passen, sprengt die Grenzen traditioneller Politikdarstellung, nicht zuletzt dadurch, dass sie immer wieder aus den Grenzen ihrer eigenen Partei ausbricht und angefeindet wird. Als Außenseiterin weckt sie tatsächlich nicht selten messianische Hoffnungen. In der deutschen Politik ist sie für viele heute ebenso sehr Projektionsfläche wie Fragezeichen.

Untergründig spielt dabei sicherlich ihre politische Ausgangsposition eine Rolle, eine theoretische Orientierung, die die Mehrheit in Deutschland ablehnt: der Marxismus. Für die junge Politikerin war er der Leitfaden ihres Engagements und Handelns.

Der Marxismus, aus der Religionskritik geboren und im Selbstverständnis derer, die sich zu ihm bekennen, eine rationale Analyse des Bestehenden, hat sich im Laufe der Geschichte selber zu einer Art Heilslehre entwickelt. Tatsächlich hat der Marxismus eine sprachliche Formel geschaffen, die die Lücke zwischen den biblischen Mühseligen und Beladenen und den Überflüssigen von heute überbrückt. Sein genuines Pathos war stets, den »Erniedrigten und Beleidigten« zu helfen: ihre Stimme zu hören, sie ernst zu nehmen, für sie – und mit ihnen – zu kämpfen. Die moralische Botschaft des Marxismus hat unüberhörbare Anklänge an das christliche Ideal der Nächstenliebe – auch wenn die ethische Substanz dieser Theorie durch die verschiedenen Versuche, sie in politische Praxis zu überführen, weitgehend aufgebraucht zu sein scheint. Weshalb der DDR-Dichter Günter Kunert sie als eine »unbarmherzige Religion« qualifizierte, die »kein Erbarmen und kein Mitleid« kenne.[3] Man muss nur den Namen Stalin nennen, um zu verstehen, was er meint: den Absturz einer emanzipatorischen Theorie in die reale Hölle einer terroristischen Politik, die historische Realität einer alle Lebensbereiche durchdringenden Diktatur mit Millionen von Opfern. Die Praxis des Stalinismus ist, als Perversion des Marxismus, die Verkehrung einer messianischen Heilsbotschaft in Massenmord.

Genau dies findet Widerhall in anderen Charakterisierungen Sahra Wagenknechts: Äußerungen wie, sie sei eine »PDS-Stalinistin«[4], gehöre zu »Stalins geistige(n) Groß-Neffen«[5], sei eine »Neo-Stalinistin«[6] und »Stalins Cheerleader«[7], sind nicht nur in den 90ern fester Bestandteil der konservativ-liberalen Berichterstattung über die junge Politikerin, sondern bis in die jüngste Gegenwart regelmäßig zu hören und zu lesen. Natürlich, das sind absichtlich plakative, polemische Statements. Was allerdings nicht weniger für die Aussage gilt, sie sei eine Heilige oder der Messias. Auf den ersten Blick scheint klar: Wer sich auf das eine festlegt, kann mit dem anderen nichts anfangen.

Oder doch? Es käme auf einen Versuch an. Das Experiment, Sahra Wagenknecht als Verehrte wie auch als Verachtete zu verstehen. Ein Panorama aus den einander widersprechenden Einschätzungen und Bewertungen ihrer Gegner, Freunde und Feinde zu gewinnen, das es möglich macht, sich ein neues Bild der Politikerin zu schaffen. Ein Bild, zu dem die Selbstauskünfte der Porträtierten selbstredend einen wichtigen Teil beitragen sollen.

AUFWACHSEN IM OSTEN

West-östlicher Diwan

Angefangen hat alles im legendären Jahr 1967. In der Hauptstadt der DDR
lernen sich eine junge Frau und ein Student aus Westberlin kennen. Es ist
eine reine Zufallsbegegnung. Sie wartet am Bahnhof Friedrichstraße auf
die Ankunft einer Freundin – vergeblich. Irgendetwas mit der Zugver-
bindung hat nicht geklappt. Er läuft während der Wartezeit zweimal an
ihr vorbei – schließlich fasst er sich ein Herz, spricht sie an, und die beiden gehen einen Kaffee trinken. Der Beginn einer Liebe. Er ist Iraner, ein
erklärter Schahgegner, der sich im studentischen Milieu der 1960er-Jah-
re politisiert hat; sie hat die Schule gerade abgeschlossen und wartet auf
einen Studienplatz. In Ostdeutschland, denn sie lebt in einem Dorf un-
weit von Jena. Zwischen den beiden steht die Mauer. Es ist ihr unmöglich, ihren Geliebten zu besuchen. Er dagegen kann mit einem 24-Stun-
den-Visum jederzeit in den Osten der geteilten Stadt. Ihre Liebe ist ein
west-östlicher Diwan eigener Art. Es sind nicht nur zwei Kulturen, die
sich treffen, sondern zwei oder besser drei unterschiedliche Systeme, die
den Hintergrund dieser Liebesgeschichte bilden.

In jenem Jahr ihrer ersten Begegnung prallen diese Systeme mit besonderer Wucht aufeinander: Der Schah von Persien, Reza Pahlavi, besucht 1967 Westberlin, an seiner Seite die unbestrittene Königin der
Gazetten, Farah Diba: ein glamouröses Ereignis der noch jungen zweiten deutschen Republik, von der Regenbogenpresse mit ebenso detail-
lierter wie begeisterter Berichterstattung über das Leben des Potentaten

und seiner Frau in Palästen mit goldenen Wasserhähnen, Scharen von Dienstboten und opulenten, kaviarsatten Festivitäten begleitet. Wichtiger aber ist der politische Kontext. Der Schah ist der einzige westlich orientierte Herrscher des Orients, eine Art Außenposten der US-amerikanisch-europäischen Achse in Zeiten des Kalten Krieges. Und er verfügt über das wichtigste Schmiermittel der Moderne: Öl. Da sieht man in den westlichen Demokratien schon mal über die Not eines großen Teils der Bevölkerung und den innenpolitischen Terror des Despoten hinweg. Tatsächlich ist es eine Schreckensherrschaft finsterster Art: Kritiker und Andersdenkende werden unterdrückt, verfolgt, mit oder ohne Prozess in Gefängnisse geworfen, ermordet. Der Geheimdienst SAVAK ist für seine skrupellose Gewalt berüchtigt und sein Aktionsradius nicht auf Persien beschränkt. Wie einflussreich der Geheimdienst mitten in Deutschland ist, wird am 2. Juni 1967 deutlich, für viele Historiker der Beginn einer Zeitenwende in der neuesten deutschen Geschichte.

Die Bilder dieses Tages jedenfalls sind Dokumente der Zeitgeschichte geworden: von der SAVAK gedungene Perser, die mit meterlangen Latten auf friedliche Demonstranten einschlagen, die auf die prekäre Menschenrechtssituation im Iran aufmerksam machen wollen; deutsche Polizisten, die nicht eingreifen, ihre Mitbürger nicht vor den Angriffen der bestellten »Jubelperser« schützen – und sich dann selber – »Knüppel frei!« – an der Prügelorgie gegen Studenten beteiligen: nicht nur ein hilfloser Rechtsstaat, sondern eine Staatsmacht, die ihre Ordnungshüter wie organisierte Banden gegen jene von der Leine lässt, die ihr demokratisches Recht auf öffentliche Kritik wahrnehmen.

Und natürlich das berühmteste, das bleibende Bild dieses Tages: der tot auf dem Boden liegende Demonstrant. Der von einem Polizisten hinterrücks erschossene Benno Ohnesorg – ein 26-jähriger Lehramtsstudent aus Hannover, der zum ersten Mal an einer Demonstration teilgenommen hat. Das tödliche Pistolenfeuer des Polizeiobermeisters Karl-Heinz Kurras wurde zum Startschuss für das, was später unter der Rubrik »68« als Beginn einer zivilgesellschaftlichen Erneuerungsphase der Bundesrepublik begriffen werden wird. Ein zutiefst verstörender

Fall. War es nur ein Westberliner Polizist, der dem Auftrag, einen orientalischen Potentaten zu schützen, allzu eifrig nachkam? Seit einigen Jahren ist bekannt, dass die Ost-West-Gemengelage in diesem Geschehen viel komplexer war. Kurras, durch die westdeutschen Gerichte von allen Vorwürfen freigesprochen, wurde 2009 als Inoffizieller Mitarbeiter der Stasi enttarnt.

Sahras Vater gehört zu denen, die an den Protesten gegen den Schah, sein Landesoberhaupt, teilnehmen. Ein persönliches Risiko, denn bei aller Kritik an den Zuständen in seinem Heimatland steht für ihn fest, dass er dorthin zurückgehen wird. Er will vor Ort zur Veränderung beitragen, dabei helfen, dass sich aus dem rückständigen, zwischen feudalistischem Erbe und forcierter Verwestlichung schlecht balancierten Land eine moderne, freie Gesellschaft entwickeln kann. Für ihn ist es ein selbst erteilter Auftrag: seine persönliche Herausforderung als künftiger Ingenieur in einem Entwicklungsland, dessen Zukunftsperspektiven nicht zuletzt auf technologischer Innovation beruhen; und als politischer Mensch, der sich ein Ende der Despotie wünscht. Beides ist Teil seines Lebensentwurfs. Der Entschluss, ihn zu realisieren, steht felsenfest.

Anderthalb Jahre nach dem denkwürdigen 2. Juni, Anfang 1969, steht auch etwas anderes fest: Er wird Vater werden. Vater in einer Beziehung mit jener jungen Frau aus dem Osten Deutschlands, mit der er nie wirklich eine längere zusammenhängende Zeit verbringen konnte. Immer ist da die Mauer im Weg. Immer wieder ist ihr Zusammensein unterbrochen, erfordert Grenzwechsel, hängt am bürokratischen Faden der Visalogik. Und ebenso gewiss wie seine Rückkehr in die persische Heimat ist, dass die Mutter seines Kindes – Liebe hin, Liebe her –, ihm dahin nicht folgen will.

Sahras Vater ist von Anfang an ein Vater auf Zeit, auf Abruf. Solange er in den Iran zurückkehren will und Sahras Mutter sich nicht vorstellen kann, ihn in dieses schwierige Land zu begleiten, steht ihrem gemeinsamen Kind ein Leben ohne den leiblichen Vater bevor. Und tatsächlich, der Tag der Trennung kommt schnell. Sahra ist erst zweieinhalb Jahre alt, als ihr Vater Deutschland verlässt. Ein radikaler Einschnitt – mit dauerhaften Folgen.

Sahra Wagenknecht wird am 16. Juli 1969 in Jena geboren. Ihre Eltern schwanken bei der Namensgebung zwischen Rosa und Sahra. Sahra, wohlgemerkt: in der persischen Version, mit einem aspirierten »h« gesprochen. Aber dieser Name ist in der DDR nicht bekannt, er wird von der Standesbeamtin eigenmächtig in die geläufige Form »Sarah« verwandelt. Ein Name, der in das Schema der damaligen Westlinken gepasst hätte, die ihren Kindern gerne jüdische Vornamen gaben: die Daniels, Davids, Benjamins und Leas, Judiths und eben Sarahs sind emblematische, weitgehend unbewusste persönliche Wiedergutmachungsversuche gegenüber den von der Elterngeneration der 68er ermordeten Opfern.

Das gilt nicht für Sahra, die später persönlich dafür sorgt, dass ihr »h« an der richtigen, der vom Vater vorgegebenen Stelle steht. Ohne sich um die DDR-Bürokratie zu kümmern. Denn die hatte – auch wenn sie den erstaunlichsten Vornamen wie Maik oder Mandy den staatlichen Segen gab – keinen Sinn für Eigenwilligkeiten dieser Art: Das Geläufige vermeintlich mutwillig und individuell zu verändern und damit in Frage zu stellen – das hatte den Geruch von «Individualismus«. Derartige Abweichungen waren im ersten sozialistischen Staat auf deutschem Boden nicht gern gesehen.

Wie sehr eine »Sahra« etwas anderes als eine »Sarah« ist, fällt nicht beim Sprechen auf. Aber in jeder schriftlichen Verwendung. Der Name löst Erstaunen aus, ist erklärungsbedürftig: »Nein, nicht Sarah …« Die vermeintlich nebensächliche Korrektur wird zu einem Statement.

Trebik 16.7.79   Liebe Mutti!

Heute ist nun endlich mein Geburtstag. Ich habe
das Päckchen von dir aufgemacht. Als ich das
Buch sah freute ich mich sehr, nun habe ich
endlich etwas zu lesen. Von Frau Leistner bekam
ich auch noch Briefpapier und einen Beutel
süsichkeiten. Das Briefpapier kann ich gut
gebrauchen du weist ja ich hatte keins.
Ich habe abend auch eine menge Post bekommen und die Karte die du mir ins Päckchen ge-
steckt hast ist genau die selbe wie sie mir Brigitte
geschickt hat. Ich habe auch die schwarze
Karte von dir bekommen wo du Sahra falsch geschrieben hast nahmlich mit hinten H ! Ich habe
auch schon einen freund den ich eingeladen
habe. Es wird sicher eine schöne feier heute nach-
mittag.
Wie geht es Dir ich hoffe so gut wie mir und in
der Hoffnung das es dir gut get mochte ich
schließen.

Tschüss
Deine Sahra

Sahra legt immer großen Wert darauf, dass ihr Name richtig geschrieben wird.

Wenige Wochen nach Sahras Geburt, im September, wird ihrer Mutter ein Studienplatz in Berlin zugeteilt. Für Ökonomie. Nicht ihre erste Wahl, denn viel lieber hätte sie, die talentiert malt und zeichnet, Kunst studiert. Aber selbstverständlich ist das Angebot nicht abzulehnen, zumal es sie in die Nähe von Sahras Vater bringt. Der kleine Grenzverkehr zwischen Ost und West bietet – fast – so etwas wie die Möglichkeit einer kontinuierlichen Beziehung: das, was sich jedes verliebte Paar wünscht.

Trotz der nur kurzen Zeitspannen, in denen die junge Familie »vollständig« ist, haben Sahra und ihr Vater ein sehr inniges Verhältnis. Ihre Mutter erzählt, wie spontan, intensiv und selbstverständlich die Tochter den Vater beim ersten Kontakt angenommen hat. Und umgekehrt. Die buchstäbliche Liebe auf den ersten Blick. Allerdings unter erschwerten Bedingungen. Denn die beiden müssen sich ja, anders als es in »normalen Familien« der Fall ist, erst kennenlernen. Der Vater ist nicht einfach da, er muss aus dem Westen der Stadt anreisen. Und immer wieder muss der Abstand überbrückt werden, der durch die Mauer gegeben ist. Trotzdem: Das Gefühl ist stark. Und hinterlässt bei Sahra einen tiefen, einen dauerhaften Eindruck. Gefragt, welche Erinnerungen sie an ihren Vater hat, erzählt sie von dem Gefühl, auf seinen Schultern zu sitzen. Es existiert ein Foto davon. Ob es tatsächlich eine Erinnerung der damals Zweijährigen ist oder eine von der Fotografie ausgehende gefühlsmäßige Rekonstruktion, ist unerheblich. Was sie sich bewahrt hat, ist das wunderbare Gefühl, von einer geliebten Person in den Himmel gehoben zu werden.

Auch wenn die drei einander sehr zugetan sind, für Sahras Mutter wird durch die Geburt der Tochter vieles komplizierter. Ein Baby passt nicht in dieses Leben, diese ungewöhnliche, durch eine Mauer getrennte, komplizierte ost-westliche Liebeskonstellation, bei der der Mann aus dem Orient im Westen und die okzidentale Frau im Osten sitzt. Es passt schon gar nicht in das neue Leben der jungen Mutter als Studienanfängerin, zumal sich ihre Hoffnung auf einen Krippenplatz zunächst nicht erfüllt. Die Familie springt ein. Sahras Großmutter gibt ihre Arbeit als Leiterin einer Lebensmittelverkaufsstelle auf und wird zur wichtigsten Bezugsperson.

Für die junge Oma – bei Sahras Geburt ist sie erst 39 Jahre alt – ist ihre Enkelin wie ein drittes Kind: ein Kind, das, anders als Sahras Mutter, nun in einer Zeit das Licht der Welt erblickt, in der keine materielle Not mehr herrscht. 1948, als ihre Mutter geboren wurde, war selbst das Essen knapp. Damals gab es noch Essensmarken, die der Großvater aber nicht erhielt, weil seine Eltern Bauern waren. Jedoch kam von ihnen keinerlei Unterstützung, sein Vater missbilligte die Verbindung mit seiner Frau, Sahras Großmutter. Diese war mit ihrer Mutter und zwei Schwestern als Vertriebene aus Böhmen in Döbritschen, dem Wohnort der Wagenknechts, einquartiert worden – besitzlos, heimatlos, fremd: keine »gute Partie«. Sahras Urgroßvater wollte, dass sich sein Sohn mit einer wohlhabenden Bauerstochter aus der Gegend zusammentat. Zur Strafe für den unfolgsamen Sohn versagte er dem jungen Paar, beide waren 16 Jahre alt, als sie sich kennenlernten, jede materielle Hilfe. Mit 17 wurde geheiratet, mit 18 kam das erste Kind, Sahras Mutter. Sie wurde in echte Not und Armut hineingeboren.

Sie haben sich bis zum Schluss »unglaublich geliebt«, sagt die Enkelin über ihre Großeltern. »Die sind wirklich das, wo man neidisch werden muss, wenn man idealisiert oder romantisiert über Liebe nachdenkt.« 1952 zog die junge Familie nach Göschwitz. Dort wurde alles besser: eine neue Wohnung mit Bad, der Großvater fand Arbeit bei Carl Zeiss, die Großmutter wurde Verkaufsleiterin im Konsum. Ein privilegierter Zugang zu Lebensmitteln war ihr damit sicher.

Sahra wächst in der 400-Seelen-Gemeinde Göschwitz auf, ursprünglich ein Dorf am Rande Jenas, just in ihrem Geburtsjahr der Stadt eingemeindet. Eine Welt zwischen Vorstadt und Dorf, Industrialisierung und Landwirtschaft. Aber sie hält sich ohnehin zumeist im großelterlichen Haushalt auf, in dem der Großvater, seine Frau und ihre zweite Tochter, die vier Jahre jüngere Schwester ihrer Mutter, leben. Die Mutter reist so oft an, wie es geht. Erstaunt darüber, wie »artig und unkompliziert« Sahra ist. Erneut klappt es nicht, sie in einer Krippe unterzubringen – diesmal aber scheitert es am entschlossenen Widerstand des *artigen* Kindes. Sahra Wagenknecht erinnert sich daran, dass sie mit allen Mitteln zu verhindern wusste, sie in eine solche Institution zu geben. Sie weigert sich standhaft und lautstark. »Ich war eine kleine Terroristin«, sagt sie mehr als vier Jahrzehnte später. Liegt in dem nach innen gekehrten Lächeln, das die Erinnerung begleitet, etwa eine Spur Stolz?

Die kleine Sahra jedenfalls ist lieber mit sich selber und der unmittelbaren Lebenswelt beschäftigt. Sie ist, in sich zurückgezogen, zufrieden, allerdings sehr oft krank, so dass sie sowieso das Haus nicht verlassen kann. Die Großmutter versucht, daran erinnert sich Sahras Mutter, »Kinder für sie zum Spielen aus der Nachbarschaft« zu holen. »Das lag aber Sahra auch nicht. Sie hat sich wirklich intensiv mit sich beschäftigt und fühlte sich gestört.« Sie ist von klein auf Einzelgängerin, nur das fünf Jahre ältere Nachbarsmädchen Simone wird, so wie die langjährige Freundin Beate, gelegentlich als Spielgefährtin akzeptiert. Weitere Freundschaften mit Gleichaltrigen gibt es lange Zeit nicht. Was vor allem damit zu tun hat, dass sie »anders« aussieht. Später wird sie es drastischer erleben. Aber es fängt schon in Göschwitz an: »Iiiih, wie sieht *die* denn aus!« Es ist ein Teil des väterlichen Erbes: das optische. Heute sagt Sahra Wagenknecht, dass diese Erfahrung der Hauptgrund dafür war, nicht in den Kindergarten gehen zu wollen.

Als sie zwei Jahre alt ist, fängt die Großmutter wieder an, halbtags zu arbeiten, die Familie kann es sich nicht leisten, auf ihren Beitrag zum Haushaltseinkommen zu verzichten. Mittags bringt der Großvater seiner Enkelin Essen aus der Kantine. Aber Sahra, die nun meist sich selbst überlassen ist, weiß sich zu helfen. Sie arbeitet intensiv daran, sich jene hilfreichen Begleiter zu erwerben, die ihr seither treu geblieben sind: Mit vier Jahren erfährt sie, die schon immer gerne den ihr vorgelesenen Geschichten und Märchen gelauscht und sich von den freundlichen Wörtern hat umspielen und einhüllen lassen, diese nun auf ganz neue Weise. Sie quengelt so lange, bis die Großeltern ihr dabei helfen, lesen zu lernen, und schafft sich damit einen eigenen Zugang zu der unerschöpflichen Lustquelle ihres Lebens. Sahra hat nach wie vor kaum Kontakte zu anderen, allein ist sie von nun an jedoch nie mehr, es gibt ja die wunderbare Welt der Wörter, die Freunde, die in Gestalt von Büchern und Geschichten zu ihr sprechen. Bald kommt ein Faible für Mathematik, Zahlenrätsel und knifflige Logeleien hinzu. Keine Frage, Sahra ist begabt. Sie hat Züge jener Höchstbegabten, die sich von der Welt abkapseln und in ihrem eigenen Kosmos leben. Diese autistische Tendenz, die sich im Rückzug in ihr selbst gestaltetes Buchstabenreich spiegelt, bildet den Untergrund, ja eigentlich die Basis ihrer Lebensgeschichte.

Die ersten Lesestücke, an die Sahra Wagenknecht sich erinnert, die ersten nicht nur passiv gehörten, sondern aktiv wahrgenommenen, aus eigener Kompetenz ins Leben gerufenen Texte, sind Märchen. Sie gehören fortan zur Grundausstattung ihres Rückzugsorts, bestimmen dessen Klima und Interieur. Was immer später an ästhetischen, wissenschaftlichen und politischen Besuchern hinzukommen wird, sie alle erhalten durch die besondere Atmosphäre dieses inneren Salons eine märchenhafte Tönung.

»Wunscherfüllung«, für Sigmund Freud die grundlegende Logik des Traums, ist auch das Gesetz des Märchens. Zum Beispiel in diesem:

>*»In den alten Zeiten, wo das Wünschen noch geholfen hat, lebte ein König, dessen Töchter waren alle schön; aber die jüngste war so schön, daß die Sonne selber, die doch so vieles gesehen hat, sich verwunderte, sooft sie ihr ins Gesicht schien. Nahe bei dem Schlosse des Königs lag ein großer, dunkler Wald, und in dem Walde unter einer alten Linde war ein Brunnen. Wenn nun der Tag sehr heiß war, so ging das Königskind hinaus in den Wald und setzte sich an den Rand des kühlen Brunnens, und wenn sie Langeweile hatte, so nahm sie eine goldene Kugel, warf sie in die Höhe und fing sie wieder; und das war ihr liebstes Spielwerk.«*[1]

So beginnt das Märchen vom *Froschkönig* – eine von Sahras frühen, besonders eindrücklichen Lektüreerfahrungen. Wir wissen, wie es weitergeht: Die Kugel fällt in den tiefen Brunnen, ein ziemlich ekliger, »garstiger« Frosch mit dickem, hässlichem Kopf bietet der Königstochter an, sie wiederzubeschaffen – freilich nicht ohne Gegenleistung: Als »Geselle und Spielkamerad« will er »am Tischlein neben dir sitzen, von deinem goldenen Tellerlein essen, aus deinem Becherlein trinken, in deinem Bettlein schlafen.« Das Ende der Geschichte ist bekannt: Überdrüssig des glitschigen Partners, der sich in ihr Leben einschleichen konnte, wirft sie ihn an die Wand – wo er sich in einen »Königssohn mit schönen und freundlichen Augen« verwandelt. Wunscherfüllung par excellence.

Sahras erklärtes Lieblingsmärchen indes ist *Die Schneekönigin* von Hans Christian Andersen: Es erzählt die – oft an einen Traum erinnernde – Geschichte von Kay und Gerda, die nebeneinander als Nachbarskinder aufwachsen und unzertrennlich sind – bis ein Unglück geschieht: Der Teufel hat einen Spiegel erschaffen, der alles Gute und Schöne ganz klein, ja fast unsichtbar, das Böse aber groß und »noch ärger« macht. Eines Tages geht der Spiegel zu Bruch. »Millionen kleiner Glassplitter fliegen durch die Luft, und wessen Auge von einem Splitter getroffen wird, der sieht das Schöne in den einfachen Dingen nicht mehr, dafür tritt jeder kleine Makel übergroß hervor.« Und noch schlimmer: Einige Menschen bekommen sogar eine Spiegelscherbe ins Herz, und das Herz wird wie ein Klumpen Eis. So ergeht es auch Kay: Er wird »am Auge und im Herzen von den Splittern des Zauberspiegels getroffen. Nun ist nichts mehr, wie es war; Kay findet die Rosen hässlich, ebenso Gerda, wenn sie über sein verändertes Wesen weint.« Im nächsten Winter wird er beim Rodeln von der Schneekönigin in ihr Schloss in Spitzbergen entführt, wo er ganz unter ihrem Bann steht. Gerda, die seinetwegen die halbe Welt absucht, findet ihn schließlich, Kay aber ist »zunächst ganz steif und kalt. Erst ihre Tränen und ihr Lied, das sie ihm als kleines Mädchen schon vorgesungen hat, holen ihn zurück in seine frühere Welt.«[2]

Man kann sich gut vorstellen, wie sich ein kleines Mädchen, das den geliebten Vater verloren hat, in Gerda wiederfindet, mit ihr beim Lesen eine schwierige, »traumhafte« Reise durch die Welt macht, um am Ende das Verlorene zurückzuerobern. Doch: Sahra identifiziert sich nicht mit Gerda, sondern mit Kay. Vielleicht weil das Gefunden- und von der Herzenskälte Erlöst-Werden schöner ist als die Mühen des Suchens?

Sahra Wagenknecht hat *Die Schneekönigin* als Kind nicht nur gehört, selber gelesen und als Film gesehen, sondern, wie es jedes fantasiebegabte Kind tut, für sich nachgespielt und, wie sie sagt, »weiterentwickelt«: neue Szenen entworfen, in die sie sich als Mitspielerin einschreiben konnte.

Sich Märchen und andere Texte anzueignen, mit den Wörtern, den kulturellen Grundelementen der Fantasie, zu spielen ist Sahras wichtigste Beschäftigung als Kind. Ihr geistiges Refugium ist der ideale Ort für die Einzelgängerin – und zugleich der belebteste Platz ihres kindlichen Lebens. Sahra Wagenknecht berichtet in der Rückschau von den Glücksgefühlen, die sie überkamen, wenn sie sich in der Jenaer Bibliothek stapelweise Bücher auslieh und wie Trophäen nach Hause schleppte, um sie dort zu verschlingen. Fast klingt es wie das Geständnis einer Drogensüchtigen. Und es stimmt: Die Dosis muss in den folgenden Jahren gesteigert werden.

Einen großen Teil ihrer Kindheit verbringt Sahra Wagenknecht in jenem selbst geschaffenen Schutzraum, den außer ihr niemand kennt. Nur die Wörter dürfen sie dort als Freunde und Unterhalter besuchen. Sie wird sich dieses Rückzugsgebiet ihr Leben lang bewahren: eine geschlossene interne Welt, ein Claustrum, in dem allein sie das Sagen hat. Niemand anderes als sie bestimmt, was dort geschieht und wer sich darin aufhalten darf. Immer mehr und immer komplizierteren Freunden gewährt sie mit der Zeit Zutritt.

Sahra Wagenknechts geheimer Ort ist aber auch ein Ort, an dem es Verluste gibt. Ein Ort der Trauer und der Bewahrung: der Wiederherstellung des Verlorenen. Ein Ort, an dem es möglich wird, aus der Katastrophe eine Utopie zu entwickeln. Die Bücher helfen dabei; klaglos, folgsam, inspirierend. Wie wenig können da die möglichen Freunde »draußen« reizen, die sie doch nur als Fremde betrachten und behandeln? Einige Jahre später wird sie bei ihrem künftigen Idol das dazu passende Motto finden: »Und du gute Seele, […] laß das Büchlein deinen Freund sein, wenn du aus Geschick oder eigener Schuld keinen näheren finden kannst.«[3]

Die Chinesin

Das, was der Großmutter nicht gelingt, Sahra mit Gleichaltrigen zusammenzubringen, ihr Spielkameraden, Freundinnen zu verschaffen, wird auch ihrer Mutter nicht möglich sein. 1976 holt sie die Tochter zur Einschulung nach Berlin, von nun an leben die beiden zusammen. Zunächst in einer Wohnung in der Oderberger Straße, die ihr von ihrem ersten Arbeitgeber, einer Funk- und Fernmeldefirma, für die sie Öffentlichkeitsarbeit macht, zugewiesen wird: Die zwei Zimmer mit Küche und Flur, die Toilette auf der halben Treppe, befinden sich im 5. Stock, im Winter ist es anstrengend, die Kohlen aus dem Keller hochzuschleppen. Der Prenzlauer Berg ist damals alles andere als das nach der Wende gehypte In-Viertel der

Kreativen und Alternativen und heute der hochglanzsanierte Wohnbezirk der Neuwohlhabenden, sondern eher das Quartier der sozial Abgehängten.

Aber es gilt auch als ein Viertel, in dem sich unterschiedliche Biografien und Lebenslagen kreuzen. Entsprechend gemischt ist denn auch die dortige Grundschule. Sahra kommt, so sagt es ihre Mutter, in eine »sehr nette, durchwachsene Schulklasse« mit einer »sehr netten Lehrerin«. Trotzdem bleibt sie, wie in Göschwitz, Einzelgängerin, ja, sie wird schnell erneut zur Außenseiterin. Von Mitschülern wird sie gefragt, ob sie denn aus China komme. Sie sieht einfach anders aus, ein bisschen exotisch.

Betrachtet man Fotos aus dieser Zeit, erschließt sich durchaus die optische Differenz zu blondgelockten Mädchen mit Sommersprossen. Zugleich wird einem schlagartig bewusst, wie sehr es wirklich eine *andere* Zeit war. Dem heutigen Blick würde die physiognomische Abweichung kaum eine solche Nachfrage nahelegen. Irgendwann antwortet Sahra auf die drängende Frage nach ihrer vermeintlich asiatischen Herkunft einfach mit: »Ja.« Von da an ist sie »die Chinesin«, die von der anderen Seite der Welt, fast wie von einem anderen Stern. Unklar, was sie genau zu dieser Antwort veranlasst: Trotz, Lust am Anderssein, Provokation oder nur der Wunsch, Ruhe vor weiteren Nachforschungen zu haben.

Ungeachtet ihrer Außenseiterrolle fühlt sie sich in der Schule anfangs recht wohl. Nur ist sie, wie schon als Vorschulkind, häufig und ernsthaft krank: vereiterte Mandeln, Erkältungen, Bronchitis. Sie bekommt starke Medikamente, Penicillin, Spritzen. In den ersten beiden Schuljahren sammelt sie jeweils mehr als 100 Fehltage an. Für die Mutter ein Problem, weil sie sich nicht so viel Ausfall bei der Arbeit leisten kann, der sie mittlerweile nachgeht. Immer wieder muss sie ihre Tochter zur Pflege zu den Großeltern nach Göschwitz bringen. Für Sahra sind diese Auszeiten eine Art Urlaub. Denn das durch die Schule erzwungene dauernde Zusammensein mit anderen Kindern ist eine Herausforderung für sie. Wird sie zwei oder drei Wochen krankgeschrieben, erfolgt die Gesundung meist schon nach einer – der Rest ist Erholung vom Schulalltag, Wiedereintauchen in ihre alte Welt: viel Lesen – ohne den Stress konfliktuöser sozialer Beziehungen, Ausgrenzungen und Mobbing. Und für ihre schulischen Leistungen ist das Fernbleiben vom Unterricht absolut kein Problem. Sie lernt leicht, ist den

Mitschülern intellektuell weit überlegen, wirkt insgesamt reifer, älter als sie. Wenn sie Sahra in der Klasse sitzen sehe, dann erscheine sie ihr »wie eine aufgeklärte Alte, die sich wundere, was die Kinder um sie herum so machen«, sagt die Lehrerin ihrer Mutter.

Sahra ist und bleibt anders. Aber nun in einem komplett neuen Umfeld. Mit Verwunderung nimmt sie die Unterschiede zum dörflichen Leben wahr. In ihrer Klasse erlebt sie Mitschüler, die deutliche Spuren von häuslicher Gewalt tragen. Einer, den sie besonders mag, wird regelmäßig vom Vater verdroschen. Man sieht es. So, wie man ihre »exotische« Herkunft sieht. Sahras Mutter versucht zusammen mit der Lehrerin zu intervenieren, ein Vorstoß, der aber bald aufgegeben wird. Es ist nicht ungefährlich, sich in diesem Milieu in fremde Leben einzumischen. Berlin ist eben nicht Göschwitz.

Sahras eigene Versuche, sich gegen die auf sie gerichtete Gewalt zu wehren, sind nicht von schlechten Eltern. Wann immer der Ausgangspunkt ihr Äußeres, ihr abweichendes Aussehen ist, schlägt sie zurück. Trotz ihrer schwachen gesundheitlichen Konstitution ist sie in diesen Jahren körperlich weit entwickelt. Sie kann die meisten ihrer Peiniger, auch die Jungs, kräftemäßig durchaus in Schach halten. Bis in ihr elftes Lebensjahr ist sie, die in den Krankheitsphasen von der Großmutter mit Spezialitäten aus der Küche ihrer böhmischen Heimat – Marillenknödel, Braten, Teigwaren, Kuchen und Torten – versorgt wird, stämmig und stark – mit Tendenz zum Übergewicht. Und wehrhaft. Ihre Verfolger müssen sich auf Gegengewalt einstellen. Wird sie verhöhnt, angegriffen, beleidigt, lässt ihre Antwort nicht auf sich warten. Sie prügelt, kratzt, reißt Haare aus. Nein, sie ist in dieser Phase ihres Lebens kein »wehrloses Opfer«. Sie schlägt sich buchstäblich durch. Alleine. Ihre Mutter erfährt von den Konflikten, den Angriffen auf ihre Tochter ebenso wenig wie von deren »Gegenmaßnahmen«. Sahra hält ihren Schulalltag konsequent aus dem harmonischen Zusammenleben mit der Mutter heraus.

Die hingegen erlebt die Wehrhaftigkeit ihrer Tochter auf einem ganz anderen Terrain. Wen auch immer die ja noch sehr junge Frau als Freund und möglichen Partner nach Hause bringt – es wird zum Fiasko. Sahra »beißt« – so ihre eigene Formulierung – jeden potenziellen Ersatzvater entschieden »weg«. Die kleine Terroristin, die sich vor wenigen Jahren darin erprobt hatte, die ihr unliebsame Abschiebung in den Kindergarten durch Aufruhr und Geschrei zu verhindern, legt jetzt noch eine Schippe drauf. Nein, unmöglich: Es darf keinen geben, der die Nachfolge des geliebten, des unbekannten und eben deshalb unersetzlichen Vaters antritt!

Die Motive für dieses Verhalten sind klar. Jedenfalls klingt das, was Sahra Wagenknecht heute dazu sagt, plausibel: »Mein Vater war weg, und ich hatte immer Angst, dass ich meine Mutter auch noch verliere.« Und doch schwingt darin auch die Furcht mit, die in ihrer Fantasie selbst geschaffene Vatergestalt, der ihre Treue gilt, könnte durch eine reale verdrängt werden. Sahras Vater ist *ihr* Vater. Sie hält den verschollenen, tot geglaubten Mann konsequent »am Leben«. Mag sich ihre Mutter mittlerweile mit dem Verlust abgefunden haben, denn es gibt von ihm keine Nachricht aus dem Iran – es ist Sahra, die heimlich Briefe an ihn schreibt, persische Märchen liest, sich orientalische Kleidung zulegt, die einen imaginären Diskurs mit ihm pflegt, kurz: die alle Mittel in Bewegung setzt, um ihn *in ihrem Leben* zu bewahren.

In diese Treue zum Vater mischt sich ein weiteres Motiv, gegen potenzielle Nachfolger zu protestieren und sie wegzuekeln. Es geht in diesen militanten Aktionen gegen Prätendenten auf den Vatertitel darum, den größten möglichen Schrecken zu verhindern, den ein Kind, das immer wieder rassistisch motivierten Angriffen ausgesetzt ist, sich vorstellen kann: ein »deutscher Mann«, der mit der Mutter andere Kinder zeugt – urdeutsche hellhäutige Nicht-Exoten. Dann wäre sie die Fremde, die sie in den Augen ihrer Mitschüler ist, auch in der Familie. Ein Alptraum.

Wenn Sahra Wagenknecht heute darüber redet, ist nicht nur die mit den Jahren gewachsene Plausibilisierung dieser Angstvorstellung, sondern das Gefühl dahinter deutlich zu spüren. Für das Kind war es eine Frage auf Leben und Tod, einen »neuen Vater« zu verhindern. Natürlich geht es dabei mehr um Fantasien als »Realitäten«. Wohl wäre ein Ersatzvater vorstellbar, der sich liebevoll Sahras angenommen und damit ihr Urtrauma geheilt oder abgeschwächt hätte. Nur: Es gab ihn nicht, und es durfte ihn nicht geben. Denn niemand konnte dem Bild gleichen, das sich Sahra ausgemalt hatte. Für die kindliche Vorstellungswelt kann legitimer Vater nur sein, wer diesem aus einer Melange von Erinnerungen und Wünschen geschaffenen Bild entspricht. Was letztlich heißt: Niemand außer dem Verschollenen kann es erfüllen.

Wie stark dieses Phantasma ist, zeigt sich nicht nur in den Details wie dem imaginären Briefwechsel und den orientalischen Verkleidungen mit Turban und weißen Tüchern oder auch dem – von der Mutter unterstützten – Versuch, Persisch zu lernen. Eine Aktion Sahras übertrifft all ihre magischen Bemühungen, den Verlorenen wenigstens in der Fantasie nicht zu verlieren.

Für September 1978 ist ein Besuch des Schahs in der DDR geplant. Sahra ist entsetzt. Denn eines ist ihr vollständig klar: dass es sich bei diesem Staatsoberhaupt um einen Gewaltherrscher, einen Imperialisten und Unterdrücker des eigenen Volks handelt. War ihr Vater nicht ein entschiedener Gegner dieses Despoten? Und möglicherweise sein Opfer? War es nicht doch das Unrechtsregime des Schahs, das ihr den Vater genommen, ihn vielleicht sogar getötet oder ins Gefängnis gezwungen hatte? Wie sonst ist sein Schweigen, ist sein vollständiges Verschwinden aus der Welt zu erklären? Und: Was hat ein derartiger Unterdrücker und Gewaltherrscher ausgerechnet in ihrem Land, der gerechten, sozialistischen, freiheitlichen DDR zu suchen? Ein Widerspruch. Ein gigantischer, ein nicht zu ertragender Widerspruch.

Sahra überlegt, was zu tun sei. Und kommt zu einem radikalen Schluss: Dieser Mann gehört nicht nur nicht als Staatsgast in ihr Land. Er hat kein Recht, auf dieser Welt zu sein! Nicht, wenn sie gut und gerecht sein soll. Man muss ihn beseitigen. Die noch nicht Zehnjährige plant ein Attentat. Nur, wie ist es zu bewerkstelligen? Erschießen – ja … Aber wie an eine Schusswaffe kommen? Das kindlich-radikale Gemüt schmiedet Pläne, den zum Schutz bestellten Volkspolizisten eine Pistole zu entwenden und dann …

Muss man sich die Details dieser Fantasie ausmalen, um sie nachvollziehen zu können? Vermutlich hat jeder, jede in entsprechenden Konstellationen ähnlich militante Vorstellungen mit dem Ernst der kindlichen Entschlossenheit durchgespielt. Sahras Attentatspläne sind fern jedes ernsthaften Realisierungsversuchs, nicht nur, weil der Besuch des Schahs aufgrund der Islamischen Revolution gar nicht zustande kommt. Was bleibt, ist die Frage: Steckt hinter dem Anschlag im Namen der Gerechtigkeit nicht vor allem die Idee, mit der Beseitigung des Despoten den regimekritischen Vater zu erlösen, zu befreien, ja »wiederzubeschaffen«?

Nahezu jeder Politiker, jede Politikerin hält heute eine sorgsam ausgesuchte – oder ausgedachte – Szene aus Kindheit oder Jugend bereit, die in der Homestory, dem lebensgeschichtlichen Interview oder spätestens den Memoiren als Initialszene des politischen Engagements verstanden werden kann. Nicht so Sahra Wagenknecht. Wenn sie von ihren frühen Jahren erzählt, klingt es erfreulich unkonstruiert, beinahe naiv. Obwohl sie häufiger Auskunft über ihr Leben gegeben hat als das Gros der deutschen Politiker, ist ein biografisches Konstruktionsschema, das eine Kontinuität von frühen Motiven zur aktuellen Position plausibel machen soll, nicht zu erkennen. Was sie über ihre Kindheit preisgibt, wirkt unverfälscht, nicht auf öffentlichkeitswirksame Effekte getrimmt, eine oft anrührende Mischung von Rückschau und Flashback. Manchmal sind es eher unspektakuläre Dinge, die sich, wenn man länger mit ihr spricht, zu einem Bild fügen und mehr sagen als alle zurechtgelegten Geschichten.

Etwa zur selben Zeit, als sie die Attentatspläne schmiedet, steht die nächste Veränderung bevor: Sahra zieht im Frühjahr 1979 mit ihrer Mutter in den Murtzaner Ring in Berlin-Marzahn. Von der dritten Klasse an besucht sie die dortige Polytechnische Oberschule. Parallel wandelt sich auch Sahras Blick auf sich selbst. Zwar hat sie gegenüber ihren Quälgeistern seit den Göschwitzer Tagen, in denen sie sich selbst das Lesen beigebracht hat, ein Mantra gefunden: »Vielleicht sehen die hübscher aus, weil sie blonde Zöpfchen haben, aber die sind alle doof.« Dennoch lautet das Ergebnis ihrer kritischen Selbstbeobachtung: Das muss anders werden. Plötzlich empfindet sie sich als zu dick. Als Zehnjährige beschließt sie, in dieser Hinsicht ihr Leben radikal zu ändern. Sie beginnt zu fasten, ja zu hungern. Bei ihr habe damals, wie sie erinnernd sagt, die Eitelkeit eingesetzt. Bis dahin habe sie alle anderen hübscher gefunden und sich als »hässliches Entlein« gesehen. Zudem ist ihre körperliche Fülle ebenfalls Anlass für Hänseleien und verstärkt ihre Außenseiterposition. Jetzt heißt es abnehmen, Haare wachsen lassen. Ein neues Kapitel ist aufgeschlagen. Sahra zieht das Programm mit der ihr eigenen Konsequenz durch: Nie mehr wird sie übergewichtig sein. Doch so sehr sich auch ihre Selbstwahrnehmung und ihr Aussehen verändert haben mögen, ihre Akzeptanz durch die Gleichaltrigen in der Schule verbessert sich dadurch nicht.

Wäre die Beschriebene die Hauptfigur eines Entwicklungsromans, würden die Leser und Leserinnen sich nun fragen können: Was bleibt von all diesen ungewöhnlichen Konstellationen und Lebensbedingungen, wenn sich das Kind weiterentwickelt? Wird die »treue Sahra«, die ihren Ursprung in der komplizierten Vaterbeziehung hat, immer mehr das Bild bestimmen? Oder Sahra die Trotzige, die »kleine Terroristin«? Wird die intellektuelle Reise sie ins Reich der Mathematik führen oder doch eher zu Literatur und Philosophie?

Wer meint, das wisse man doch längst, schließlich sei der weitere Weg der begabten Einzelgängerin bekannt, befindet sich im Irrtum. Es ist die *differentia specifica* der Sahra Wagenknecht, das, was sie gründlich von ihren Konkurrentinnen und Kollegen im politischen Feld unterscheidet: Weder die Fortsetzung noch das Ende ihrer Karriere sind eindeutig prognostizierbar. Und damit ist nicht nur gemeint, dass ein peinliches Finale, eine Aufsteigerkarriere à la Gerhard Schröder oder Joschka Fischer, ausgeschlossen scheint. Sondern dass Lebensalternativen vorstellbar sind, wie es sie bislang im politischen Betrieb Deutschlands kaum gegeben hat.

Noch aber sind wir bei der sich kritisch im Spiegel betrachtenden Zehnjährigen. In der Kindheit, deren Ende sich freilich abzuzeichnen scheint: Sich von außen sehen zu lernen – »Wer bin ich in den Augen der anderen?« – ist ein entscheidender Schritt in der Persönlichkeitsentwicklung. Aus ihrem Zwiegespräch mit dem Spiegelbild geht eine neue Sahra hervor. Schlank, langhaarig, mit Zöpfen. Es ist der Versuch einer Anpassung – und zugleich die Vorbereitung eines neuen Lebensansatzes. Mit der beginnenden Adoleszenz des jungen Mädchens, das gerade dabei ist, sich – zunächst noch ganz märchenhaft – vom hässlichen Entlein zum – ja was eigentlich? – zu entwickeln, befinden wir uns an der Schwelle zu dem Bild, das seit vielen Jahren in den Medien von ihr gezeichnet wird. »Die schöne Sahra«, die die Spalten nicht bloß der Regenbogenpresse füllt, ist nicht nur eine Beschreibung. Sondern auch das Derivat einer Selbstinszenierung. Es ist die Folge jenes auf sich selber gerichteten Blicks der anderen; ein Blick, der ein Übel ausmacht, das sich abschaffen lässt. Wenn schon die »geerbte« exotische Optik des Vaters nicht zu beseitigen ist, die immer wieder Anlass zu Übergriffen wird – die Dickleibigkeit ist es. Mit der einsetzenden Eitelkeit beginnt bei Sahra Wagenknecht eine Selbstkonstitution, die die Grundtonart ihrer Existenz bildet. Sie wird tiefgreifende Folgen haben. Zunächst aber noch nicht da, wo sie gewünscht wären, nämlich in der unmittelbaren Lebenswelt der Schule und der Gruppe der Gleichaltrigen.

Eine treue Freundin

Eines Tages stehen sie sich gegenüber. Kinder, die bislang den berühmten Schoß der Familie kaum verlassen haben. Sie schauen sich an – und zumindest auf der einen Seite gibt es so etwas wie Erstaunen. Erstaunen, das die erste Stufe der Zuneigung, die Neugier, zündet. Es ist die Geschichte einer Ausnahmebeziehung, man könnte sagen: eines unerwarteten Glücks für Sahra. Deshalb kann diese Freundin auch nur einen Namen tragen: Beate (»die Glückliche«).

Natürlich ist es Zufall, dass ihre Oma nur einen Steinwurf von Sahras Großeltern entfernt lebt. Ebenso, dass ihre Mütter dieselbe Schule, ja dieselbe Klasse besucht hatten. Und so ist auch die Begegnung der beiden fast auf den Tag genau Gleichaltrigen letztlich ein Zufallstreffen. Jedoch eins mit Folgen. Es gibt ein Foto von dieser Begegnung – ein bleibendes Dokument dieses Beginns einer Freundschaft, denn Sahra und Beate sind damals zu klein, um ein inneres Erinnerungsbild zu konservieren. Das Foto zeigt ein kleines blondes Mädchen, das schüchtern nach der Hand einer etwas größeren Dunkelhaarigen greift. Deren Gesichtsausdruck ist vielsagend. Aber nicht freundlich. Eher abweisend. Erkennbar von einem negativen Affekt gezeichnet. Ist es Schmerz? Abneigung? Oder doch eher Wut? Jedenfalls nichts, was auf angenehme Empfindungen schließen lässt. Die nach der Hand tastende Blonde ist Beate, die im Nachhinein viel Typisches an diesem Bild erkennen kann: »Sahra ließ sich nicht so anfassen, sie ist nicht so ein körperlicher Mensch.« Aber auch das ist, jedenfalls diese fotografisch festgehaltene Szene betreffend, keine authentische Erinnerung. Es wurde Beate irgendwann von ihrer Mutter erzählt. Später indes wird sie Sahras Berührungsscheu auch bewusst erleben: »Ich war wohl die Einzige«, erzählt sie mit einer immer noch spürbaren Verwunderung, »die überhaupt in ihrer Nähe sein durfte.«

Beate sitzt mir in einem Kölner Restaurant gegenüber. Eine jugendlich wirkende blonde Frau, deren suchenden Blick ich bei ihrem Eintreffen zwar bemerkt hatte, die ich jedoch nicht für meine bislang nur aus Mail- und Telefonkontakten bekannte Gesprächspartnerin hielt: viel zu jung für eine 49-Jährige. Sahra Wagenknecht selbst hat den Kontakt zu ihr hergestellt. Auch wenn heute nicht mehr viel Platz für diese Beziehung bleibt: Es ist sicherlich die längste und über lange Zeiten intensivste Freundschaft ihres Lebens.

Wir sitzen draußen, es ist Sommer, noch hell, aber der Tag ist am Verglühen. Als Beate mir von diesem unausgesprochenen Berührungsverbot berichtet, fügt sie beinahe verlegen den Kommentar an: »… aber irgendwie haben wir uns trotzdem gut verstanden.« Beates Erinnerungen und Erzählungen sind desto berührender. Sie ist die buchstäbliche treue Freundin – fast wie aus dem Märchenbuch. Nicht zuletzt, weil die weit zurückreichenden Erinnerungen bei ihr so frisch wirken, als sei es gestern gewesen. Und weil ihre Freundschaft erkennbar nichts damit zu tun hat, dass das kleine dunkelhaarige Mädchen aus Göschwitz mittlerweile ein omnipräsenter Medienstar ist. Ihre Lebenswege haben sich radikal getrennt. Heute erfährt Beate von ihrer Gefährtin der Kindheit fast nur noch aus Zeitung und Fernsehen. Aber der innere Kontakt besteht für sie weiter, ebenso wie das Interesse an der Person. Und vor allem ihre tiefe, ungebrochene Zuneigung.

Sahra war für Beate eine schier umwerfende emotionale Erfahrung. Auch wegen der so deutlich spürbaren Differenz – ein Unterschied, der durch eine verbindende Ähnlichkeit überbrückt wurde: Beide Mädchen waren damals Einzelgänger. »Sahra ist es wohl heute noch. Ich glaube nicht, dass sie viele Freunde hat im Leben. Und schon gar nicht in der Zeit, in der wir viel miteinander zu tun hatten. Also das ist etwas extrem bei ihr. Ich glaube, sie hatte kein Interesse an anderen Leuten, sie war fast schon ein bisschen menschenscheu.« Was Beate nicht als Kritik verstanden wissen will. Alles, was sie erinnert und erzählt, ist von der alten Verbundenheit eingerahmt, an der sich nichts geändert hat. Wie auch nicht an dem Stolz, dass sie, Beate, von der faszinierenden Sahra »angenommen« wurde. Die zwei hatten einen Draht zueinander. Beinahe komisch und der Beziehung absolut nicht angemessen klingt ihre Erklärung dafür im schönsten Pressesprecherdeutsch: »Wir haben uns immer gegenseitig respektiert – und auch geschätzt.«

Dass es erheblich mehr war, zeigt schon die Beschreibung der Kontaktaufnahme. Auch wenn sie sich, wie auf dem Foto zu sehen, bereits als Kleinkinder begegnet sind, erst in der Schulzeit kommen sie sich richtig nahe. Immer dann nämlich, wenn Sahra aus Berlin nach Göschwitz reist, um die Ferien bei den Großeltern zu verbringen. Auch die in Jena beheimatete Beate lebt während der Schulferien bei ihrer Oma mütterlicherseits, direkt gegenüber dem Wohnsitz der Familie Wagenknecht.

Vor dem Haus von Sahras Großeltern befindet sich ein kleines Gärtchen mit einer Hollywoodschaukel – dort hält sich Sahra, wenn sie zu Besuch ist, mit Bobby auf, ihrem Hund. Der schwarze Kleinspitz ist ein wichtiger und tröstlicher Begleiter ihrer Kindheit. Sahra Wagenknecht ist falsches Pathos fremd, aber niemand kann die emotionale Rührung überhören, wenn sie heute von seinem Ende erzählt. Wenn Sahra nicht in Göschwitz ist, führt auch Beate das Tier spazieren.

Beates Großmutter lebt im Dachgeschoss vis à vis. Die Wohnung hat eine Dachluke, durch die Beate, wenn sie auf eine Bank klettert, linsen kann. »Ich hab durch die Luke geschaut, ob sich was tut, und wenn ich sie gesehen habe, dann bin ich rübergegangen und hab geklingelt.« Man merkt ihr die Aufregung, die Freude über die Ankunft der Freundin heute noch an, wenn sie mit großer Lebhaftigkeit erzählt, wie sie die Treppe »runtergerammelt« ist, um Sahra herzlich zu begrüßen. Auch wenn die Freude offenbar nicht gleich verteilt ist. Nur ein einziges Mal habe Sahra in der ganzen Zeit bei Beates Oma geklingelt und gefragt, ob sie zu Hause sei. »Aber das war mir egal. Ich hab das akzeptiert, sie war, wie sie war.«

Die treue Beate hat, um die Freundschaft zu bewahren, vieles akzeptiert, so etwa Sahras Neigung zu herausfordernden Frotzeleien. Aber eines Tages kommt es dann doch zu einem Konflikt, der eine Unterbrechung der freundschaftlichen Kontakte für zwei Jahre zur Folge hat. »Da war Ruhe«, sagt Beate und atmet hörbar durch. Für einen Moment stockt die Rede, sie schaut traurig, als würde sie den Streit neu erleben. Zwei Jahre Freundschaftspause – im Kindesalter eine Ewigkeit. Beates Erinnerung wird, so gut und plastisch sie in anderen Punkten ist, in diesem Fall ausnahmsweise brüchig. Klar ist nur, dass es bei dem Konflikt um das Zusammenspiel einer Kränkung und eines körperlichen Übergriffs ging. Sahra war nicht bloß die Initiatorin ihrer Spiele, Streiche und gemeinsamen Aktionen – ob man nun einer »blöden Nachbarin« Heuschrecken ins Schlafzimmerfenster warf oder mit dem Hund ausging –, sondern Beate auch körperlich weit überlegen. »Ich war so ein dünner Spargel, und Sahras Großmutter hatte manchmal Bedenken, wenn wir unterwegs waren.« Denn die erheblich kräftigere Sahra »konnte auch schon mal zuhauen – hat sie aber bei mir nie gemacht«.

Nein, »zugehauen« hat Sahra bei diesem aus dem Bewusstsein verbannten Konflikt nicht. Aber eine physische Aggression ist offenbar im Spiel. Eigentlich will Beate heute gar nicht mehr so genau wissen, was damals geschehen ist, könnte es doch ein schlechtes Licht auf die Beziehung zu Sahra werfen. An jenem Tag spielen die beiden mit zwei Nachbarsmädchen, mit denen sie sonst nichts zu tun haben, Verstecken. Sahra sucht, die Nachbarskinder verraten Beate … und dann ist das Spiel eskaliert. Was sich ihr eingeprägt hat: dass es Rangeleien gegeben habe. »Sahra hat mir irgendwie wehgetan. Irgendwas ist da passiert, was Blödes.« Beim Spielen, das lässt sich aus den Erinnerungsbrocken schließen, werden Beate Riemen um den Hals gelegt – »und da ist irgendwas schiefgegangen«. Was genau, weiß sie nicht mehr, nur noch, dass sie geweint hat und zur Oma gelaufen ist, um sich trösten zu lassen. »Und dann war ich sauer. Und Sahra war auch sauer, und dann haben wir uns halt zwei Jahre nicht gesehen.« Oder war es vielleicht doch Sahra, die sie beim Versteckspiel verraten hat? Die Erinnerung lässt Beate im Stich, sie hat, was geschehen ist, aus ihrem Gedächtnis gestrichen. Es muss schon ein einigermaßen schwerwiegender Vorfall gewesen sein, schließlich hat Beate ihre Freundin, die offenbar so rabiat wurde, dass es zu einem Bruch der Beziehung kommt, tatsächlich geliebt. Vom ersten Moment an hat sie Sahras Exotik wie eine Epiphanie, ein Wunder erlebt. Sie hat ihr Anderssein geradezu eingeatmet. Selbst ihr

Geruch sei besonders gewesen, sagt sie. Alles an diesem seltsamen, wie aus einer anderen Sphäre stammenden Wesen erschien ihr einzigartig. In einer Weise, die sie immer noch bewegt – bewunderns- und begehrenswert.

Wenn man der lebhaften und sympathischen Endvierzigerin bei der Erzählung ihrer Kindheitserinnerungen zuhört, wird deutlich, wie sehr Sahra Wagenknecht schon immer von der Aura der Andersartigkeit umgeben war. Ihr Aussehen war dafür wohl nur eine Ursache. Heute bringt diese Andersartigkeit ebenso wie ihre Sperrigkeit ihre politischen Kontrahenten – vor allem in der eigenen Partei – gegen sie auf. Dass ein Mensch, der diese Differenz verkörpert, von klein auf zwar reizvoll wirken mag, aber stets nicht nur Scheu, sondern Angst auslöst, kann nicht überraschen. Für Beate jedenfalls hat das nicht mehr aufklärbare Ereignis einen Schatten auf ihre geliebte Freundin geworfen. Ihr besonderes Wesen war plötzlich nicht mehr nur Anlass zur Bewunderung. Nicht mehr nur etwas verwirrend Attraktives, sondern etwas Gefährliches, Schmerzhaftes, ja Feindliches. Die treue Freundin wird es aus der Erinnerung streichen. Wie radikal, sieht man daran, dass sie äußerste Schwierigkeiten hat, sich auch nur den Zeitpunkt des Konflikts ins Gedächtnis zu rufen. Waren die Mädchen elf oder zwölf Jahre alt? Klar ist bloß: Der Vorfall ereignete sich vor Sahras Punkphase. Denn erst in dieser Zeit hat sich Beate mit einem verschämten »Hallo« wieder in den Nachbargarten hineingewagt. Und alles wurde wie früher. Sagt Beate.

Es ist gleichermaßen schön und schrecklich, Beates Hingabe an diese Freundschaft, diese Freundin zu erleben. Sie hat Sahra bewundert, ohne genau zu wissen, wofür; zu ihr »aufgeguckt«, aber, wie sie mit Betonung hinzufügt, »auf Augenhöhe«: Vielleicht liegt in der offenkundigen Paradoxie ein gutes Bild der Beziehung. Die nun, nach den schlimmen zwei Jahren der Auszeit, wieder angeknüpft ist. Zu diesem Zeitpunkt hatte sich Sahra optisch komplett verwandelt: zur Punklady. Beate hat diese Mutation weder verprellt noch verwundert. Schließlich war Sahra immer rebellisch und es machte ihr Spaß, andere herauszufordern und zu provozieren. Auch das hat Beate immer wieder erlebt. Es war nicht bösartig, aber sie, Beate, sollte sich schon ein bisschen – sie sucht nach dem passenden Ausdruck – ärgern. Als ich Sahras freundschaftliche Provokationen als »Necken« bezeichne, um die von Beate gemeinte Harmlosigkeit in Worte zu fassen, ist sie beinahe glücklich und nickt heftig zustimmend. So harmlos es gewesen sein mag: Die Lust an der Provokation, am Spiel mit grenzwertigen Aktionen, die auf das Gegenüber verwirrend wirken müssen, wird deutlich. Beate liebt auch das, sie macht mit, aber je älter die Jugendfreundinnen werden, desto unklarer ist, was genau sie eigentlich verbindet. »Ich weiß, dass ich ihr intellektuell nicht das Wasser reichen konnte.«

Sahras intellektuelle Entwicklung verläuft ohne Beate. Aber sie benutzt die Freundin gewissermaßen als Brücke zur Welt. Als sie den *Faust* auswendig lernt, rezitiert sie ihr ganze Passagen. Beate ist ihre Bühne, ihr Publikum. Zusammen mit ihr besucht sie Weimar. Beate erlebt als Einzige, und ohne es zu wissen, die Öffnung von Sahras Salon zur Außenwelt. Es reicht Sahra nicht mehr, mit Goethe Zwiegespräche zu führen. Sie will mit ihm sein, zu ihm, sie will in seine Zeit: so leben wie damals, als die kleine thüringische Stadt eine Weltmetropole der Kultur war. Und ja – sie wird es tun. Sie wird sich so kleiden, so reden, so schreiben, wie es in ihrer Wunschzeit üblich war. »Sie hätte Goethe gern getroffen«, sagt Beate mit einer Selbstverständlichkeit, als hätte es die Möglichkeit wirklich gegeben. Sie erinnert sich, dass Sahra Hinweise ihrer Oma und Mutter, Goethe sei durchaus nicht die ideale Gestalt gewesen, zu der sie ihn mache – etwa im Umgang mit Frauen –, »einfach herunterredete«. Und in Beates Wahrnehmung der Kindheitsfreundin klingt die Unbedingtheit von Sahras Wünschen, ja, die utopische Wunschkraft, die sie offenbar schon damals besitzt und nach außen vermittelt, an: »Sie *hätten* sich kennengelernt, wenn sie damals oder er heute gelebt hätte.« Mühelos überspringt sie an der Seite der bewunderten Gefährtin die Grenzen von Zeit und Raum: Sahra, da ist sich Beate sicher, hätte es geschafft. Wegen ihrer »krassen Willensstärke«.

Je länger ich Beate zuhöre, desto gründlicher werde ich in den Kosmos ihrer Kinderwelt eingesponnen, in dem sich Vergangenheit und Gegenwart mischen. Ich gerate in eine Art Zeit- und Ereignisschlaufe. Nein, Sahra sitzt nicht mit uns am Tisch, aber Beate zaubert ihr Bild so eindrücklich und plastisch herbei, wie es nur der Blick einer Liebenden hervorzubringen vermag. Sie zeigt mir ein Foto Sahras, das kurz vor der Punk-Phase aufgenommen worden ist: extrem lange Haare, das absolute Gegenteil ihres Erscheinungsbilds wenig später. Es ist das Porträt einer kaum 13-Jährigen, die das Aussehen und die Ausstrahlung einer jungen Erwachsenen hat. Was sich in bestimmten Situationen als nützlich erwies. Damals, berichtet Beate, war *Tootsie* Sahras Lieblingsfilm. Der war ab 16, aber sie kam aufgrund ihres Aussehens problemlos ins Kino. Und hat ihn nicht weniger als sieben-, achtmal angeschaut. Auch Beate ist von dem Film fasziniert, vor allem, wie sie sagt, »wegen der Genderthematik«. Der in Frauenkleidern auftretende Dustin Hoffman – das hat Beate gefallen und zu denken gegeben. Und sie an sich selbst erinnert: das »dünne Spargelchen«, das sich teilweise als Junge fühlt und auch so kleidet, sich, obwohl ihr Augenstern Sahra erheblich kräftiger ist, als deren »Beschützerin« versteht; die interveniert, wenn es Konflikte mit Jungs gibt. Denn die treten in Beates Erinnerung eigentlich nur als Bedränger in Erscheinung. Zumal sich Sahra für Jungs nicht interessiert. Auch da hat kurioserweise Goethe die Hand im Spiel. Beate erzählt, wie Sahra einen Jungen abblitzen lässt, der sie bei einem Fest zum Tanz auffordert: »Wenn du mir ein Gedicht von Goethe rezitieren kannst, dann ja.«

Auch Beate hat kein Interesse an Jungs, jedoch aus anderen Motiven als ihre beste Freundin. Sie fühlt sich ausschließlich zu Mädchen hingezogen, war von Kindesbeinen an, wie sie sagt, »in Mädels verliebt«. Sahra wagt sie es lange Zeit nicht zu erzählen. Der Gedanke hat sie viele Jahre begleitet: »Es gibt einen Menschen, dem kannst du das nicht erzählen: Sahra.« Sie hat Angst vor Kontaktabbruch. Ihre Freundin teilt diese sexuelle Ausrichtung nicht, aber Sahra und Beate verbindet, dass sie sich immer »anders« gefühlt haben. Sie sind beide in verschiedener, aber doch grundsätzlich ähnlicher Art »nicht von dieser Welt« und geben sich in ihrer unterschiedlichen Andersartigkeit Halt. Damals. Eine Erfahrung, die tief in die Gegenwart hineinreicht. Beate ist durch ihre sexuelle Orientierung von früh an gezwungen, ein Doppelleben zu führen. Wie Sahra hat auch Beate eine Nebenwelt, die Welt ihrer von der Norm abweichenden Wünsche, ihrer, wie sie heute sagt, »anderen Sexualität«.

Und noch eine weitere Schicksalsparallele bringt die Teenager einander nahe. Es ist die Vaterlosigkeit, die beide – wenn auch in unterschiedlicher Weise – erlebt haben. Von Sahra wissen wir, dass das Verschwinden ihres Vaters ein, wahrscheinlich *der* Bruch- und Wendepunkt ihres Lebens in emotionaler Hinsicht war. Beate verliert ihren Vater, der sich bald von ihrer Mutter trennte, weniger radikal: Sie wird ihn später im Leben treffen, mit ihm reden – und von seiner Unzugänglichkeit zutiefst verletzt sein. Im Gegensatz zu Sahras Vater war er prinzipiell erreichbar, verschwindet aber noch ein paar Monate früher aus dem Leben des Kindes. Beate ist kaum zwei Jahre alt, als er die Familie verlässt. Und seltsam: Beate beginnt den fernen, letztlich unbekannten Vater zu verehren. Sie trägt ein Amulett von ihm, vermisst ihn stark, träumt von ihm. Sie, die ihm so ähnlich sieht – wie Sahra ihrem ebenfalls vermissten, geliebten, herbeigesehnten Vater. Sahra und Beate: ein gleiches, ungleiches Paar. Viel mehr als eine fast schon vergessene Kinderfreundschaft überschneiden sich hier doch Lebensmotive, die ihre Biografien nachhaltig prägen. Umso verständlicher ist der Wunsch auf beiden Seiten, den Kontakt zu halten – auch außerhalb der Ferien, wenn sie nicht in Göschwitz sind. Regelmäßig schicken sie sich Tonbänder zu, denn es gibt keine Telefonverbindung.

Es ist längst Nacht geworden, aber Beate will, ja, fast muss man sagen: kann nicht aufhören, ihre Erinnerungen abzurufen. Das Gespräch ist wie eine Rückkehr in die Kindheit, und sie macht sich Gedanken darüber, wie ihre Freundin es wohl mit der eigenen Vergangenheit hält. Nach kurzem Besinnen dann die erstaunliche Wendung: Sie sei sich sicher, dass Sahra »nicht in die Kindheit zurückgehen« möchte. Rückblickend wird ihr klar, wie einsam Sahra war – und, so vermutet sie, auch geblieben ist. »Sie kennt Freundschaft eigentlich gar nicht. Und sie hat unsere Freundschaft auch nie so wahrgenommen, wie ich es getan hab.« Wieder, wie bei der Erzählung von Sahras Neckereien, sucht Beate nach den richtigen Worten – und landet schließlich bei einem vermeintlichen Gemeinplatz: »also als *wirklich* Freundschaft«. Was für sie bedeutet: »füreinander einstehen und da sein«. »Es war ja doch eine sehr einseitige Geschichte, obwohl wir uns getroffen haben und beide Spaß hatten … Aber ich hatte nie den Eindruck, dass es von ihr ausgegangen wäre, wenn ich nichts gemacht hätte.« Die Überlegung macht Beate traurig, es geht ihr nahe. »Ich war da, war immer da – mit ausgestreckter Hand. Aber sie hat sie nur teilweise genommen. Aber nicht ganz.« Es ist ein starkes Bild für Sahra Wagenknechts Weltverhältnis in dieser Zeit. Das Angebotene nicht wirklich annehmen zu können. Eigentlich, sagt Beate nachdenklich, sei sie damals »weltfremd« gewesen. Sie hat in ihrem kleinen Kosmos gelebt und sich aus allem anderen rausgehalten. »Sie war weit vom Menschen entfernt.«

Plötzlich hellt sich Beates Gesicht auf. Sie schüttelt den Kopf und macht eine Handbewegung, als ob sie etwas vom Tisch wischen möchte. »Ich bin so froh darüber, dass es anders geworden ist!« Plötzlich sind wir mitten im Heute. Und der Entwicklung, die sie an ihrer Freundin wahrnimmt. Seinerzeit sei sie, die Kontakt zu Oppositionellen in der DDR hatte, entsetzt darüber gewesen, dass Sahra kurz vor der Wende noch in die SED eingetreten ist. Heute sieht sie etwas anderes: dass die Gefährtin der Kindheit offenbar durch ihre politische Arbeit gelernt hat, »was einfache Menschen bewegt, wirklich bewegt, nicht nur so theoretisch, so – verbissen«. Sahra Wagenknechts Faible für Theorie ist bestens bekannt. Aber hat sie nicht bereits als Kind, vor allem in den Göschwitzer Episoden, die alltäglichen Sorgen und Nöte der Menschen kennengelernt? Beate beantwortet die Frage, indem sie noch einmal auf die damaligen Lebensverhältnisse zu sprechen kommt – und deutlich macht, dass Sahra unter Sonderbedingungen aufgewachsen ist. Die Großmutter verfügte als Konsum-Chefin über Zugang zu Waren und Nahrungsmitteln, die andere schlicht nicht erwerben konnten. Sahra habe in ihrer Kindheit »gar nicht mitgekriegt, in welchem eigenen Reich sie lebte. Sie hat keinen Mangel gekannt.« Und das gelte auch für die Zeit nach dem Wechsel zur Mutter in Berlin. Auch ihr ging es, so Beate, finanziell gut. Dazu kam noch die besondere Situation des Berliner Hauptstadtlebens. »Da wurde alles reingepumpt in die Hauptstadt, man musste es ja nach außen beweisen. Berlin war nicht die DDR. Sahra hat nichts davon mitbekommen. Sie hat sehr gut gelebt. Im Gegensatz zu uns in der Provinz. Die Realität hat sie gar nicht mitbekommen, wie es in der DDR war.«

Beate ist klar in ihrem Urteil, sieht aber auch, wie sich ihre Freundin seither gewandelt hat, und heißt es gut. Die politische Karriere begreift sie heute als Schritt aus »dem Abstrakten« der Theorie, das Sahra früher »manchmal so 'n bisschen unlebendig« erscheinen ließ, in konkretes Handeln für die Menschen: selbstloses Handeln, denn »wenn jemand nicht materialistisch veranlagt ist, dann ist das Sahra«. Für Beate ist sie »ideologisch treu, glaubt an das, was sie gelesen hat: hundertprozentig. Dafür würde sie alles tun.« In diesem Lob schwingt eine Idealisierung mit – und ein aus früheren Erfahrungen gespeistes Bedauern: »Sie beschäftigt sich ja auch nicht mit sich selbst. Sie nimmt sich selber gar nicht so wichtig, als dass sie sich analysieren würde.« Und: »Ich glaub auch nicht, dass sie sich selber fühlt.« Es sind die rührenden Worte einer, die einen wichtigen und langen Abschnitt ihres Lebens damit verbracht hat, bewundernd und besorgt auf diesen Ausnahmemenschen zu schauen, der für sie eigentlich immer ein Rätsel geblieben ist. Dessen rebellischer Nonkonformismus aber nichtsdestotrotz bis heute Gegenstand der Zuneigung und Verehrung ist.

Vor allem bewundert Beate Sahras konsequenten Weg, ihre Willensstärke, ihren Individualismus. Denn das war in der DDR die große Ausnahme. Sahras Auftreten sei entschiedene Rebellion gegen die Unselbstständigkeit gewesen, zu der man erzogen wurde. »Darum ging es ja damals: keine Individualität. Wenn du so nicht funktionierst, wirst du in die Ecke gestellt.« Sie macht eine Pause und sagt dann: »Und sie hat sich selber in die Ecke gestellt.« Eine Ecke, die, wie man heute sieht, wohl der Startplatz für eine Entwicklung war, zu der ihr ausgerechnet das System, dem damals Sahra Wagenknechts »ideologische Treue« galt, keine Chance gegeben hätte.

Punks, Goethe und Marx – eine Jugend unter Honecker

Was Sahra in der Marzahner Schule widerfährt, die sie seit Beginn der 3. Klasse besucht, grenzt ans Kriminelle. Immer häufiger kommt es zu körperlichen Übergriffen. Eines Tages wird sie von einer Mitschülerin so stark gewürgt, dass sie in ärztliche Behandlung muss. Erst durch diesen Vorfall wird Sahras Mutter auf die unhaltbaren Zustände aufmerksam. Von ihrer Tochter hatte sie nichts von den heftigen Ausfällen gegen sie erfahren.

Sahra hatte zu Hause darüber mit eiserner Disziplin geschwiegen. Schließlich ist sie es ja gewohnt, in zwei Realitäten zu leben.

Wie konsequent sie diese Attacke aus ihrem Leben gestrichen hat, zeigt die Tatsache, dass sie sich heute an das Geschehene nicht mehr erinnert. Wohl aber ihre Mutter, die seinerzeit die Initiative ergreift, um Sahra zu schützen. Ein erneuter Schulwechsel wird geplant. Für den ein kleiner Betrug nötig ist, um die starre DDR-Bürokratie zu umgehen, die keine freie Wahl der Schule zulässt, sondern sie strikt an den Wohnort bindet. Vom 7. Schuljahr an geht sie auf die Polytechnische Oberschule im Bezirk Biesdorf, heute zu Marzahn gehörig. Die Meldung einer neuen Adresse macht den Wechsel möglich, der Umzug dorthin wird niemals stattfinden. Auch nach dem Schulwechsel bleibt Sahra Außenseiterin, aber sie ist nicht mehr das Opfer von körperlichen Angriffen.

Es ist nicht die einzige Veränderung in dieser Zeit. Mit dem Wechsel der Schule kommt es zu einem radikalen Bruch im Leben der 13-Jährigen: Sahra wird *Punk*. Sie ist jetzt, als »Teen«, endgültig in der Phase der Adoleszenz angekommen. Der richtige Zeitpunkt, ihre bisherige aufgezwungene Außenseiterrolle aktiv zu gestalten. Sicherlich hat der Schulwechsel zu diesem überraschenden Neustart beigetragen. Trotzdem klingt die Konversion zum Punk ein bisschen nach Zufall: Bei einem Ferienaufenthalt mit der Mutter in Bulgarien macht Sahra die Bekanntschaft einer Friseurin – die ihr eine extravagante Punkfrisur verpasst. Ist es eher ein Ferienjux als eine wirkliche Entscheidung? Folgte etwa aus der Frisur die dazugehörende Haltung? Tatsächlich kann sich Sahra Wagenknecht an die Motive zu diesem Schritt nicht erinnern. Man könnte es als kluges Manöver interpretieren: Die ewig Ausgegrenzte tut sich mit denen zusammen, die das Außenseitertum bewusst leben, zu einer Haltung machen. Sahras Vorteil: Sie ist jetzt, in der neuen Community, aktiv das, was sie bislang als Einzelne passiv erlitten hat. Ihr Anderssein wird zum selbst inszenierten Projekt. Zugleich ist sie durch die Gemeinschaft der Außenseiter – sie ist die jüngste in dieser »Truppe« – geschützt.

Wenn Sahra Wagenknecht von dieser Zeit erzählt, spürt man freilich nichts vom herausfordernden Reiz dieser Existenzform, dem Thrill der radikalen Ablehnung und der existenziellen Verweigerung des vorgeschriebenen Lebens. Knapp und ohne Nostalgie fasst sie »das übliche Programm« dieser Lebensphase zusammen: Abhängen im Park, Rauchen, erste Erfahrungen mit Alkohol, Discobesuche. Bei den Zigaretten hält Sahra sich zurück, geblieben ist die Erinnerung an die üblen Folgen des »Rosenthaler Kadarka«. Spannend sind für sie die Besuche in Discos, die erst ab 16 Jahren erlaubt sind. Sahra fälscht dafür das Geburtsdatum in ihrem FDJ-Ausweis: Klar – auch ein bisschen Illegalität gehört dazu.

Die 13-Jährige kommt bei diesen Unternehmungen mit einer ihr total fremden Welt in Berührung. Im legendären »Opern-Café«, einem der Orte, wo sich ihre Szene trifft, gehen Dinge vor sich, mit denen die Siebtklässlerin bis dato nie zu tun hatte: Drogen und Prostitution spielen die Hauptrolle. Sahra nimmt es nur am Rande war. Sie bleibt vorsichtig, auch im Kontakt mit den Jungs, die allesamt älter sind als sie. Mehr als Händchenhalten ist mit ihr nicht drin. Aber sie weiß sehr wohl, dass 18-Jährige auch »anderes machen«. Auch in ihrem Punkleben hat sie einen unantastbaren Rückzugsort.

Was immer in ihrem Umfeld geschieht, wirkliche emotionale Nähe gibt es nicht: Man ist *cool*. Und manchmal ein bisschen gemein. Gegen Ende dieser Phase beginnt sie eine Beziehung zu einem Jungen ihrer Schule, der nach den Maßstäben der Gleichaltrigen »out« ist: hässlich, Brillenträger, einsam. Es ist indes keine freie Entscheidung, sondern das Resultat einer verlorenen Wette: Sie soll den Unglücklichen, so ist es ausgemacht, anbaggern, ihn in sie verliebt machen. Sie tut es und stellt fest: Er ist klug und differenziert, ihr intellektuell ähnlich. Glücklich nimmt er ihr fingiertes Freundschaftsangebot an, lädt sie ins Theater ein – und verschafft ihr ein schlechtes Gewissen. Sahra spürt: »Du machst jetzt mit dem das Gleiche, was sie früher mit dir gemacht haben.« Sie findet ihr Verhalten brutal und schämt sich. Möglichst schnell löst sie die Verbindung zu dem in sie Verliebten, um ihm weitere Schmerzen zu ersparen. Von der Wette erzählt sie nichts.

Die Episode macht ihr klar, in welchem Milieu sie sich bewegt. Trotzdem ist es mindestens in einem Punkt reizvoll. Denn in dieser Szene hat sie Schlag bei den Jungs. Sie gilt, seit sie die Punkfrisur hat, als attraktiv – ein bisschen zu ihrer Verwunderung, denn sie fand sich mit den langen Haaren, die sie nach ihrer Abmagerungskur trug, schöner. Aber natürlich ist es ein persönlicher Erfolg, plötzlich mit dem Aussehen punkten zu können. Zum ersten Mal spürt sie den Reiz, wegen ihres Äußeren bewundert zu werden: Sie muss nur mit dem kleinen Finger locken, um selbst die Stars der Gruppe in ihren Bann zu ziehen. Dennoch geht ihr nach einem Jahr das Leben in der »Truppe« auf die Nerven. Sie empfindet es mehr und mehr als Leerlauf. Denn außer Abhängen, Rauchen, Tanzen, Trinken und vorsichtigen erotischen Annäherungen geschieht nichts. Und für das, was im Zentrum der Punkwelt steht, die Musik, interessiert sich Sahra nicht. Sie kann sich buchstäblich an keinen einzigen Namen einer Band oder eines Songs erinnern.

Obwohl sie beileibe kein Punk im eigentlichen Sinn ist, wie ihre Gleichgültigkeit gegenüber der Musik zeigt, wird ihre neue, diesmal von ihr selber inszenierte Abweichung in der Schule aufmerksam zur Kenntnis genommen. Ihre Lehrer sehen darin ein politisches Statement. Die Position des Dagegen-Seins wird Sahra von nun an zugerechnet werden. In einem Staat wie der DDR ist das nicht unproblematisch.

Ihr bisheriges Leben ist in der Punkzeit vollständig suspendiert, wie ausgelöscht: Sie liest nicht, erstmals hat sie in der Schule nicht die besten Noten, ihr Interesse an Mathematik, das in der Zeit vor diesem Umbruch einen Höhepunkt erreicht hatte, hat sich ins Nichts des Nichtstuns verloren. Es ist ein kompletter Ausstieg, ein, wie sie sagt, »völliger Bruch«. Im Gespräch fasst sie die Situation knapp zusammen: »Es war schön, in der Gruppe angenommen zu sein. Aber es waren die Falschen.«

Das Punkkapitel bleibt eine seltsame Leerstelle in ihrem Leben. Sahra Wagenknechts Erzählungen über diese Zeit wirken wie schwache Erinnerungen an Träume im Krankenhaus. Diese Art des Nichtverstehens ist eine erstaunliche Konstante in ihrem Leben. Ganze Lebensphasen sind in eine Art Nebel gehüllt. Ja, natürlich gab es das, aber was war es eigentlich genau? Manches in ihrer Vita kann Sahra Wagenknecht so fremd werden, dass es retrospektiv wie nicht geschehen erscheint. Das Interludium als Punkerin jedenfalls kann sie nicht einordnen, es mutet an wie eine unerklärliche, einmalige Auszeit. Letztlich erweist es sich nur als eine Durchgangsstation zwischen der Phase des Ausgegrenzt- und Gemobbt-Werdens und der Rückkehr in die bekannte Welt der Wörter. Ein Jahr ohne Bücher, ein Jahr für eine Neugestaltung ihres Trotzes, ein Jahr, das ausfällt.

Auch wenn Sahra in ihrer neuen Szene letztlich Außenseiterin geblieben ist, eine wichtige Erfahrung hat sie gemacht: Erstmals erfährt sie eine Gruppe als eine Art »Heimat«, als Schutzmacht. Sie erlebt etwas von der Macht des Kollektivs, möglicherweise sogar intensiver als andere. Ihr Fazit ist: Man muss gar nicht unbedingt eine »verschworene Gemeinschaft« sein, um in den Genuss der kollektiven Stärke zu kommen. Es ist möglich, beides zu sein: drinnen und doch bei sich, drin *und* draußen.

Der Ausstieg aus der Außenseitertruppe bedeutet für Sahra zunächst eine Rückkehr zu Bekanntem. Nach dem intellektuell leeren Jahr wendet sie sich wieder ihren alten Freunden, den Wörtern, zu. Auch wenn die eingefleischte Autodidaktin der Schule sonst wenig zu verdanken hat – es ist eine Pflichtlektüre im Deutschunterricht, die sie zu einer lebenslänglichen Freundschaft führt. Goethe tritt in ihr Leben. Man liest den *Faust*. Für Sahra die Tür zu einer neuen Welt. Sie ist sofort regelrecht verliebt in Goethe. In einem Brief an den Schriftsteller und großen Goethe-Kenner Peter Hacks wird sie in ihrem letzten Schuljahr schreiben: »Ich verehre und liebe Goethe als höchste Verkörperung eines tätigen, schöpferischen Genies, seine Werke vollendet in Inhalt und Form, als unvergleichliches dichterisches Ideal. Sie schenkten mir unendliches, gaben einen völlig veränderten, tiefer dringenden Blick für alle Dinge um mich und in mir selbst – mein Leben ward zum Leben, wie ich es nie gekannt.« Mit dieser Leseerfahrung beginnt – verfrüht, was sonst? – das Erwachsenenleben der Sahra Wagenknecht. Um, so erläutert sie es Hacks, ihr »Wissen über Goethe nicht allein aus Büchern zu erlangen, sondern es im lebendigen Austausch mit geistreichen Menschen erweitern zu können«,[4] tritt sie in die Goethe-Gesellschaft ein und wird dort bald sogar Mitglied der Leitung der Berliner Ortsgruppe.

Gilt sie schon in der Punkphase im schulischen Kontext als »politisch unzuverlässig«, so umso mehr in den folgenden Jahren, als sie anfängt, sich tatsächlich politisch zu artikulieren. Sie lehnt den Kapitalismus entschieden ab, ist aber mit der Art, wie Honecker die Geschicke der DDR bestimmt, auch nicht einverstanden. Etwa ein Jahr vor dem Abitur soll sie für die Wandzeitung der Schule eine Rede Honeckers besprechen. Sie tut es – und es ist ein vollständiger Verriss, vor allem, weil sie das vom Partei- und Staatschef schöngemalte Bild der DDR mit den realen Zuständen konfrontiert:

vom Warenangebot in den Kaufhallen bis hin zu dem, was die Leute denken. Sahra tut es »ungehemmt«, denn ihre Kritik ist nach ihrem Verständnis ja eine immanente, keine, die sagt: machen wir es doch wie der Westen, sondern der Versuch, zu zeigen, dass ein »Weiter so« die Chance der DDR, eine sozialistische Gesellschaft aufzubauen, verspielen wird. Der Ton allerdings ist polemisch – und ironisch. Letztlich läuft es, so sagt sie es heute, auf eine »Verarschung« Honeckers hinaus. Und dies auch noch in der Sprache, der sich Sahra Wagenknecht damals bediente: der Sprache Goethes. Eine fundamentale Kritik des Generalsekretärs in einer Diktion, die von den Leserinnen wie eine ironische Überhebung im Geist der Weimarer Klassik erlebt wurde – das war mehr als gewagt. Allerdings wird diese kritische Einlassung längere Zeit kaum wahrgenommen, weil sie in Sahras unleserlicher Handschrift abgefasst ist. Als sie dann doch Leser findet, wird es zum Problem. Ein ihr gewogener Lehrer sorgt dafür, dass das Pamphlet verschwindet. Weitere Schritte gegen sie bleiben aus. Aber ihr Ruf als unzuverlässige Kantonistin ist damit bestätigt. Das wird nicht besser, als sie sich in der Schule öffentlich über den Besuch Honeckers beim »Klassenfeind« Helmut Kohl mokiert.

Ein anderer kritischer Punkt in ihrer schulischen Karriere, deren letzte zwei Jahre bis zum Abitur Sahra von September 1986 bis Juli 1988 auf der Erweiterten Oberschule »Albert Einstein« im Berliner Stadtteil Marzahn verbringt, ist ein zweiwöchiges »Militärlager« in der 11. Klasse, das sie zu absolvieren hat. Dabei geht es hier gar nicht um Politik, sondern um Sahras altes Leiden: Es ist für sie, obwohl sie die Situation aus Ferienlagern kennt, eine Zumutung, 14 Tage auf engstem Raum mit anderen Mädchen zusammen zu sein, in Gemeinschaftsräumen zu schlafen und vor allem: tagsüber im Gleichschritt zu gehen. Was bei ihr auf ein natürliches Hindernis stößt: Sie ist nicht fähig, den Takt zu halten, sprich: Sie *kann* sich nicht im Gleichschritt bewegen. Es wird ihr als Trotz und Rebellion ausgelegt. Was es nicht ist. Sondern nur Sahra Wagenknechts Charakter. Es ist ihr unmöglich, sich zu Dingen zu zwingen, die ihrem Selbstverständnis zuwiderlaufen. Sie könne sich dann »nicht mehr im Spiegel anschauen«, weil es ihrem Identitätsgefühl widerspricht. Die Situation ist für sie so bedrängend, dass sie nicht mehr essen kann. Von ihren Lehrern wird es als Hungerstreik aufgefasst – ein weiterer Negativpunkt in ihrer Beurteilung.

Flamingo-Lagune

Liebe Mutti

Ich bin gesterm gut im Raila
angekommen. Hier wurden
wir auf dem Appelplatz in
Freundschaften und Gruppen
aufgeteilt. Das war vielleicht ein
Durcheinander. Ich bin Freundschaft
4 Gruppe 12. Das mußt du
auch auf meine Briefe
schreiben sonst kommen sie
nicht an. Ich bin im Bettra-
haus in einem 8 Bett zimmer
untergebracht. Die meißten
Mädchen die mir bis jetzt ent-
gegnet sind, sind ganz nett.
Heute früh war eröffnungs-
appel. So habe ich das noch ~~nich~~
nie in einem Ferienlager erlebt.
Wir mußten nach Gruppen und
Freundschaften geordnet bei
dem Lied „Dem rangervor
gegen" auf dem Appelplatz

marschieren. Pionierkleidung
mussten wir auch anziehen.
So etwas brauchten wir im Lenro
zum Glück nie. Nun sonst
gefällt es mir ganz gut. Leider
sind nur Deutsche in dem
Lager. Keine kleinen Franzosen
oder Chilenen. Heute Abend
soll ███ Disco sein!

Tschüß

Deine
Sahra

P.S. Kannst Du mir vielleicht
ein paar Rationen für
den Fülle schicken. Meine
sind alle.

Aus einem Ferienlager beklagt sich Sahra brieflich bei ihrer Mutter
über das ihr verhasste Marschieren auf dem Appellplatz.

Dabei ist sie eifrig bemüht, den Sozialismus aufzubauen – allerdings nicht im Stile Honeckers. Schon in der 12. Klasse teilt sie dem bei der Wandzeitungsaffäre hilfreichen Staatskundelehrer mit, dass sie der SED beitreten möchte. Ihr fester Wunsch ist: Sie will eine andere DDR, die nicht dem seinerzeit eingeschlagenen Kurs folgt, sondern die richtigen Schritte in Sachen Sozialismus unternimmt. Selbstverständlich ist das theoretisch untermauert. Durch Marx natürlich, wen sonst? Zum 18. Geburtstag lässt sich Sahra von ihrer Mutter die 42-bändige *Marx-Engels-Werkausgabe* (MEW) schenken. Die sie – selbstverständlich – systematisch durcharbeitet: Alles wird sorgfältig studiert, annotiert und exzerpiert. Und auch dies »goethisch«: Die Exzerpte entstehen am Stehpult, mit Feder und Tusche geschrieben, wie es der Meister selbst zu tun pflegte. Oben auf dem Pult liegt der jeweilige Marx-Band, darunter das Papier, auf dem sie mit Tusche Textauszüge und Anmerkungen notiert. So kommen sich Marx und Goethe nahe – zusammengebracht von ihrer Meisterschülerin. Die bei diesen Exzerpten noch einen Dritten unterbringt: ihren Vater. Denn mittlerweile hat sie sich ein das Persische imitierendes Schriftbild angeeignet. Ein bisschen, räumt Sahra Wagenknecht ein, war es schon »eine Romantisierung der Goethezeit«.

Eigentlich müsste bei einer derart engagierten Marxistin und Sozialistin die Unterstützung durch den sozialistischen Staat selbstverständlich sein. Aber Sahra wird nicht nur der Parteibeitritt zunächst verwehrt – ein Jahr später, 1989 wird es anders sein: Da ist jeder willkommen, der sich noch für einen Platz auf dem sinkenden Schiff bewirbt –, sondern auch der Studienplatz verweigert. Sie, die ein Einser-Abitur in der Tasche hat, will Philosophie studieren. Aber im Gegensatz zu vielen anderen, schlechteren Schülern erhält sie keinen Zugang zum Studium. Mit der Begründung, sie müsse zuvor lernen, im Kollektiv zu arbeiten. Was ihr zugewiesen wird, ist eine Stelle als Sekretärin an der Humboldt-Universität.

Die damals schon mit Kant, Hegel, Marx und anderen Philosophen vertraute Vielleserin, die ihre Fähigkeiten für eine bessere Zukunft der DDR einsetzen will und ihre intensiven privaten Studien mit den Schreibwerkzeugen des vergangenen Jahrhunderts betreibt, bekommt als erste berufliche Qualifikationsmaßnahme ihrer sozialistischen Führung einen Kurs in Schreibmaschineschreiben.

DER UNTERGANG
DER DDR UND DIE FOLGEN

Vom »Besserdenkenkönnen« der Welt zum politischen Handeln

»Spottet ja nicht des Kinds, wenn es mit Peitsch' und Sporn
Auf dem Rosse von Holz muthig und groß sich dünkt,
Denn, ihr Deutschen, auch ihr seyd
Thatenarm und gedankenvoll.

Oder kömt, wie der Stral aus dem Gewölke kömt,
Aus Gedanken die That? Leben die Bücher bald?
O ihr Lieben, so nimmt mich,
Daß ich büße die Lästerung.«[1]

Hölderlins berühmtes Gedicht *An die Deutschen*, das uns als »thatenarm und gedankenvoll« charakterisiert, wird selbst von Lyrikunkundigen gerne im Munde geführt, um einen angeblichen Nationalcharakter zu kennzeichnen. Historische Brisanz gewinnen die Zeilen indes, wenn man sich die Auseinandersetzungen des legendären Freundeskreises im Tübinger Stift vor Augen führt: Hölderlin im Bunde mit Schelling und Hegel – allesamt überzeugte Anhänger der Französischen Revolution, allesamt Verächter der deutschen Tatenlosigkeit. Tatsächlich, es ist ein urdeutsches Thema: Wie die gedankliche Durchdringung der Welt sich in Taten umsetzen lässt. Damals waren die drei der Ansicht: Es muss! Das richtige Denken *muss* zur Tat werden.

Die Fähigkeit, die Welt nicht nur zu nehmen, wie sie ist, sondern sie gedanklich so zu fassen, dass daraus eine Vorstellung zu gewinnen sei, wie sie *besser* sein könne, zeichnet wohl jeden guten Politiker aus. Für Georg Lukács, eine von Sahra Wagenknechts wichtigsten theoretischen Leitfiguren, bestand genau in der Möglichkeit, über die Gegenwart und den Status quo hinauszudenken, das »ethische Problem der Utopie«: Es gehe um »die Frage, inwiefern ein »Besserdenkenkönnen« der Welt sich ethisch rechtfertigen läßt, inwiefern darauf, als Ausgangspunkt der Lebensgestaltung, sich ein Leben aufbauen läßt, das rund in sich ist und nicht, wie Hamann sagt, ein Loch bekam, statt ein Ende zu nehmen«.[2]

Für den Mitbegründer des »westlichen Marxismus«, der bis heute für viele linke Intellektuelle ein denkerisches Vorbild ist, konzentriert sich das ethische Problem zunächst auf die Lebensgestaltung derer, die für sich beanspruchen, die Welt besser denken zu können. Was so viel heißt wie: Wer auch immer der Meinung ist, mit seinen intellektuellen Möglichkeiten dazu beitragen zu können, die Welt als verbesserungsfähige vorzustellen, muss mit dieser Vorstellungskraft eine spezifische Handlungsbereitschaft gewinnen. Dieser Übergang vom Denken zum Handeln entscheidet letztlich darüber, ob und wie das jeweilige intellektuelle Vermögen in das praktische Programm einer »Weltverbesserung« mündet.

Als Lukács, kaum 30-jährig, diese Gedanken in seinem berühmten Werk *Die Theorie des Romans* niederschrieb, thematisierte er auf dem Umweg einer ästhetischen Reflexion sein eigenes Lebensproblem. Kurze Zeit darauf vollzog er den geforderten Schritt in die Praxis – und wurde Revolutionär. 1918 trat er der kommunistischen Partei seines Heimatlands Ungarn bei, wirkte als politischer Kommissar in einer Division der Roten Armee und wurde während der kurzlebigen Räterepublik Béla Kuns 1919 stellvertretender Volkskommissar für Unterrichtswesen.

Der Zusammenhang von Theorie und Praxis bzw. der Übergang von jener zu dieser ist ein Schibboleth des marxistischen Denkens. Die Frage, wie die Überführung in die richtige Aktion gelingen könne, unterstellt dabei die unumstößliche Wahrheit der Theorie. Doch aus keiner Theorie – selbst der marxistischen, die, Lenin zufolge, allmächtig ist, weil sie wahr ist – folgt *notwendig* ein Handeln. Der Zusammenhang von Theorie und Praxis ist für das materialistische Denken in der Spur von Marx auf der Grundlage einer integralen Theorie des Menschen, ja mehr: des Menschseins gedacht. Sie impliziert die seltsam idealistisch anmutende Vorstellung einer geschichtlichen Vernunft, die hoffen lässt, dass die richtige Einsicht sich notwendig auch praktisch umsetzen werde. Die Schärfe des Problems wird aber erst deutlich, wenn man sich den Übergang vom Denken zur Tat jenseits eines Theoriegebildes vorstellt, das für sich Wahrheit beansprucht. Lukács war noch kein Marxist, als er die Gedanken über das »ethische Problem der Utopie« niederschrieb. Sein damaliger Weg war der von Hegel zu Marx – mit der Folge, dessen revolutionären Impuls auch praktisch nachzuvollziehen.

Das ist die Blaupause eines bis heute gültigen Revolutionierungsprinzips, das eben nicht auf Intuition und Erfahrung – zum Beispiel dem Entsetzen über Armut, Ausbeutung und Ungleichheit – beruht. Sosehr die Empörung über offenkundiges Unrecht ein Antriebsmoment für Handeln sein mag, im marxistischen Kosmos ist »Praxis« auf der Grundlage des überlegenen Wissens angesiedelt, wie mit dem Unrecht umzugehen sei – mit diesem Wissen war Sahra Wagenknecht durch ihre Sozialisation in der DDR bestens vertraut.

Es ist eine uralte Frage, wie soziales und politisches Engagement zustande kommen. Welche Motive sie auslösen und beherrschen. Dabei spielt eine wesentliche Rolle, aus welcher Perspektive die Realität betrachtet wird. Zweifellos ist der erfahrungsgesättigte Blick eines Streetworkers, der täglich mit sozialem Elend und Konflikt konfrontiert ist, ein anderer als der einer Theoretikerin, die dieselben Phänomene sorgsam mittels sozialwissenschaftlicher Analyse studiert. Und schließlich beeinflusst der übergreifende soziale und gesellschaftliche Rahmen der eigenen Lebenssituation massiv die Realitätswahrnehmung und -bewertung.

Sahra Wagenknecht ist im Sozialismus – oder besser: in einem Staat, der für sich in Anspruch nahm, sozialistisch zu sein – aufgewachsen. Dieses schlichte Faktum ist zu beachten, wenn man ihre Biografie, wenn man ihre Entwicklung verstehen will. Gerade wer aus westlicher Perspektive auf die untergegangene DDR schaut, verliert leicht den Sinn für die historischen – und in vielen Lebensgeschichten immer noch wirksamen – Differenzen der seit nunmehr 30 Jahren wiedervereinigten deutschen Teilstaaten. Der westliche Blick ist – viele Ostdeutsche haben dies so erfahren – der der »Sieger«: derjenigen, für die das Ende der DDR Ausdruck der Überlegenheit »des Westens« ist. Dabei wird oft vergessen, dass vieles, was die in mancher Hinsicht tatsächlich defizitäre Realität der DDR ausmachte, eine Kehrseite hatte. An erster Stelle das die Westperspektive konterkarierende »Siegergefühl« vieler Ostdeutscher nach 1945. Denn schließlich war es die bald zur »Brudermacht« ausgerufene Sowjetunion, die den Krieg gewonnen hatte. In der Tat stand der Ostteil Deutschlands nach 1945 unter dem Gebot des historischen Siegers, der nicht nur Besatzungsmacht sein, sondern zusammen mit allen »fortschrittlichen Kräften« der Gesellschaft – endlich – den längst erwarteten Triumph des historischen Materialismus, die Realisierung des allmächtigen, weil wahren Marxismus auf den Weg bringen wollte. Es waren zwei sehr unterschiedliche »Siege«, die an der deutsch-deutschen Grenze zusammenprallten.

Auch Sahra Wagenknecht wurde in diesem Bewusstsein historischer Überlegenheit groß. Was immer an ihrem Leben problematisch, Ausdruck persönlicher Sorgen oder schlicht unglücklich war: Sie hatte von früh auf doch in einer für viele kaum nachvollziehbaren Weise die Gewissheit, auf der richtigen Seite zu stehen. Sicherlich noch nicht, als sie in ihrer Welt der Märchen lebte. Aber sehr wohl, als sie sich am Ende der DDR in ihr geistiges Refugium rettete. Dieser Rückzug in die Gedankenwelt wird sie zutiefst prägen. Auch mit Blick darauf, wie sich ihre Interpretation der Welt später mit der Realität verträgt wird.

Als der wichtigste Besucher ihres Salons, der von Sahra Wagenknecht verehrte, ja geliebte Goethe, in einer autobiografischen Selbstreflexion seine »Doppelexistenz« als Geheimrat und Dichter zum Thema machte, notierte er in einem Brief: »Im Innersten meiner Plane und Vorsätze, und Unternehmungen bleib ich mir geheimnisvoll selbst getreu und knüpfe so wieder mein gesellschaftliches, politisches, moralisches und poetisches Leben in einen verborgenen Knoten zusammen.«[3] Verhandelt wird hier, modern gesprochen, die Frage der Identität. Was ist das, was, nein, nicht die Welt, sondern einen selbst innerlich zusammenhält: Was ist der »Knoten« einer Lebensgeschichte? Jedes Individuum, das zu Recht als solches bezeichnet werden darf, so unterstellt Goethe, habe einen derartigen Knoten, in dem sich die verschiedenen lebensgeschichtlichen Strebungen bündeln und verknüpfen. Und wer immer versuche, die Biografie eines Menschen zu schreiben, müsse ihn finden, um die Person zu verstehen, um die spezifische Organisation ihres Lebens und Charakters kennenzulernen. Es ist für Goethe die unabdingbare Basis des Umgangs mit einem Menschenleben, insbesondere, aber nicht nur dann, wenn es aus der Retrospektive betrachtet wird. Denn, wie er am 29. Mai 1801 an Carl Friedrich Zelter schreibt, die Persönlichkeit könne nur »in der lebendigen Vereinigung« entgegengesetzter Eigenschaften gedacht werden.[4]

Die Antwort auf die Frage, wie sich diese »Vereinigung« im Leben Sahra Wagenknechts gestaltet, findet sich möglicherweise im Entschluss der Hochbegabten, den Sprung in die Praxis zu wagen. Wie ist es zu erklären, dass sie, anstatt weiter das zu pflegen, was ihrem intellektuellen Vermögen am meisten entspricht – und was ihr erklärtermaßen am meisten Freude bringt –, in die Politik geht? Noch einmal kommt der Goethe'sche Knoten ins Spiel, der stets ein Doppeltes meint: Er bezeichnet nicht nur die notwendige Verknüpfung verschiedener Eigenschaften und Strebungen, deren Resultat die Kernpersönlichkeit, eben die Identität eines Menschen ausmacht. Mit dem Knoten ist auch die Verstrickung konnotiert, die heillose, weil unlösbare Verschlingung verschiedener Stränge, die schlicht nicht zusammenpassen, anders gesagt: für die keine befriedigende Synthese möglich ist. Wenn sie sich verknoten, gibt es kein Weiterkommen. Dann muss der Knoten platzen, damit das Projekt Leben vorankommen kann; oder sogar, wie der berühmte gordische, zerschlagen werden, um die lebenshemmende Verstrickung zu lösen. Wer versucht, die Verfasstheit eines Menschen zu erkunden, wird auf diese wesentliche Verschlingung, den »Doppelknoten« stoßen. Was wir heute unter »Identität« verstehen, ist keineswegs nur die durch eigene psychische Leistung in geglückte Balance gebrachte Vielzahl unterschiedlicher Strebungen und Fähigkeiten; es ist immer und irreduzibel auch das »Auferlegte« – das, was man früher als Schicksal bezeichnete. In jedem Identitätsentwurf steckt auch ein Zwang. Jeder positiven Entwicklung ist eine heimliche Negation eingeschrieben. Gerade jene, die sich über den Durchschnitt erheben, haben dafür einen hohen Preis zu zahlen. In diesem Sinne schreibt Goethe an Zelter, dass selbst und gerade dem Menschen, der sich »auf irgendeine Weise aus der Menge hervorhebt«, die von ihm erstrebten Lebensgewinne »eigentlich nur zu gesteigerten Mühseligkeiten« gereichen.[5]

Fast scheint es, als sei diese bald 200 Jahre alte Auskunft eine Kurzbeschreibung des Lebens der Sahra Wagenknecht, insbesondere, was die »beiden Seiten« ihrer Persönlichkeit anbelangt: ihre Fähigkeit anzuziehen und abzustoßen, zusammenzuführen und zu spalten. Auch heute noch, nach vielen Jahren aktiver Politik, kann sie darüber staunen, was sie auslöst, obgleich sie mittlerweile Erklärungen dafür hat. Sie weiß zu deuten, was ihr vor allem innerhalb der eigenen Partei widerfährt. Dort gilt sie einigen der Genossen als Umfallerin, Revisionistin, ja als Verräterin: eine, die ihren ursprünglichen politischen und ethischen Positionen untreu geworden ist. Was sie indes nicht wirklich versteht, sind die Gründe für die abgrundtiefe Rivalität, die Eifersucht, die sie jenseits des politischen Diskurses immer wieder hervorruft. Offenbar hat sie sich damit aber nicht nur abgefunden, sondern es gewissermaßen in ihr Handlungskalkül einbezogen. Ihr politisches Leben und Lernen hat Sahra Wagenknecht auf einen Weg gewiesen, der sie, wenn sie ihrem politischen Ethos treu bleiben will, dazu zwingt, die ihr notwendig erscheinenden Schritte ohne Rücksicht auf individuelle Motivlagen zu unternehmen, sofern diese dem Ziel entgegenstehen. Nur eins ist klar: Das »Besserdenkenkönnen« der Welt darf nicht beim Gedanken stehen bleiben, »thatenarm und gedankenvoll« darf ihre Welt nicht sein. Aber kommt tatsächlich aus Gedanken die Tat? Für die Sahra Wagenknecht der frühen Jahre gibt es darauf nur eine Antwort.

Das Erbe der DDR

Die Zeit, von der wir sprechen, ist nicht nur eine Periode der grundstürzenden politischen Entscheidungen, in der sich das Gesicht der Welt verändert. Es ist auch eine Phase im Leben Sahra Wagenknechts, in der sich vieles verdichtet. Als sie sich entschließt, politisch aktiv zu werden, und in die SED eintritt, sind allerdings die wichtigsten Weichen der künftigen Entwicklung schon gestellt. Im ersten Jahr in der sich wandelnden, an ihren plötzlich explosiv gewordenen inneren Kämpfen laborierenden Partei überschlagen sich die Debatten, Analysen und Kontroversen. In den Wendejahren '89/'90 verbindet sich der Blick zurück, insbesondere auf die Fehler der DDR-Politik, mit der Frage nach den wesentlichen Punkten einer zukünftigen sozialistischen Politik. Warum ist der Prozess der »friedlichen Revolution« überhaupt zustande gekommen? Was ist von Partei und Staatsführung übersehen worden? Vor allem: Was wollen die Menschen? Auf welche Bedürfnisse und Interessen kann und muss sich ein erneuerter sozialistischer Politikansatz beziehen?

Einer der großen Streitpunkte dieser Zeit ist – und diese Debatte spiegelt sich sehr deutlich in den innerparteilichen Diskussionen von SED und später PDS –, was denn nun eigentlich der Wunsch der Bevölkerung sei: wirklich der Untergang der DDR und der Anschluss an den Westen? Oder eine Weiterführung und Erneuerung des sozialistischen Experiments? In einem 1995 geführten Gespräch mit Hans-Dieter Schütt hält Sahra Wagenknecht mit ihrer Einschätzung nicht hinterm Berg: Die Leute »wollten die DDR nicht mehr so, wie sie war; aber sie wollten die DDR, nicht ihre Abschaffung. Die großen Demonstrationen im Herbst 1989 fanden nicht unter der Losung Wiedervereinigung statt. Sie fanden statt unter der Losung: bessere DDR.«[6] Darüber konnte und kann gestritten werden.

Mehr als eine Million Menschen unterzeichnen den im November 1989 von Christa Wolf, Stefan Heym, Konrad Weiß und anderen Künstlern und Intellektuellen vorgelegten Aufruf »Für unser Land«, mithin eine Initiative für eine unabhängige, demokratisierte DDR. Selbstverständlich ist auch die SED für die grundsätzliche Beibehaltung des Systems. Innerhalb der kenternden Staatspartei herrscht weitgehend Einigkeit, dass es keinen Anschluss an die kapitalistische BRD geben dürfe. Erste Aufgabe sei es, die staatliche Souveränität zu bewahren, was auf das Beibehalten der Zweistaatlichkeit hinausläuft. Auf dem letzten und turbulentesten Parteitag, den die gerade zur PDS mutierende SED im Dezember 1989 erlebt, formuliert es der neue Vorsitzende Gregor Gysi so: »Eine Vereinigung beider deutscher Staaten, das wäre die von keinem Politiker zu verantwortende

Entscheidung, die DDR in ein unterentwickeltes Bundesland mit ungewisser sozialer Zukunft für seine Bürger zu verwandeln, das heißt, sie zum Armenhaus der BRD zu machen. […] Die Bürger der DDR […] haben sich mit ihrer friedlichen, demokratischen Volksbewegung selbst die einmalige Möglichkeit eröffnet, nunmehr tatsächlich eine humanistische soziale Alternative zur Bundesrepublik Deutschland zu schaffen.«[7] Zur Zweistaatlichkeit bemerkt er, sie sei »zu einem unverzichtbaren Garanten für Frieden, Sicherheit und Stabilität in Europa geworden«[8].

Dies entspricht der Mehrheitsmeinung der Partei, die freilich dabei ist, rapide an Zustimmung zu verlieren. In der Zeit vom Oktober '89 bis zum Parteitag treten nicht weniger als 600 000 Mitglieder aus, bis Jahresende 1990 vermindert sich die Mitgliederzahl der PDS auf 200 000, das heißt, sie verliert gegenüber der alten SED 2,1 Millionen und allein seit dem außerordentlichen Parteitag ca. 1,5 Millionen Mitglieder.

Sahra Wagenknecht gehört zu der verschwindend kleinen radikalen Minderheit, die der Partei während des Untergangs der DDR nicht den Rücken kehrt, sondern ihr beitritt. Und im Gegensatz zur Fraktion um Hans Modrow und Gysi fordert sie nicht »einen dritten Weg jenseits von stalinistischem Sozialismus und Herrschaft transnationaler Monopole«[9], sondern will angesichts der allgemeinen heftigen Wendebewegung von Positionen, die jüngst noch von der Mehrheit geteilt wurden, die Geschichte des Kommunismus nicht einfach ad acta legen. Insbesondere was die Einschätzung des Stalinismus anbelangt.

1995 jedenfalls ist ihre Antwort auf die Frage ihres Interviewpartners: »Kamen Ihnen inzwischen manchmal Zweifel an der Richtigkeit Ihrer kommunistischen Denkart?«, ein knappes und klares: »Nein.«[10] Und mit Blick auf den Stalinismus: »Es ging und geht mir nicht um die Rechtfertigung von Verbrechen, sondern darum, daß es unhistorisch und geschichtsverfälschend ist, drei Jahrzehnte sowjetischer Entwicklung auf Verbrechen und Menschenrechtsverletzungen zu reduzieren. Zu jener Epoche gehört eben auch ein gigantisches Industrialisierungsprogramm, die Modernisierung eines um Jahrzehnte zurückgebliebenen, in seinem asiatischen Teil noch halb mittelalterlichen Landes, zu ihr gehört eine beispiellose Alphabetisierungs- und Bildungswelle. ›Ganz Rußland wurde in die Schule geschickt‹, schreibt Isaac Deutscher. Und zu ihr gehört schließlich der Sieg über die Hitlerwehrmacht und die Befreiung des europäischen Kontinents von der braunen Barbarei. Daß hieran die Sowjetunion einen größeren Anteil als jedes andere Land hatte, ist wohl kein Streitpunkt.«[11]

Wohl aber dürfte es ein Streitpunkt sein, was dieser Blick auf die blutigste Phase der UdSSR impliziert. Auch wenn sich Wagenknecht deutlich von den stalinistischen Prozessen distanziert – »keine Frage, was in den dreißiger Jahren in der Sowjetunion geschehen ist, darf sich nie wiederholen«[12] –, so bleibt das ungute Gefühl, dass ihre Position eine »Gerechtigkeit« in der Beurteilung einer komplizierten geschichtlichen Entwicklung anvisiert, die nicht weit von einer Rechtfertigung entfernt ist. Was indes nicht vergessen werden sollte: Im Interview mit Schütt spricht eine 25-Jährige, die kaum in realpolitischen Bezügen denkt und handelt, sondern ihr Bild der Realität samt der Aufgabe, sie zu verändern, immer noch in allererster Linie aus der Theorie bezieht: Sie denkt in den großen theoretischen Entwürfen, den Analysen und Prognosen, die sie von Hegel und Marx gelernt hatte.

Im Gegensatz zu vielen alten SED-Mitgliedern ist Sahra Wagenknecht keine Mitläuferin, sondern überzeugt von der »humanistischen Mission« des Kommunismus. Die Berührung der Philosophiestudentin mit der Wirklichkeit ist beinahe marginal. Auf den Vorwurf ihres Gesprächspartners, sie rede »einer Geschichtsbetrachtung das Wort […], die von den konkreten Menschen abstrahiert«, antwortet sie: »Nein, das ist nicht richtig. Geschichtsphilosophie abstrahiert zwar, aber die Abstrakta müssen für das Konkrete stimmig sein. Der große Ansatz der Hegelschen Philosophie ist doch gerade, die Allgemeinbegriffe so zu fassen, daß sich aus ihnen das Besondere ableiten läßt. Das überholt den mechanischen Ansatz, der das Besondere bloß subsumiert und für den es damit uninteressant, unwesentlich wird. Die Zentralkategorie der Hegelschen Philosophie ist die Vermittlung. Dahinter verbirgt sich der Anspruch, dort, wo das Besondere scheinbar dem Allgemeinen widerspricht, nicht gleich die Verallgemeinerung beiseite zu werfen, sondern Zwischenbegriffe, Vermittlungskategorien zu finden. Wenn das allerdings nicht geht, ist das Allgemeine selbst zu überprüfen.«[13] Schöner kann man es in keinem philosophischen Seminar der Welt sagen. Wagenknecht, die gerade dabei ist, ihre Magisterarbeit über die Marx'sche Hegel-Rezeption zu schreiben, doziert wie ein backenbärtiger Professor alter Schule. Sie redet nicht von Politik oder historischen Zusammenhängen, sondern sie entfaltet die Folie eines Denkens, das beansprucht, die Welt in ihrem Wesen zu erfassen. Ihre Antwort auf ihren Gesprächspartner Schütt ist tatsächlich »abstrakt«: eine geschichtsphilosophische Konstruktion der Realität, die von den realen Phänomenen absieht. Was Schütt zu dem Einwand motiviert: »Und mit dieser Prämisse, sagen Ihre Kritiker, gehen Sie über Opfer hinweg. Eiskalt, archäologisch.« Sahra Wagenknechts Antwort zeigt deutlich, in welchem Kosmos sie zu diesem Zeitpunkt gedanklich lebt und webt: »Weshalb widerlegen jene, die mich auf diese Weise denunzieren, nicht besser den Hegelschen philosophischen Ansatz? Und den Marxschen gleich mit? Das Wesen der Französischen Revolution erfaßt man wohl kaum, wenn man nur die grausame Guillotine sieht.«[14] Wer sie angreife, müsse sich schon die Mühe machen, auch diejenigen zu widerlegen, von denen sie ihre Einsichten erlangt habe.

Fast seltsam, dass der guten Hegel-Kennerin nicht die berühmte Hegel'sche Bemerkung in den Sinn kommt, die er anlässlich ebendieser Französischen Revolution in seinen *Vorlesungen über die Geschichte der Philosophie* machte: »So sehr die Freiheit in sich konkret ist, so wurde sie doch als unentwickelt in ihrer Abstraktion an die Wirklichkeit gewendet; und Abstraktionen in der Wirklichkeit geltend machen, heißt Wirklichkeit zerstören. Der Fanatismus der Freiheit, dem Volke in die Hand gegeben, wurde fürchterlich.«[15] Wagenknechts Abstraktion ist freilich von anderer Machart. Die (Glaubens-) Sätze ihrer geistigen Väter machen für sie die Welt aus, in der sie lebt. Sie setzt mit hoher Dogmatik Denkbares an die Stelle der Realität – und redet in einer Weise über das Denkbare, wie es nur theoretischen Köpfen gelingt, die »Realität« selber vor allem als das begreifen, was sich von dieser Theorie einfangen lässt. Typisch, dass ihre Antwort auf ihre Kritiker eine rein theoretische ist: Sollen sie doch Hegel und Marx widerlegen![16] Als ginge es darum.

Mehrfach in diesem in Buchform publizierten Gespräch konterkariert sie Kritik an ihr mit dem Vorwurf der »Unwissenschaftlichkeit«. Am schönsten in einer Replik auf ein ihr vorgelesenes Zitat Arthur Koestlers, der selbstkritisch seinen Weg zum »Kommunist-Sein« als die errungene »Gnade« beschreibt, nun »die Welt um mich herum im Licht der dialektischen Interpretation zu sehen« – womit er, ein handelsüblicher Einwand gegen Dialektik, die Möglichkeit meint, die Tatsachen so hinzustellen, wie es gerade passend sei. Sahra Wagenknecht kann nicht umhin, die eigentlich damit verbundene Frage zunächst zurückzustellen: »Noch kurz zu Koestler. Wer so über Dialektik urteilt, hat Hegel entweder nie gelesen oder aber nicht verstanden. In beiden Fällen sollte der Betreffende, denke ich, mit Bewertungen der dialektischen Methode etwas zurückhaltender sein.«[17]

Alle diese Statements sind Dokumente besten Seminar-Marxismus, Zeugnisse theoretischen Bescheid-Wissens – und ja: Das Wissen ist fraglos auf ihrer Seite. Mit praktischer Politik und Realitätsanalyse jedoch hat es wenig zu tun. Die Vorwürfe, die verständlicherweise gegen ihre trotzigen Betrachtungen zum Stalinismus geäußert wurden, übersehen präzise die akademische, die buchstäblich »abstrakte« Dimension der Einlassungen einer 25-Jährigen, die sich in einer Mischung von Trotz und Radikalität um Kopf und Kragen redet.

»Auch Hegel«, sagt sie gegen den Vorwurf, sie ergreife für einen aus dem Zweck die Mittel heiligenden Machiavellismus Partei, »hat Geschichte gleichsam unmoralisch, mit historischen Kategorien, bearbeitet. Wenn ich über das Prinzip Sozialismus rede, dann meine ich schon, daß diese Dinge unter Stalin hätten vermieden werden müssen. Aber man muß auch sehen, wie es zu diesen Verbrechen kam.«[18] Ja, es geht um »das Prinzip« Sozialismus. Mit dem eine intelligente Hegel- und Marx-Leserin hantiert, eine Marxistin, die ebendieses Prinzip verteidigen will, weil es für sie der Inbegriff des Humanismus ist.

In Deutschland schlagen auf ihre Äußerungen hin die Wogen hoch. Aus der Perspektive einer anderen politischen Kultur betrachtet, relativiert sich die in jener Zeit durch Sahra Wagenknecht innerparteilich und öffentlich verursachte Erregungskurve jedoch deutlich. Am 2. Dezember 1994 erscheint ein Artikel in der nicht der Kommunismusfreundlichkeit verdächtigen *Times*, der sich den deutschen Umtrieben nach der Wende widmet:

> *»In Deutschland macht sich antikommunistische Atmosphäre breit, geschuldet einem festen Willen des Staates, die Ergebnisse jenes Einheitsprozesses nicht aufs Spiel zu setzen. […] Die Kommunisten sind eine verschwindende Minderheit, sie führen alte Vokabeln im Mund, woher sollten sie auch neue nehmen angesichts der politischen Realität? – aber man behandelt sie bereits*

wieder wie Aussätzige, die kurz vor der Revolution stehen. Zum östlichen Aushängeschild wurde eine introvertierte Studentin namens Sahra Wagenknecht, und die Reformkommunisten der PDS lassen sich von der Hysterie der Regierung offenbar so anstecken, daß sie wohl bald gemeinsam mit Kohl Jagd auf das Mädchen machen werden.«[19]

Und das *Svenske Dagbladet* schreibt am 29. Oktober 1994:

»Auch wer kein Kommunist ist, muß einer Denkweise Respekt zollen, die sich konsequent außerhalb gängigen Weltverständnisses stellt. Sahra Wagenknecht, einer führenden Kommunistin in der SED-Nachfolgepartei, gilt das Ideal vom Sozialismus mehr als alle denkbare individuelle Freiheit in der modernen Zivilisation. Diese Philosophie-Studentin, so abstrus der Vergleich natürlich ist, gerät für die Reformkommunisten auf andere Weise genauso anstrengend wie eine Bärbel Bohley. Beide schauen unbeirrt zurück – die eine, die Bürgerrechtlerin, erinnert an die Untaten der SED und bringt Altkader in Argumentationszwänge; die andere, die Stalin-Kommunistin, schaut ebenso unbeirrt zurück und gemahnt die gleichen Altkader an eine Geschichte, die nicht verdrängen sollte, wer heute leichtfertig von Sozialismus redet.«[20]

Im Ausland gibt es, die zwei so unterschiedlichen Pressezitate legen dies nahe, offenbar eine deutlich differenziertere Einstellung zu Sahra Wagenknecht. Wie die junge Frau mit ihren scheinbar unbeirrbar gestrigen Ansichten im überparteilichen Wiedervereinigungsrausch und innerparteilichen Verdrängungsprozess unter die Räder gerät, wird hier aufgezeigt. Man muss es nicht auf die Spitze treiben und von der Ironie der Geschichte reden. Aber beide Blicke von außen treffen etwas, das den deutschen »Schlafmützen« entgeht. Jawohl, wir haben mit der 25-Jährigen eine neue intellektuelle Ausgeburt des Hölderlin'schen Kindes auf dem Holzpferd vor uns. Aber es ist eben ein Holzpferd. Auf dem nicht gut vorankommen ist. Das weiß Sahra Wagenknecht zu diesem Zeitpunkt noch nicht. Doch die in ihr schlummernde Leninistin wird sie voranbringen, indem sie sein zentrales Motto ernst nimmt wie kaum ein anderer Politiker mit ähnlichem systemischem und zeitgeschichtlichem Hintergrund: »Lernen, lernen, lernen.«

Marxismus und Opportunismus:
gegen den Strom

Dass man aus Niederlagen lernen muss, ist, zumal in linken Kreisen, ein geflügeltes Wort. Und als zweifellos bittere Niederlage der damals gerade 23-Jährigen ist zu bezeichnen, was ihr im November 1992 widerfährt. Der Parteivorstand hat sie einbestellt, um über sie Gericht zu halten. Anlass ist eine Publikation, in der sich Sahra Wagenknecht zum Stalinismus geäußert hat, ausführlicher noch als in ihrem Gespräch mit Schütt 1995, das nur die Coda einer langen Debatte über die geschichtliche Bedeutung des Stalinismus darstellt. Mit dem Beschluss des Parteivorstands vom 30. November 1992, am 4. Dezember im *PDS-Pressedienst* veröffentlicht, nimmt diese bloß ein vorläufiges Ende. Dort heißt es:

>»1. Der Bundesvorstand der PDS erklärt, daß er die Positionen seines Mitglieds Sahra Wagenknecht, geäußert in dem Artikel ›Marxismus und Opportunismus – Kämpfe in der sozialistischen Bewegung gestern und heute‹ in der Zeitschrift Weißenseer Blätter 4/92 für unvereinbar hält mit den politischen und programmatischen Positionen der Partei seit dem außerordentlichen Parteitag im Dezember 1989. Der Parteivorstand sieht in den von Sahra Wagenknecht in ihrem Artikel geäußerten Positionen eine positive Haltung zum Stalinismusmodell.
>
>2. Sahra Wagenknecht wurde von der Funktion der Verantwortlichen für die Organisation und Auswertung der Programmdiskussion in der PDS entbunden.
>
>3. Mit einer ausführlichen Antwort wurde eine Gruppe des Bundesvorstandes unter Leitung des Genossen Prof. Dr. Schumann beauftragt.«[21]

Die linke Zeitschrift *ak* kommentiert dieses Vorgehen mit der Frage: »Dachte keiner von ihnen [den Mitgliedern des Gremiums, C. S.] sekundenlang an Momente oder Lebensabschnitte seiner eigenen politischen Vergangenheit, für die er sich heute noch schämt und die ihn vielleicht zum Richter in dieser Sache untauglich machen?« Das Verfahren, so das Blatt, folge der alten SED-Praxis, in dieser Verlautbarung nichts von den Auffassungen der Kritisierten zu nennen und zweitens nichts über die »Gegenargumente« zu erfahren, sondern »damit vertröstet« zu werden, »daß diese, also die Gründe für die Verurteilung der Angeklagten, irgendwann nachgereicht werden«.[22]

Sahra Wagenknecht selbst erinnert sich an die Situation so: »Diese Stunden glichen nicht einer Sitzung, ich empfand das schon als ein Gericht, vor dessen Schranken ich als Angeklagte stand.« Auf die Frage, ob in dieser Situation etwas von ihrer Politikfreudigkeit zerbrochen sei, gibt es eine eindeutig negative Antwort: »Zerbrochen ist nichts, obwohl es nicht gerade angenehme Erinnerungen weckt, wenn reihum ausgebreitet wird, wie unerträglich man ist.« Eine Erfahrung, die Sahra Wagenknecht bereits mehrfach in ihrem Leben gemacht hat. Und wie es ihr nach diesem gefühlten Tribunal ging, weiß sie noch sehr genau: »Einen leeren Kopf habe ich noch in Erinnerung, ein bisschen Trotz.«[23]

Sie habe die Dinge zu Stalin damals nur aufgeschrieben, »um gegen diese pauschalen KPdSU-Angriffe anzugehen«. Wieder einmal schwimmt Sahra Wagenknecht gegen den Strom. Ihr Gerechtigkeitssinn macht es ihr unmöglich, sich einfach Mehrheiten anzuschließen oder sich ihnen zu unterwerfen, wenn sie in ihren Augen von opportunistischen Motiven bestimmt sind. Was im positiven Sinne Mut bedeutet, im negativen aber an die Grenze des Realitätsverlusts führen kann.

Trotz ihrer Bekundung, nichts von ihrem politischen Elan sei zerbrochen, dürfte das interne Parteiverfahren von 1992 doch ein negativer Kulminationspunkt ihrer politischen Erfahrung gewesen sein. Und nicht nur ihrer politischen. Schließlich war der wider den Trend erfolgte SED-Eintritt 1989 auch mit der Hoffnung verbunden, eine sich erneuernde Partei, die gerade von den »Opportunisten« angesichts der Wende verlassen wurde, könnte ihr zum ersten Mal die Chance auf ein positives Gemeinschaftsgefühl bieten. Etwas anderes als die immer wieder gemachte Erfahrung von Ausschluss, Mobbing und persönlichen Angriffen. Als sie sich 1991 in einer improvisierten Rede für einen Platz im Vorstand der PDS bewirbt, kommen für einen Augenblick zwei Komponenten zusammen: der Wunsch der erneuerten Partei nach jungen, nicht von ideologischen Altlasten der DDR kontaminierten Menschen. Und Sahra Wagenknechts Wunsch danach, für ihre sozialistische Utopie in einer Gemeinschaft zu kämpfen, in der ihr nicht die Außenseiterrolle aufgedrängt wird.

Ihre Wahl in den Vorstand muss ihr, der damals 21-Jährigen, wie ein Wendepunkt ihres Lebens erschienen sein: Endlich wird ihr durch ihre Intelligenz, ihre Eloquenz, ihre theoretische Versiertheit eine Tür nach außen geöffnet. Zumal ihr überraschender Aufstieg in die Parteiführung einmal mehr mit einer abenteuerlichen Hoffnung verknüpft ist: Die plötzliche Medienpräsenz, die Berichte und TV-Bilder, die durchaus über die nationalen Grenzen hinausgingen, könnten auch in den Iran dringen – und damit zu dem vielleicht doch noch lebenden Vater, der sich daraufhin melden würde. Sogar der Aufstieg in der PDS ist mit dem intensiven Wunsch ihrer Kindheit, ja ihres ganzen bisherigen Lebens verbunden: den Vater wiederzuerlangen. Die Entscheidung für die Politik, geboren aus der rationalen Überlegung, sich für eine erneuerte DDR, einen »besseren« Sozialismus zu engagieren, ist zugleich von einem Traum getragen. Der sich in dem Moment, als sie wieder einmal als Geächtete, »Unerträgliche« qualifiziert, abgekanzelt und an den Rand geschoben wird, zerschlägt: Weder das eine – die persönliche Hoffnung – noch das andere – die Chance, einen neuen Sozialismus zu kreieren – scheint realistisch. Nicht mit diesen »Genossen«. Ähnlich wie in der Punkphase dämmert ihr am Ende die Einsicht: Es sind die Falschen.

Sahra Wagenknecht wäre nicht Sahra Wagenknecht, wenn sie zu diesem Zeitpunkt resigniert hätte. Wohl aber dürfte ihr endgültig klar geworden sein, dass die Hoffnung auf ein neues Leben, ein Leben, in dem sich das »objektiv Richtige« mit der subjektiven Anerkennung verbinden lässt, einen Sprung bekommen hat.

Politsprech und der Sound von Weimar

An dieser Stelle ist es aufschlussreich, noch einmal ihre politische Prägephase ins Visier zu nehmen, ist doch die Stringenz des Zusammenhangs alter mit neuen politischen Positionen ein wichtiger Indikator für Veränderungen bei der treuen Marxistin. Besonders interessant dabei die Sprache, mit der diese vorgetragen werden. Waren es doch von allem Anfang an die Wörter, war es die Sprache, mit der Sahra Wagenknecht ihre eigene Welt begründete und die ihr den Weg zum eigenständigen Denken wies. Die Linie Goethe – Hegel – Marx bezeichnet ihre eigensinnige Route ins Feld der Politik. In dem sie, als Kind der DDR, »konsequente Fortführungen« der Marx'schen Theorie gleichsam in die Wiege gelegt bekam. Denn klar: Wer, wenn nicht Lenin, war der eigentliche politische Vollender der Marx'schen Theorie? Nicht umsonst lieferte der Marxismus-Leninismus nicht nur den Namen für ein theoretisches System, sondern war Staatsdoktrin. Und auch Lenins Nachfolger galt hier lange Zeit als unangefochtener Meisterdenker und Heilsbringer. Die Banner, die die Parteitage und Umzüge der kommunistischen Parteien aller Länder überstrahlten, zeigten die Porträts von mindestens vier Bartträgern: Marx, Engels, Lenin und Stalin.[24]

Sahra Wagenknechts früher politisch-theoretischer Auftritt ist, wie nicht nur in ihrer umstrittenen Stalin-Interpretation zu sehen war, von einem Prinzip der Treue geprägt, das bis heute Anlass zu Kritik ist. »Stalins Cheerleader« war sie freilich nie, sondern die Fackelträgerin einer Tradition, die sie durchaus nicht in allen Punkten teilte, aber als die einzige ansah, die sowohl die theoretische als auch die moralische Schärfe besaß, um die Welt zu verbessern. Die Beiträge Sahra Wagenknechts in der PDS fallen anfangs durch eine Unnachgiebigkeit auf, wie sie nur extrem moralbegründeten, weltanschaulich gesättigten Positionen eigen ist. Fast die ganzen 1990er-Jahre engagiert sie sich gewissermaßen »nach Art der Alten«, sprich: der klassischen Arbeiterführer und Theoretikerinnen der zweiten und dritten Kommunistischen Internationale. Ihr Verhalten hat Züge von Mimikry. Ähnlich, wie sie vorher die Welt Goethes aufsog und den Sound der Weimarer Klassik zu ihrem machte, so lebt, oder besser, imitiert sie nun die Welt, die gerade vor ihren Augen untergeht.

Diese Mimikry wird besonders deutlich, wenn es darum geht, innerparteiliche Gegner anzugreifen, die in ihren Augen das alte Ideal verraten. Selbst da, wo sie sich nicht der klassischen kommunistischen Terminologie bedient, die eben den ganzen Kanon von »Renegaten«, »Apostaten«, »Rechts- und Linksabweichlern«, »Kompromisslern« und »Reformisten« umfasst, sind ihre polemischen Einlassungen gegen die »Opportunisten« von einem dogmatischen Beharrungswillen geprägt, der weit über »Prinzipientreue« hinausgeht. Sahra Wagenknecht erscheint in ihren frühen Polemiken wie eine Figur aus dem Kulturprogramm der alten Sowjetunion. Ohne Weiteres hätte sie in den Romanen Scholochows oder den Filmen Eisensteins das Musterbild der guten, linientreuen Kommunistin geben können. Gleichzeitig aber hält sie auch ihren ersten Vorbildern weiter die Stange. Nein, sie kleidet sich nicht mehr im Weimarer Stil, aber Goethe hat auch während ihres politischen Engagements zu Beginn der 90er nichts von seiner Rolle als Idol eingebüßt.

Und genau das ist es, was an ihren politischen Äußerungen der Anfangszeit so verwirrt: Wie passt es zusammen, auf der einen Seite Goethe zu verehren, in seiner Sprache zu denken und zu schreiben und sich auf der anderen »im politischen Leben« eines Jargons zu bedienen, der die bürokratische Sprachmechanik der altkommunistischen Redeweise übernimmt? Dabei geht es weniger um die *inhaltliche* Brisanz solcher Formulierungen wie der meistzitierten jenes berühmten Aufsatzes über »Marxismus und Opportunismus« aus den *Weißenseer Blättern*, die ihr das peinliche Parteiverfahren eintrugen: »Nicht zu leugnen, daß Stalins Politik – in ihrer Ausrichtung, ihren Zielen und wohl auch in ihrer Herangehensweise – als prinzipientreue Fortführung der Leninschen gelten kann.«[25] Es ist, jenseits der trotzigen Verteidigung Stalins gegen die Realopportunisten der ehemaligen SED-Kader, mehr der Sprach*duktus*, der überrascht: »Herangehensweise«, »prinzipientreue Fortführung« – es ist die Kopie der falsch selbstsicheren Herrensprache jener den politischen Alltag der DDR beherrschenden angeblichen Marxisten, die Marx meist nur als Zitatensammlung kennengelernt hatten. Und die infolgedessen kein Gespür für seine stilistische Brillanz – von plakativ-robuster Polemik bis hin zu fast dichterisch-feinsinnigen Formulierungen – entwickeln konnten. Die sprachsensible Kämpferin Sahra Wagenknecht mag zu Hause den *Werther* lesen, um sich von der geistigen Anstrengung ihrer Hegel-Lektüre zu erholen – aber offenbar ist es für sie kein Widerspruch, ins Funktionärsdeutsch zu verfallen, wenn es gilt, politisch zu streiten. So, als würde ihr Sprachgefühl suspendiert, wenn sie das Forum wechselt.

Wo immer sakrosankte Gewissheit herrscht, geht der Bewegungsraum der Reflexion verloren. Ein einfacher Satz aus dem Weißenseer Traktat wie »In der Tat ist der Friedenskampf keine spezifisch proletarische Aufgabe« glänzt nicht nur vor innerer Einsicht und tiefer Überzeugtheit, sondern er

strahlt vor unantastbarer Überlegenheit. »Friedenskampf« – eine »dialektische« Wortbildung, in der sich die Gegensätze zu durchdringen scheinen,
ein Jargon, der vermeintliche Sachlichkeit mit eschatologischem Pathos verbindet. Wo dieses fehlt, bleibt eine mausgraue, bürokratische Sprache, die
sich meist darin erschöpft, »wahre« mit »falschen« Positionen zu konfrontieren. Der abschließende »Ausblick« dieses Traktats lautet so:

> *»Da eine reformistische und opportunistische Politik nachweislich die Ursache
> für den Verfall und letztlichen Untergang des ersten realen Sozialismus darstellt,
> scheint es grotesk, wenn maßgebliche Kreise der PDS-Führung ausgerechnet in
> der Wiederbelebung sozialdemokratischer Ideen einen Ausweg aus der gegenwär-
> tigen Krise der sozialistischen Bewegung sehen. Der Ausweg aus einer Sackgasse
> läßt sich gemeinhin nicht dadurch finden, daß man den Lauf in die ausweglose
> Richtung mit beschleunigtem Tempo fortsetzt. Nichts anderes tut indes, wer heu-
> te reformistische Theorie und Politik verficht. Wer sich unterscheiden will von der
> SED des VIII. Parteitags, von der SED der siebziger und achtziger Jahre, erst recht
> von jener SED, die im Herbst '89 die Gegenrevolution durch eigene Handlungen
> einleitete und tatkräftig unterstützte (bis ihre Stützung nicht mehr vonnöten war),
> der sollte dies durch Marxismus, nicht durch Opportunismus tun. Denn mit letz-
> terem steht mancher gerade in der Tradition, die er so gerne verleugnet.«*[26]

Was diese Redeweise grundsätzlich unterscheidet von jener der für Sahra Wagenknecht doch stilbildenden Wörterfreunde Goethe, Hegel, Marx:
Keiner von ihnen hat sich jemals einer Sprache bedient, in der Wörter
durch Formeln ersetzt werden. Jeder hat eine eigene Sprache entwickelt,
Begriffe eingeführt, die neue Blicke auf die Welt ermöglichten. Aber keiner hat sie als allgemeingültige Norm für die sprachliche Erfahrbarkeit
der Welt festgeschrieben. Genau das jedoch ist das Resultat des traurigen
Marxismus, der sich in der Geschichte der Arbeiterbewegung ausgebildet
und in der Zeit des real werdenden oder um seine Realisierung ringenden Sozialismus einen fatalen Höhepunkt erreicht hatte.

Um es am Wort »Widerspruch«, einem der beliebtesten Begriffe des
marxistischen Jargons, in aller Kürze zu erläutern: Wenn Hegel oder Marx
vom »Widerspruch« reden, dann ist damit in aller Regel ein Verhältnis

bezeichnet, in dem sich Logik und Realität treffen und eine doppelte Bewegung auslösen: die des Denkens als transzendierender Akt des Realen, aus dem neues Denken entspringt. Im realsozialistischen Jargon avancierte der »Widerspruch« zu einem Spruchband des Bescheidwissens: Etwas als Widerspruch zu bezeichnen hatte vor allem die Funktion, ein Verbot vorzubereiten. Widersprüche waren im Geist des realsozialistischen Funktionierens zu beseitigen. Wer es schöner sagen wollte, sprach davon, sie »aufzulösen«. Tatsächlich ist die wichtigste Funktion der Funktionärssprache, Zugang zu einer unumstößlichen Gewissheit zu verschaffen. Wer sie benutzte, wusste sich auf der richtigen Seite. Er hielt der Welt den Sprachpass vor – und erwartete Einlass. Es wäre eine eigene Studie wert, den Zusammenhang und das Aufeinanderprallen des Funktionärsjargons mit der differenzierten Sprache zu untersuchen, wie sie in den besten Werken der zeitgenössischen DDR-Literatur entwickelt wurde. Klar ist jedenfalls: Es gab andere Möglichkeiten, sich, durchaus in Konformität zu den Zielen »der Partei«, auszudrücken. Sowohl im literarischen als auch im politischen Feld.

Wenn man Sahra Wagenknechts juvenilen Politsprech ernst nimmt, stellt sich die Frage, welche Welt in der Nachwendezeit eigentlich »ihre« war. War der interne Kosmos der sprachsensiblen Sahra Wagenknecht, die sich ihr exklusives Domizil in der Gemeinschaft mit literarischen Größen geschaffen hatte, am politischen Leben zerschellt? War es eine Reprise von Lenins Dilemma, der die Wirkung von Beethovens *Appassionata* auf das Seelenleben des Revolutionärs in das berühmte Statement fasste, man möchte, wenn man das hört, den Menschen über die Köpfe streicheln? »Aber heutzutage darf man niemandem den Kopf streicheln – die Hand wird einem sonst abgebissen. Schlagen muß man auf die Köpfe, unbarmherzig schlagen […].«[27] In welchem Verhältnis steht die Welt von *Wandrers Nachtlied* zu der von »Marxismus und Opportunismus«? Genau diese verschiedenen Welten, ihr Zusammenhang wie ihre Differenz, können ein Ausgangspunkt sein, um das Phänomen Sahra Wagenknecht zu fassen. Eine wichtige Spur sind dabei die Veränderungen in ihrem Sprachduktus.

Dass sie sich Sprache anverwandeln kann, hat Sahra Wagenknecht in verschiedenen Kontexten ihres Lebens unter Beweis gestellt. Schon als

Kind lernte sie aus freien Stücken neben dem Schulunterricht eine weitere fremde Sprache: Persisch, die Sprache ihres Vaters, die zu einem Kontaktmittel eigener Art wurde. Zum Mittel einer Verbindung mit dem Verschwundenen, das in anderen Zusammenhängen zugleich als Möglichkeit, sich abzusetzen, genutzt werden konnte. Ihre Kindheitsfreundin Beate erzählt, wie Sahra damit prahlte, sich auf Persisch Dinge notieren zu können, die niemand sonst lesen konnte – auch nicht die Lehrer zum Beispiel. Es war eine exklusive Geheimsprache und -schrift, die sich, zumindest formal, in der Tuscheschrift wiederfand: eine höchst artifizielle Synthese aus ihren literarischen Hausgöttern und ihrem verlorenen Vater. Und es ist, *in a nutshell*, das Lebensprogramm Sahra Wagenknechts: etwas zusammenzubringen, das sich nicht zusammenbringen lässt. Der Wunsch, Persisch zu lernen, lässt sich unschwer als Versuch verstehen, das Trauma des verlorenen Vaters kommunikativ zu bewältigen. Irritierenderweise, wie so oft, mit der Konsequenz der scharfen Abgrenzung von ihrem Umfeld.

Nachdem sie mit dem *Faust* ein literarisches Urerlebnis erfahren hatte, gestaltete sie ihren seit Kindertagen gepflegten geistigen Raum stark um. Mit Goethe wurde eine Tür nach draußen geöffnet. Berauscht von seiner Sprache und Weltsicht, tauchte sie buchstäblich in seine Zeit ein. Und scheute sich nicht, das mit ihm Erlebte auch »draußen« kenntlich zu machen. Dass sie sich nach der Mode der Weimarer Klassik kleidete, Goethes Sprache sprach und schrieb – am Pult mit Tusche und Feder –, ist sehr viel mehr als eine Marotte. Es ist der psychische »Nachbau« einer Welt, die es einzig wert wäre, die ihre zu sein. Sahra Wagenknecht war in ihrem Selbstverständnis eine von Goethes Vertrauten geworden. Mindestens so sehr wie Friederike Brion, Charlotte Buff, Lili Schönemann oder Marianne von Willemer. Sie lebte sein Leben durch seine Worte – und setzte sie in einem unpassenden Zusammenhang ein. Sie machte den Sound der Weimarer Klassik zu ihrem. Nicht nur den berühmten Wandzeitungsbeitrag, der ihr in der Schule die Kritik der Lehrer einbrachte, sondern z. B. auch das Schreiben an die Universitätsverwaltung, in dem sie den ihr von der SED aufgedrückten Sekretärinnenposten kündigte, formulierte sie strikt »goethisch«.

Wie aber war es um die Sprache bestellt, die sie in ihrem Leben als Politikerin benutzte? Waren es tatsächlich getrennte Welten: ihr mädchenhaft-märchenhafter Salon und die raue Bühne der Politik? Bewahrte sich die von der Öffentlichkeit mehr und mehr gesuchte Person immer noch ein inneres Refugium, das sich den Pflichtübungen des Politikzirkus entzog? Oder war mit ihrem Eintritt in die Partei das Ende des »Schöngeistigen« gekommen – im Reden wie im Schreiben? Klar scheint: Auch ihre Adaption der verdinglichten Politsprache, die schon damals weniger die Gegenwart als vielmehr die Vergangenheit des großen sozialistischen Experiments abbildete, war nichts anderes als der Versuch, in eine Welt zu schlüpfen, die als verloren galt, um die es sich aber deshalb umso mehr zu kämpfen lohnte.

Sahra Wagenknechts ästhetisch-philosophische Ideale der damaligen Zeit liegen meilenweit von den politischen Vorstellungen entfernt, die sie rigoros vertritt. Sie lebt, wie es scheint, im dualen Kosmos zweier unterschiedlicher Welten. An beide dank Mimikry und gekonnte Sprachanverwandlung perfekt angepasst. Wie kompliziert es ist, so ungleiche Sphären zusammenzubringen, muss ihr seinerzeit indes aufgegangen sein. Zu diesem Zweck bedurfte es eines »lebenden Goethe«. Den sie schon am Ende ihrer Schulzeit in Gestalt von Peter Hacks gefunden hatte. Mit ihm führte sie über viele Jahre einen einzigartigen Dialog, an dessen Anfang – wer sonst? – Goethe stand.

Lichtgestalt und Leitbild: Peter Hacks

»Sehr verehrter Herr Hacks!

›… von der Gewalt, die alle Wesen bindet, befreit der Mensch sich, der sich überwindet.‹

In diesem Sinne nehme ich nun die Feder zur Hand, Ihnen, lieber Goethefreund, einige Zeilen zu schreiben. Verzeihen Sie die Kühnheit dieser Blätter, Ihre wertvollen Minuten zu stehlen; allein es bleibt mir nur die Hoffnung, sie mögen Ihnen nicht gar vergeudet erscheinen.

Ich habe tausend Fragen an Sie, mit welchen ich Sie freilich jetzt nicht langweilen möchte, vor allem aber habe ich eine große Bitte!

Doch was bin ich verwirrt …

Welch eine Unart, einen Brief sogleich mit der Bitte zu beginnen, und nun gar, wenn der Empfänger desselben ein bedeutender Mann ist, welcher wohl bald die Lust verlieren wird, seinen dichterischen Geist mit diesem sprach- und inhaltlichen Durcheinander zu inkommodieren.

Doch ich bitte Sie, haben Sie ein wenig Geduld – schon bin ich gefasster, und nun soll es geordnet weitergehen. Ich merke wohl, völlig vergaß ich, Ihnen, mich vorzustellen. Daß Sie aber ein klein wenig ein Bild von dem Urheber dieser Wirrnis erhalten, sei dies nun nachgeholt:

Mein Name ist Sahra Wagenknecht und ich erlebe jetzt mein 17. Jahr. Zur Zeit besuche ich die 12. Klasse, nach deren Ende ich Kulturwissenschaft studieren möchte. Ich interessiere mich für die bildende Kunst, Philosophie, Mozart, Beethoven und vieles mehr, – vor allem aber für Literatur – für Klassik! (Dies im weitesten Sinne jenes großen Wortes.)«[28]

Mit diesen Zeilen beginnt das neunseitige, in großartigen »persischen« Bögen getuschte Schreiben Sahra Wagenknechts an Peter Hacks, es eröffnet zugleich *die* prägende Bekanntschaft ihrer frühen Jahre. Anlass ihres Briefes ist die Bitte an den mit zahlreichen Preisen bedachten Literaten, doch für eine Veranstaltung der Berliner Goethe-Gesellschaft zur Verfügung zu stehen. In deren Leitung ist die Schülerin zu jener Zeit aktiv, und in dieser Funktion möchte sie Hacks, am liebsten in einem persönlichen Gespräch, zur Mitwirkung überreden.

Als sie den Brief, den sie seit ihrer Teenagerzeit nicht mehr in Händen hatte, Anfang 2019 noch einmal liest, ist Sahra Wagenknecht ein bisschen erschrocken. Die Seiten sind für nicht »Eingeweihte« kaum zu entziffern. Schon mit 12, 13 Jahren habe sie sich damals diese seltsame Art, im Deutschen das persische Schriftbild zu imitieren, angeeignet. Für den Empfänger eine Herausforderung, wenn nicht Zumutung. Hinzu kommt der Goethe'sche »hohe Ton«. Wie würde *sie* wohl, so fragt sie sich, heute reagieren, erhielte sie von einer Schülerin ein solches Konvolut? »Ich würde schwanken zwischen: ›Was ist das? Die ist ja völlig gestylt und manieristisch‹, und andererseits mich aber doch wundern, was sie so liest und womit sie sich beschäftigt. Aber im Nachhinein hätte ich auch verstanden, wenn Hacks einfach gesagt hätte: ›Na, die ist ja auch ein bisschen verrückt.‹«

Sehr verehrter Herr Hacks!

„... von der Gewalt, die alle Wesen bindet, befreit der Mensch sich, der sich überwindet."

In diesem Sinne nehme ich nun die Feder zur Hand, Ihnen, lieber Goethe Freund, einige Zeilen zu schreiben. Verzeihen Sie die Kühnheit dieser Blätter, Ihnen wertvollere Minuten zu stehlen; allein es bleibt mir nur die Hoffnung, sie mögen Ihnen nicht gar vergeudet erscheinen.

Ich habe tausend Fragen an Sie, mit welchen ich Sie freilich jetzt nicht anweilen möchte, vor allem aber habe ich eine große Bitte!

Doch was bin ich verwirrt ...

Welch eine Unart, einen Brief sogleich mit der Bitte zu beginnen, und nun gar, wenn der Empfänger desselben ein bedeutender Mann ist, welcher wohl bald die Lust verlieren wird, seinen dichterischen Geist mit diesem Sprach- und inhaltlichen Durcheinander zu inkommodieren.

Doch ich bitte Sie, haben Sie ein wenig Geduld — schon bin ich gefaßter, und nun soll es geordnet weitergehen. Ich merke wohl, völlig vergaß ich, Ihnen, mich vorzustellen. Daß Sie aber ein klein wenig ein Bild von dem Urheber dieses Wirrnis erhalten, sei dies nun nachgeholt: mein Name ist Sahra Wagenknecht und ich erlebe jetzt mein 17. Jahr.

Der Beginn des neunseitigen Briefes von Sahra Wagenknecht an Peter Hacks

Mein Fräulein, bitte schreiben Sie mir doch nicht mehr
auf Persisch. Es sieht sehr schön aus. Aber es ist
sehr schwer zu lesen.

Ich werde sicher für die Goethegesellschaft nicht
arbeiten mögen; mich kostet genug Kraft, für Goethe zu
arbeiten. Im Augenblick bin ich überhaupt
krank.

Aber ich bedanke mich für die gute Meinung, die Sie
von mir haben. Man kann mich nachmittags anrufen. Und
ich bin,

      Bestes wünschend, Ihr

`3.11.1987

Das Antwortschreiben von Peter Hacks

Lust auf die Goethe-Gesellschaft indes hat Peter Hacks nicht. Das macht er Sahra Wagenknecht in seinem Antwortschreiben vom 3. November 1987 deutlich. Die sonderbare Goethe-Freundin mit der unleserlichen Handschrift scheint ihn jedoch zu interessieren.

Peter Hacks ist neugierig genug, Sahra Wagenknechts Anruf abzuwarten – und sie zu sich nach Hause einzuladen. Die kühne Briefschreiberin bekommt Angst vor der eigenen Courage, wird aber sehr freundlich in der »ziemlich feudalen« Wohnung des Literaturstars aufgenommen. Es wird ein mehrstündiges Treffen mit Gesprächen über Goethe und die zeitgenössische Literatur – und für die junge Frau ändert sich die Welt.

Peter Hacks, so resümiert Sahra Wagenknecht die Beziehung heute, »war *der* Gesprächspartner, den ich damals hatte«, insbesondere auch in der nun folgenden einsamen Zeit vor der Wende. Hacks berät sie, als sie ihre Hegel-Rezeption beginnt, empfiehlt ihr Georg Lukács' *Der junge Hegel* als begleitende Literatur. In Hacks hat Sahra Wagenknecht den Menschen gefunden, der offenbar in einer Mischung aus väterlicher Zuwendung und Goethe'scher Überlegenheit, zudem nicht nur literarisch, sondern auch theoretisch und politisch hoch gebildet, die Rolle eines wahren Mentors übernehmen kann.

Peter Hacks ist der wohl radikalste west-östliche Grenzgänger der deutschen Kultur im 20. Jahrhundert. 1928 in Breslau geboren, verbrachte er dort, im heutigen Polen, seine Kindheit und Jugend. Er stammte aus einem »sozialistisch-antifaschistischen Elternhaus«, sein Vater war Rechtsanwalt. Nach bestandenem Notabitur versuchte er gemeinsam mit Freunden in der Endphase des Zweiten Weltkriegs, sich dem Wehrdienst zu entziehen. Dies misslang, er wurde von der Waffen-SS aufgespürt, an die Gestapo überstellt und zum Reichsarbeitsdienst verpflichtet. Nach der Befreiung durch alliierte Truppen kam er kurzzeitig in amerikanische Kriegsgefangenschaft. Im März 1946 legte er in einem Sonderlehrgang am Carl-Duisberg-Gymnasium in Wuppertal sein Abitur ab, um Zulassung zur Universität zu erhalten. Für die schriftliche Prüfung im Fach Deutsch verfasste er einen Besinnungsaufsatz, dessen Thema als Motto über entscheidenden Phasen seines späteren Lebens stehen könnte: »Reflexionen zu Goethes *Torquato Tasso* V, 5 ›Ist alles denn verloren? …‹ – Kennzeichnen diese Worte die augenblickliche Lage Ihres Lebens?« Danach siedelte er zu seinen mittlerweile im bayerischen Dachau ansässigen Eltern über und studierte an der Münchener Ludwig-Maximilians-Universität Neuere Deutsche Literatur, Theaterwissenschaft, Philosophie und Soziologie. 1951 wurde er mit einer Arbeit über das Theater des Biedermeier zum Dr. phil. promoviert. Bis Mitte der 1950er-Jahre lebte er als Schriftsteller in München, wo er u. a. mit James Krüss für den Rundfunk arbeitete und im Kabarett mit eigenen Texten auftrat. In dieser Zeit knüpfte er auch Kontakte zu Erich Kästner, Thomas Mann und Bertolt Brecht – insbesondere Letzterer sollte weitreichenden Einfluss auf sein künftiges Leben haben.

In einem Brief fragte Hacks den sozialistischen Dramatiker, ob er in die DDR übersiedeln solle. Obwohl dieser ihm eine salomonische Antwort zukommen ließ – »Gute Leute sind überall gut (und können überall besser werden)«[29] –, wagte Hacks diesen Schritt 1955 und ließ sich mit Hilfe Brechts gemeinsam mit seiner Frau in Berlin nieder, wo er zunächst für dessen Berliner Ensemble arbeitete. Nach Brechts Tod im August 1956 lockerte sich Hacks' Verbindung zu dem Haus allerdings deutlich und es entwickelte sich stattdessen eine enge Beziehung zum von Wolfgang Langhoff geleiteten Deutschen Theater. 1960 wurde er als Dramaturg an die Bühne engagiert, an der auch mehrere seiner Stücke aufgeführt wurden. Als die Inszenierung seines Dramas *Die Sorgen und die Macht* – in der kritischen Avantgarde der DDR gerne ironisch als »Die Sorgen um die Macht« kolportiert[30] – 1962 die Kritik einiger SED-Funktionäre auslöste, gab Hacks 1963 seine Stellung als Dramaturg am Deutschen Theater auf und lebte fortan als freischaffender Schriftsteller.

Insbesondere als Theaterautor feierte er große Erfolge – in Ost und West. Das bekannteste und erfolgreichste seiner Stücke war das Ein-Personen-Schauspiel *Ein Gespräch im Hause Stein über den abwesenden Herrn von Goethe*, das weltweit gespielt wurde und zu den erfolgreichsten deutschen Bühnenstücken des 20. Jahrhunderts zählt. Von seiner Seite indes gab es trotz der für ihn lukrativen Aufführungen in der Bundesrepublik keinerlei Anbiederung an den westlichen Kulturbetrieb. Als radikaler Vertreter des sozialistischen Aufbaus in der DDR verteidigte er zum Beispiel den Bau der Berliner Mauer – was im Westen für Kritik sorgte, aber seinen Erfolg als Bühnenautor dort nicht minderte. Mehr Schwierigkeiten hatte er in der DDR, wo die Aufführung seiner Stücke mehrfach verboten wurde – was zu keinem Zeitpunkt seinem Bekenntnis zum »ersten sozialistischen Experiment auf deutschem Boden« Abbruch tat, auch wenn er die spätere Entwicklung des Landes unter Honecker vielfach kritisierte.

Hacks ließ sich zeitlebens nicht auf ein bestimmtes Bild des Künstlers im sozialistischen Staat festlegen. Er lebte in einem großbürgerlich anmutenden Ambiente, verknüpfte die Rolle des Dandys elegant mit der des superorthodoxen Kommunisten – freilich nicht, ohne sie zugleich zu problematisieren. Denn seit den 70er-Jahren erklärte er den Kommunismus zu einem »Ideal«, was darauf hinauslief, ihn für nicht realisierbar zu halten: »Das Ideal ist eine Sache, die niemals zu machen ist und als solche für das seiende Leben ganz unentbehrlich, weil nämlich in dem Moment, wo man keine Richtung für einen Weg hat, jedes Gehen nicht mehr stattfindet. Es gibt dann auch keinen Weg mehr, wenn der Weg kein vorgestelltes Ende hat. Aber von diesem vorgestellten Ende muß man wissen. Es ist etwas, was man nicht erreichen wird.«[31] Auf diesem Hintergrund konnte er später trotzig-ironisch für den Fall des ausbleibenden Kommunismus formulieren: »Stirbt das Proletariat im Kommunismus aus? Besser denkbar: Kommunismus kommt nicht. Daher nennen wir uns erst recht Kommunisten!«[32]

Hacks' Lebensstil war nicht nur für SED-Funktionäre herausfordernd, seine Lust an der ironischen, ja mitunter zynischen Überspitzung ästhetischer und politischer Urteile wirkte polarisierend: Er wurde bewundert oder strikt abgelehnt. Seine ästhetische Einstellung könnte man als »antimodern« bezeichnen. Goethe blieb lebenslang der Leitstern seines Schaffens, die eigene Literatur verstand er als eine gewissermaßen zeitübergreifende Kunst, die sich, für viele verwirrend, an der Weimarer Ästhetik ebenso wie am politischen Paradigma des Sozialismus orientierte: »sozialistische Klassik«.

Hacks war, mit einem Wort, tatsächlich so etwas wie ein zu neuem Leben erweckter Goethe: einer, der dessen »antikapitalistische« Gesinnung, die Sahra Wagenknecht in seinem *Faust* entdeckt hatte, gewissermaßen auf das Niveau der sozialistischen Moderne brachte. Die Mischung aus intellektueller Überlegenheit, die keine Angst vor ultimativen Urteilen kannte, ästhetischer Orientierung am Goethe-Ideal und »prinzipientreuem« Marxismus ist für die Abiturientin Sahra Wagenknecht geradezu maßgeschneidert. In

Hacks erlebt sie eine alles überstrahlende Gestalt, den sozialistischen Dichterfürsten, der sich, nach den Worten Heiner Müllers, nicht nur »als eine Art Praeceptor Germaniae«[33] fühlt, sondern auch so auftritt. In ihm scheint sich für die frühreife Literaturverschlingerin der Traum zu materialisieren, den sie in ihrem inneren Salon entwickelt hat. Peter Hacks, die lebende Synthese aus Goethe, Hegel und Marx, wird der wichtigste Anreger und Dialogpartner in Sahra Wagenknechts frühen Jahren – viel mehr als nur ein Vorbild. Hacks ist für sie Lichtgestalt und Leitbild – sowohl in literarischer als auch politischer Hinsicht. Es gibt keinen zweiten Menschen, den Sahra Wagenknecht zu dieser Zeit mehr bewundert und verehrt. Er ist ein platonisch geliebter Übervater.

Wie stark sein Einfluss auch auf ihr politisches Denken ist, beweist ihr Essay in der Zeitschrift *Weißenseer Blätter*. Das hier von ihr angestimmte Lob auf Ulbricht und sein »Neues ökonomisches System« ist direkt von Hacks übernommen. Seine Parteinahme für dessen ökonomisches Konzept gilt nicht nur dem Abbau des Zentralismus und der Förderung von Initiativen, insbesondere aus den Reihen der von Ulbricht aufgewerteten wissenschaftlich-technischen Intelligenz. Hacks sieht den bemerkenswertesten Vorstoß für einen ökonomisch reüssierenden Sozialismus im Vorbehalt gegen die ausnahmslose Konzentration der Produktionsmittel in staatlicher Hand. Noch in der Rückschau auf die DDR-Wirtschaft betont er, die Praxis habe gezeigt, dass etwa Klein- und Reparaturbetriebe besser privateigentümlich funktionierten. In seinen Analysen, warum das sozialistische Experiment scheiterte und was zu tun sei, um künftige Versuche erfolgreich zu machen, hält er die von Rosa Luxemburg als »dritte Personen« (neben den Lohnarbeitern und Kapitalisten) bezeichneten kleinen Warenproduzenten für essenzielle Teile eines produktiven Sozialismus: »Deren Tätigkeit und Fortbestand als kleine Unternehmer« seien »zum guten Funktionieren des Sozialismus unentbehrlich.«[34] Diese privateigentümliche Betriebsformen duldende, ja bis zu einem bestimmten Grad fördernde Gesellschaft bezeichnet Hacks als »unreinen Sozialismus« – was keineswegs pejorativ gemeint ist. Denn allein eine solche Form des Sozialismus sei funktionsfähig. Auch diese von ihm geforderte »ökonomische Toleranz« sieht er in Ulbrichts »Neuem ökonomischem System« berücksichtigt.

Hacks' Loblied auf den ersten Staatsratsvorsitzungen der DDR bezieht sich indes nicht nur auf dessen wirtschaftspolitischen Ansatz, sondern auch auf den Theoretiker Ulbricht. Tatsächlich hatte jener in den späten 60er-Jahren in zwei Grundsatzreferaten eine, von ihm als »Vertiefung« bezeichnete, Korrektur der Marx'schen Theorie vorgeschlagen. Er wendete sich – in den Augen orthodoxer Marxisten ein Sakrileg[35] – gegen die Auffassung, dass der Sozialismus lediglich eine kurzfristige Übergangsphase in der Entwicklung zum Kommunismus sei, und bestimmte ihn als lang dauernde, eigenständige Gesellschaftsformation. Hacks nimmt diese Wendung, die mit der Vorstellung vom Sozialismus als bloßer Transformationsperiode aufräumte, begeistert auf. Denn ebendamit wird der Ernst des sozialistischen Experiments betont und die Arbeit an diesem Projekt in einer anderen Zeitdimension gesehen. In einer Notiz aus der Wendezeit heißt es:

> »*Die Experimentierphase des Sozialism.*
> *Ich liebe keine Experimente, an deren Ende ein Müllhaufen steht: Ich liebe das ungarische Experiment nicht. Richtig ist: von Fehlschlägen lernen, sie zu vermeiden, von Erfolgen lernen, sie nachzuahmen.*
> *Gäbe es ein soz. Land, worin*
> - *Wirtschaft, die es unter die ersten Industrieländer führt*
> - *Leistungsprinzip stark verwirklicht, hoher Rang der Intelligenz*
> - *Optimale Betriebs- und Eigentumsformen*
> - *Konzentration auf Zukunftsindustrie*
> - *Keine Schulden: Devisenüberschuss*
> - *Kunstblüte*
> - *Einigkeit über Marxismus-Leninismus, bei Duldung anderer Einflüsse und kräftige Bündnispolitik: von dem ausschließlich müßte gelernt werden.*
> *Die Rede ist von Ulbrichts DDR.*«[36]

Was zugespitzt heißt: Das DDR-Experiment *ist* gar nicht gescheitert. Es ist von außen kaputt gemacht worden. Das ist Hacks' trotziger Schluss nach dem von ihm als »Konterrevolution« bezeichneten Prozess von 1989/90. In einem Vorwort aus dem Jahr 1990 schreibt er:

»*Die Mythe vom gescheiterten Sozialism. Der Sozialism ist in keinem Land durch die Praxis erledigt, außer in Rußland. Rußland leider von den soz. Ländern das mächtigste und außerdem mit Amerika verbündet: hatte die Macht, seinen Niedergang (auf uns auszudehnen, weltweit durchzusetzen). Kein anderes soz. Land scheiterte, alle anderen wurden gescheitert. [...] Die Honecker-Ära war die erste Etappe der Konterrevolution, von Rußland erzwungen auch sie. Es gibt keinen Zusammenbruch des Sozialism. Es gibt ausschließlich den Zusammenbruch des Sozialism in der Sowjetunion.*«[37]

Man muss sich dieses Glaubensbekenntnis vor Augen halten, wenn man Sahra Wagenknecht verstehen will, die mit 18 Jahren in Peter Hacks endlich einen Menschen findet, den sie intellektuell und politisch anerkennen kann – und die kurz darauf in den Strudel der Wendeereignisse hineingezogen wird, der sie zunächst in eine neue »innere Emigration« treibt. Hacks hat ihr nicht nur eine ihrem Weltbild entsprechende Sicht auf die Geschichte der DDR vermittelt, die sie in ihrem frühen Weißenseer Essay schlicht reproduziert, sondern zugleich eine bündige Erklärung dafür geliefert, wie es zum Ende der DDR kommen konnte. Seine Darstellung der Ereignisse läuft auf eine simple Verschwörungstheorie hinaus, in der sich Mythen und Fakten mischen. Der Untergang der DDR ist in dieser Version ein vom KGB betriebenes Projekt mit dem Ziel, das Land zum Nutzen der um ihr ökonomisches Überleben ringenden UdSSR an den kapitalistischen Westen auszuliefern. Diese Interpretation der Geschichte hat einen bizarren Charme: eine Mixtur aus Scharfsinn und Paranoia, Fantastik und Eigensinn – eine Mischung, die wohl bis zu einem gewissen Grade auch ihren Autor auszeichnete.

Für die junge Sahra Wagenknecht ist seine Sicht ein enormer Rückhalt für die Begründung ihrer politischen Unnachgiebigkeit ebenso wie ihrer theoretischen Hartnäckigkeit. Opportunismus, das so oft zu beobachtende blitzschnelle Umfallen gestern noch linientreuer Marxisten, war für sie stets die verachtenswerteste Haltung. Mit dem privilegierten Wissen ihres Vorbilds Peter Hacks ausgestattet, hat sie ein neues Deutungsmuster für die vor ihren Augen ablaufende Wiedervereinigung und ihre Protagonisten. Der fast vergessene Walter Ulbricht wird durch Hacks zu einem »Klassiker« des Marxismus aufgewertet:

> »Wenige haben wahrgenommen, daß Walter Ulbricht eine vollständige Theorie des Sozialismus vorgelegt hat, und zwar eine durchaus neue und wahrscheinlich abschließende. Als sie fertig war, gelang ihren Gegnern schon, sie aus dem Vordergrund des Bewußtseins zu verdrängen, kurz darauf Honecker, der im Austilgen von Wahrheiten und solchen, die sie wußten, frech und gnadenlos operierte, und wieder darauf Gorbatschow, der Honecker mitsamt seiner DDR an den Kapitalismus abtrat. Ulbricht, dessen Denken ohnehin nicht leicht nachzuvollziehen war, wurde der Öffentlichkeit bis heute vorenthalten.«[38]

Sahra Wagenknecht ist in dieses »Geheimwissen« eingeweiht. Gleichgültig, was daran analytisch und historisch richtig sein mag, es ist ein Blick ganz im Geist des Weltbilds, das sie über Jahre in ihrem Salon entwickelt hat. In dem sich das Beste aller Zeiten miteinander verbinden kann. Goethe, Hegel und Marx – die Toten; Hacks und sie – die Lebenden, die ihnen einzig treu folgen: Sie verfügen über einen privilegierten Zugang zum Weltwissen. Aus dem sich die Geschichte anders verstehen lässt – inklusive der Bewertung von Personen wie Stalin.

Peter Hacks nutzt seine Rolle als bewundertes Idealbild dafür, eine junge, intelligente Frau, die auf der Suche nach einer intellektuellen und politischen Vaterfigur ist, in seinem Sinn zu imprägnieren. Und das hat erstaunliche Folgen, weit über das starre Festhalten Sahra Wagenknechts an bestimmten DDR-Prinzipien hinaus. Eine der ersten Reaktionen Hacks' auf den Untergang der sozialistischen DDR ist sein Plan, ein »Ulbricht-Drama« zu schreiben. Er teilt es Sahra Wagenknecht mit und gibt ihr damit den Anstoß, selber »in großem Umfang Material für ein ›Ulbricht-Buch‹«[39] zu sammeln. Man darf dahinter einen unausgesprochenen Auftrag vermuten. Der Band, den sie eigentlich noch im Sommer 1993 abschließen will, wird nie vollendet, und Wagenknecht übergibt im Oktober 1994 das von ihr zusammengetragene Material an Hacks.

Betrachtet man ihre damaligen politischen und vor allem publizistischen Projekte, kann ihre Abkehr vom Ulbricht-Projekt nicht sonderlich verwundern. Ohne Frage hat ihre Aburteilung in der PDS wegen ihrer umstrittenen Äußerungen Spuren hinterlassen. Und auch wenn sie ihre Position zur DDR, zu Stalin und zum Projekt des Sozialismus nicht modifizieren kann und will: Just zu dieser Zeit lässt sich bei Sahra Wagenknecht eine Orientierungsänderung feststellen. Langsam tritt an die Stelle der nostalgischen Verteidigung der Vergangenheit die Perspektive einer möglichen Zukunft. Die selbstverständlich nur »sozialistisch« sein kann. Nach wie vor gibt die Kritik an Opportunismen aller Art dem politischen Handeln die Richtung vor, aber es ist immerhin ein Türchen zur Neugestaltung der Welt aufgestoßen, die nicht auf das DDR-Vorbild fixiert bleibt.

Wendezeiten

Das Leben kann schon merkwürdige Volten schlagen, das muss auch Sahra Wagenknecht erfahren, als ausgerechnet die von ihr zutiefst abgelehnte Wende von 1989, der Beitritt der DDR zur kapitalistischen BRD, für sie den Zugang zum Philosophiestudium, ihrem großen Wunsch, möglich macht. Aus dem Diktat der ihr aufgezwungenen Arbeit ist sie schon vor der Wende ausgebrochen: Nach zwei Monaten kündigt sie die Sekretärinnenstelle in der Universitätsverwaltung – und bestreitet fortan ihren Lebensunterhalt durch Nachhilfestunden in Russisch und Mathematik. Das, freilich, ist wohl nur in einem Land wie der DDR möglich, in dem die Mieten niedrig – die Wohnung kostet 40 Mark im Monat – und die Güter der Grundversorgung billig sind. Sahras persönliche Genügsamkeit kommt hinzu.

Wenn sie sich an diese Zeit erinnert, fallen ihr Tütensuppen und Haferflocken, Kartoffeln und Blumenkohl als die Lebensmittel ein, von denen sie sich wesentlich ernährt. Ab und zu schicken die Großeltern Pakete mit Gemüse, das der Großvater in seinem Garten zieht. Das Leben in dieser selbst erkämpften Freiheit findet, ähnlich wie in den Göschwitzer Kindertagen, vornehmlich in den eigenen vier Wänden statt, die sie mittlerweile alleine bewohnt. Die Mutter hat sich eine andere Bleibe gesucht und ist an der Seite ihres neuen Partners aus der gemeinsamen Wohnung in Berlin-Karlshorst ausgezogen. Ihre Leidenschaft, das Lesen und Studieren, die Auseinandersetzung mit den großen Geistern, wird in dieser Lebensphase auf die Spitze getrieben. 12, 13 Stunden angestrengter Lektüre täglich sind die Regel, 15 keine Ausnahme. Die 19-Jährige vergräbt sich intensiver denn je in die Geisteswelt. Wenn ihr die Universität verweigert wird, so muss es halt im Selbststudium geschehen. Sie arbeitet sich nach einem strengen Plan durch die gesamte klassische deutsche Philosophie hindurch: Kant, Fichte, Schelling – und natürlich: Hegel, der Großmeister des dialektischen Denkens. Hegel, der gewissermaßen zwischen Goethe und Marx steht, Zeitgenosse ihrer ersten großen literarischen Liebe und Lehrer des Theoretikers, der für Sahra Wagenknecht die bis heute gültige Analyse der Welt vorgelegt hat. Da es selbst für sie zu anstrengend ist, ihn zwölf Stunden ununterbrochen zu rezipieren, stellt sie Arbeitspläne auf: vier Stunden Hegel-Lektüre, dann vielleicht drei Stunden Exzerpte von einem anderen Autor, zum Beispiel Marx, zur Entspannung in den Abendstunden Goethe, Schiller oder Thomas Mann. Hegel jedoch steht im Mittelpunkt dieses Philosophie-Marathons. Ohne jede Anleitung wählt sie, ganz auf sich allein gestellt, gleich zu Beginn ausgerechnet die *Logik*! Jeder, der sich mit Hegel beschäftigt hat, kennt die Komplexität und Schwierigkeit seiner Philosophie. Die zweibändige *Logik* aber ist ein Ausbund an Unverständlichkeit. Sahra beißt sich durch die knapp 1000 Seiten – ohne zu verstehen, wie sie sagt, aber auch ohne abzubrechen. Sie liest den Text bis zum bitteren Ende. Wie geht das? Wie ist es möglich, sich durch ein Werk zu arbeiten, das immer nur »Nein« zum eigenen Verstehenswunsch sagt? Als wir darüber reden, kann sie meine Fassungslosigkeit über diesen – für mich – ans Sinnlose grenzenden Durchhaltewillen nicht nachvollziehen. Irgendwas sei ja doch immer dabei, an das man anknüpfen könne. Und dann Hunderte von Seiten weiter im kalten Wasser des Unverständlichen schwimmen? 99 Prozent der Menschen hätten das Buch zugeklappt. Nicht so Sahra Wagenknecht. Sie besorgt sich Sekundärliteratur – vor allem Georg Lukács' *Der junge Hegel* –, kämpft sich durch die Hegel-Gesamtausgabe – und liest die *Logik* dann noch einmal.

Aus einem Exzerpt Sahra Wagenknechts zu Hegels *Vorlesungen über die Geschichte der Philosophie*

Beeindruckend die Willensstärke, der Fleiß und Ehrgeiz – und die dem Ganzen innewohnende Abstraktion. Von besonderer Bedeutung ist dabei für sie das innere Postulat der »Vollständigkeit«. Es wird nicht die einzige Gesamtausgabe sein, die sie von vorne bis hinten durcharbeitet – um nicht zu sagen: sich in Gänze einverleibt. Alles andere als das Ganze ist für sie zu wenig. Auch das ist hegelisch: Das Ganze ist das Wahre. Wer es verweigert, ist für Sahra Wagenknechts Begriffe auf dem Holzweg. Denn es fehlt etwas, es muss ja etwas fehlen, wenn man nicht alle Möglichkeiten durchschritten hat. Es ist ein Drang nach dem Totalen: dem Abschluss, der vollständigen Übersicht, vielleicht auch der Kontrolle. Der Wille, ein möglichst komplettes Bild von dem zu erlangen, was man verstehen und erforschen will, begleitet sie bis heute und strukturiert ihr Leben.

1989, im Jahr nach ihrem Abitur, jedoch wirkt ihr Rückzug in die Welt der Bücher wie die Abkehr vom Lebendigen. Im Frühjahr bereits bestellt sie das *Neue Deutschland* ab, das ihr »unerträglich« geworden ist. Sie hört kein Radio, besitzt keinen Fernseher. Auf die Frage, wie sie diese Zeit erlebt habe, sagt sie sechs Jahre später: »Ich saß allein in meiner Berliner Wohnung, hatte wenig Verbindung zu anderen Menschen, was eine solche Situation nur noch schlimmer macht – und dann dieser Sommer. Ich stürzte mich kopfüber in meine Studien, auch weil ich, was ablief, gar nicht wahrnehmen *wollte*. Ich hatte wahnsinnige Angst davor, daß mein Land kaputtgehen könnte. Ich hatte wohl vor nichts so große Angst wie davor. Und mein ziemlich hilfloses Mittel, mit dieser Angst umzugehen, war, daß ich vorübergehend die Vorgänge der Außenwelt nicht mehr zur Kenntnis nahm. Von Honeckers Sturz erfuhr ich mit zwei Tagen Verspätung.«[40]

Sahra Wagenknechts intensives Studium der großen deutschen Philosophen, mit denen sie die Welt ergründen will, steht also auch im Zeichen einer Abwendung von dieser, als sie im radikalen Wandel begriffen ist. Freilich nicht in jenem Wandel, den Marx ihr prognostiziert hatte: Nicht die Weltrevolution ist im Gange, sondern der Zusammenbruch jenes Teils der Welt, der sich an seinen Theorien orientiert hatte. Ein Restchen Hoffnung bleibt ihr, als sie schließlich die Nachricht von Honeckers Rücktritt erreicht. Vielleicht gibt es ja noch die Wende zum Guten? Sie verfolgt nun doch im Radio die Volkskammer-Debatten und hört mit Grausen »all den unsäglichen Schwachsinn, der da plötzlich geäußert wurde. Von denselben Leuten, die wenige Wochen zuvor noch das genaue Gegenteil erzählt hatten. Und fast täglich ein Beschluß, mit dem ein Stück DDR zu Grabe getragen wurde. Tag für Tag. Es war ein einziges Grauen.«[41] Während sie Hegel liest, der den Nachweis versuchte, dass sich die Vernunft in der Geschichte realisieren werde, bei der Lektüre von Marx, der diesen Weg philosophisch und politisch konkretisierte, indem er Hegel vom Kopf auf die Füße zu stellen meinte, rutscht ihr die einzige Realität weg, die sie für geeignet hält, seine Vision zu verwirklichen. Was zu Grabe getragen wird, ist nicht nur das politische Experiment der DDR, sondern die Möglichkeit, ihre höchsteigene Utopie zu realisieren. Als sie von der Maueröffnung erfährt, ist es endgültig aus:»Ich war erledigt für den Rest des Tages. Spätestens ab da war mir eigentlich klar, daß nichts mehr zu retten ist, daß es die DDR nicht mehr geben würde. Der Herbst 1989 war, glaube ich, die schlimmste Zeit, die ich bisher erlebt habe.«[42]

Sahra Wagenknecht ist über die Entwicklung einfach nur verzweifelt. Sie ist»deprimiert und resigniert«. Noch nicht einmal die Neugier ist vorhanden, das»andere Deutschland« zu erleben. Im Gegensatz zu den Zehntausenden ihrer Mitbürger, die über die offene Grenze in die BRD strömen, empfindet sie damals dem westdeutschen Staat gegenüber nichts anderes als»Abneigung und Widerwillen«:»Nichts zog mich dahin.«[43] Erst im Januar 1990 macht sie sich das erste Mal nach Westberlin auf, aus ganz praktischen Gründen: Weder will sie die Stadt erleben noch einkaufen, sondern sie benötigt ein Buch, das in Ostberlin nicht greifbar ist. In der Amerika-Gedenkbibliothek in Kreuzberg wird sie fündig.

Ein ironischer Schachzug des Schicksals ist es, dass sie es ausgerechnet der von ihr entschieden abgelehnten politischen Wende, dem Anschluss der DDR an die BRD verdankt, persönlich neue Perspektiven entwickeln zu können. Im Februar bekommt sie endlich den ersehnten Studienplatz für Philosophie in Jena, ihre strenge Selbstklausur ist beendet. Aber auch das Philosophiestudium bringt nicht das, was sie sich davon versprochen hat. Die Öffnung ihres philosophischen Salons zum Universitätsseminar ist letzten Endes eine ähnliche Enttäuschung wie ihre Parteiarbeit. Die harte Landung in der Realität ist in den frühen 90er-Jahren die große Herausforderung, der sich Sahra Wagenknecht stellen muss. Wenn man für sie hypothetisch eine alternative Lebensgeschichte entwerfen wollte: Von diesem Punkt aus könnte man sie neu erzählen.

Heute betont Sahra Wagenknecht, dass die damals als so deprimierend empfundene Entwicklung sie eigentlich aus einer ziemlich ausweglosen Situation befreit habe. Die Wahrscheinlichkeit, dass sie auch ohne die friedliche Revolution ein Studium hätte absolvieren können, sei doch sehr gering gewesen. Zwar habe sich Peter Hacks für sie eingesetzt. Aber auch dessen Einfluss sei beschränkt gewesen. Er, der große Ironiker mit Talent zum Zynismus, Goethe-Kenner, Marxist und mitunter grandios witzige Theaterautor, bleibt einer der wenigen, mit denen sie sich damals überhaupt austauscht. Doch selbst dieser Kontakt ändert nicht wirklich etwas an Sahra Wagenknechts selbst gewählter Einsamkeit. Heute nimmt sie sehr viel schärfer als damals ihre Isolation wahr: Sie hatte keine Menschen um sich, keine Freunde, mit denen sie reden, diskutieren, sich auseinandersetzen konnte.

Auf der Universität wird das nur partiell anders. Zwar gibt es nun Gesprächspartner in den Seminaren, die sie besucht. Und schon bald wird sie aufgrund ihrer außergewöhnlichen Kenntnisse selber Kurse leiten dürfen, aber sehr schnell nimmt sie wahr, dass die Jenaer Philosophie »abgewickelt« wird. Der Chef des Fachbereichs, ehedem ein »hohes Tier« in der SED, war, so ihre Erinnerung, noch im Herbst aus der Partei ausgetreten – und nun eifrig dabei, seine Kollegen in die Wüste zu schicken. Professoren, die Sahra Wagenknecht als gute Kant- und Hegel-Kenner schätzt. Eben dieser Fachbereichsleiter hat sie, als sie sich 1988 erstmals um einen Studienplatz beworben hatte, abgelehnt. Bei einem zweiten Gespräch nach der Wende wird sie schließlich akzeptiert. Man merkt ihr eine gewisse Genugtuung an, als sie erwähnt, dass es ganz am Ende dieses Umbauprozesses auch dem opportunistischen Chef-Abwickler an den Kragen gegangen sei. Wenig verachtet Sahra Wagenknecht mehr als Menschen, die ihre Ansichten und Maximen, die sie eifrig vertraten, solange es für sie von Vorteil war, blitzartig austauschen, wenn sich der Wind gedreht hat.

In Jena hält es sie nicht lange. Als sie feststellt, dass »ihre« Philosophen im Studienplan kaum mehr vorkommen, sondern »die Sprachphilosophen die Alleinherrschaft im Fachbereich übernommen« haben, wechselt sie an die Freie Universität Berlin. Aber hier fühlt sie sich ebenfalls nicht wohl: eine Massenuniversität, Hegel-Seminare mit 40 Teilnehmern und das Gefühl, Lektüre und Interpretation seien ziemlich oberflächlich. Sie ist unterfordert, und so wird nach einem Jahr an der FU die Humboldt-Universität ihre neue akademische Heimat. Entlassungen freilich auch an dieser Lehranstalt: Das Niveau in ihrem speziellen Interessengebiet, der klassischen deutschen Philosophie, sinkt nach ihrer Einschätzung zusehends, zudem findet sie keinen Professor, der bereit wäre, ihre geplante Abschlussarbeit zu betreuen: eine Studie über den jungen Marx. Niemand will sich zu diesem Zeitpunkt an einer klar marxistisch orientierten Arbeit die Finger verbrennen. Sie trägt sich mit dem Gedanken, stattdessen über die Hegel-Rezeption in der Philosophie der DDR zu schreiben, womit sie ebenfalls auf Widerstand stößt.

Schließlich ist es Hans Heinz Holz, ein Schüler des verehrten Ernst Bloch, der ihr anbietet, bei ihm in den Niederlanden, an der Universität Groningen, das Studium abzuschließen. Es war Peter Hacks, der die Verbindung zu seinem Freund Holz herstellte. Holz, der in den 1970er-Jahren in Marburg gelehrt hatte, einer der westdeutschen Universitäten, in der die DKP großen Einfluss hatte, ist Hegel-Spezialist – und, wie Wagenknecht heute meint, Anhänger einer äußerst strikten Auslegung des traditionellen Marxismus-Leninismus. Unter seiner Ägide schließt sie ihre Magisterarbeit ab, die später unter dem Titel *Vom Kopf auf die Füße? Zur Hegel-Kritik des jungen Marx, oder: Das Problem einer dialektisch-materialistischen Wissenschaftsmethode*[44] veröffentlicht wird. Längst ist aus der Frau des Wortes zu diesem Zeitpunkt auch eine Frau der Tat geworden.

Wider den falschen Gang des Weltgeistes – im Vorstand der PDS

Bereits zu Beginn ihrer Studienzeit in Jena verspürt Sahra Wagenknecht das Bedürfnis, »daß man eigentlich was tun müßte, mit seiner Unzufriedenheit, daß man rausmüßte aus der reinen Theorie«.[45] Dass ihre Verzweiflung über das Ende der DDR praktische Folgen haben müsse; dass sie als Person gefragt sei, etwas gegen den falschen Gang des Weltgeistes zu unternehmen: All das sind Überlegungen, die für sie, mindesten in dieser Dezidiertheit, neu sind und eine überraschende Wendung ihres Lebens einläuten: die Geburtsstunde der *Politikerin* Wagenknecht.

Die 20-Jährige, die sich in den letzten Tagen der DDR in die Illusion geflüchtet hatte, sie zu retten, muss sich nach ihrem Untergang vollständig neu orientieren. Ein Zeitungsaufruf ist für sie Anlass genug, sich um Mitwirkung bei der 1990 konstituierten Historischen Kommission ihrer Partei, der mittlerweile als »Partei des demokratischen Sozialismus« (PDS) firmierenden SED-Nachfolgeorganisation, zu bewerben. In einem Schreiben an Herbert Burmeister, der als Sekretär der Kommission fungiert, erläutert sie, womit sie augenblicklich beschäftigt ist, nämlich: »[…] zum einen mit den Inhalten der verschiedenen Strömungen innerhalb der sozialistischen Bewegung (insbesondere jenen geistigen Auseinandersetzungen, die mit der Endphase der II. Internationale sich verbinden), zum anderen eben mit den geschichtlichen Tatsachen des gewesenen Sozialismus, speziell dem in unserer DDR.« Ihre Qualifikation, an der »Entwicklung eines neuen marxistischen Verständnisses jüngerer Geschichte« mitzuwirken, fasst sie folgendermaßen zusammen: »Was ich Ihnen also mitbringen kann, ist ein, im Anspruch ganzheitlicher Wirklichkeitsbetrachtung gebildetes (natürlich längst nicht fertiges), System von Begriffen, das sich vor allem stützt auf die Hegelsche Philosophie und das Gesamtwerk Lenins, sowie ein kommunistisches Weltverständnis, und falls Sie dergleichen in der Historischen Kommission brauchen können, wäre ich hocherfreut, eine Nachricht zu erhalten.«[46]

Überraschend bekommt sie eine Einladung zur Kommission. In dieser Orientierungsphase hört sich Sahra Wagenknecht weiter um, welche praktische Option ihrem Wunsch nach politischer Umgestaltung am meisten entspricht – und landet schließlich bei der »Kommunistischen Plattform«. In diesem Forum sieht sie ihre marxistische Weltsicht am besten aufgehoben und die größte Chance, das praktisch auf den Weg zu bringen, was für sie politische Wahrheit ist. »Ich war damals sehr davon überzeugt, dass das, was ich meine, richtig ist«, sagt sie mehr als ein Vierteljahrhundert später – und lacht. Im Februar 1991 entscheidet sie sich, im Rahmen dieser Formation nun endlich und wirklich »Politik zu machen«, das heißt, in der Partei aktiv zu werden. Es sollte eine Blitzkarriere werden. Ein Dreivierteljahr später wird sie auf dem Parteitag im Dezember als jüngstes Mitglied in den PDS-Vorstand gewählt.

Wie ihr dieser rasante Aufstieg in die Führungsebene gelungen ist, kann sie sich selbst nicht genau erklären. In letzter Minute sei sie auf die Liste der Kandidaten gerutscht. Und mindestens ein glücklicher Zufall kommt ihr zu Hilfe. Für ihre Bewerbung hat sie eine Rede vorbereitet, in der sie »alle verhauen« will: die Parteikader als Opportunisten beschimpfen und in ihrer politischen Beliebigkeit kritisieren. »Ich wollte das gründlich aufmischen.« Das damalige Parteitags-Procedere aber sorgt dafür, dass sie nicht auf die Rednerliste kommt, sondern sich nur kurz vorstellen darf. Hätte sie die Rede wie geplant gehalten, wäre sie, da ist sich Sahra Wagenknecht heute sicher, nicht in den Vorstand gewählt worden.

Nachträglich schwer zu entscheiden, welche Bedeutung und Folgen es gehabt hätte. Gewiss ist, dass der Nachwuchspolitikerin eine schwere menschliche Enttäuschung erspart geblieben wäre. Denn was sie im Parteivorstand erlebt, ist die erneute tiefgehende Kränkung, von den anderen abgelehnt zu werden. Es ist die Wiederholung ihrer Erfahrung aus den Kindertagen, der Schule, der Zeit, in der ihr das Studium verwehrt wurde. Nur findet die Ablehnung diesmal unter anderen Koordinaten statt. Es geht nicht um Ausgrenzung aufgrund ihrer optischen »Abweichung«, die sich als »Chinesin« in der Schulzeit noch verstärkte. Auch nicht um die bewusste Inszenierung als Gestalt einer Gegenkultur wie in der Phase als Punk. Sie ist im Vorstand dieser Partei, die sich mühsam an den radikal veränderten Realitäten abarbeitet, deshalb »die Fremde«, weil sie ihre Treue zum Ideal des Sozialismus als Trotz gegen diejenigen kehrt, die ihn auch predigen, aber entweder von der untergegangenen DDR nichts mehr wissen wollen oder das von Sahra Wagenknecht verteidigte Sozialismus-Ideal sozialdemokratisch verwässern. Ihre Radikalität, die sich in dieser doppelgesichtigen Haltung ausdrückt und dazu von einer kompromisslosen theoretischen Position getragen ist, die vielen als schiere Arroganz erscheinen muss, manövriert sie auch in der PDS-Spitze in die Außenseiterposition. Sie sei, so sagt sie, vom allerersten Tag im Vorstand als »Störfaktor« empfunden worden. Wenn sie sich heute erinnert, wie sie die erste Vorstandssitzung unter lauter ihr kaum bekannten Mitgliedern erlebte, fällt ihr spontan ein Bild ein: »Es war Eis, es war richtig Eis um mich herum.« Insbesondere Gregor Gysi gibt ihr zu verstehen, dass sie fehl am Platze sei. Was Sahra Wagenknecht indes nicht daran hindert, gegen das frostige Klima der Ablehnung in dieser ersten Sitzung detailliert ihre politischen Vorstellungen zu äußern. Vor allem, was sich nicht nur in der Parteiarbeit, sondern in der grundlegenden Ausrichtung ändern müsse.

Allein, der Versuch, mit ihren radikalen und theoretisch durchdachten politischen Entwürfen auf positive Resonanz zu stoßen, scheint zu scheitern. Sahra Wagenknecht erlebt als Vorstandsneuling erstmals das Paradoxon, das ihr Leben künftig begleiten wird: Sie wird gewählt – und abgelehnt. Gleichzeitig. Es ist das Lebensmuster einer fundamentalen Spaltung. Erwähltheit und Zurückweisung: die Ingredienzien eines nicht nur verwirrenden, sondern kaum zu lösenden Konflikts. Bei den meisten Menschen, die dieses Schicksal teilen, führt es zum Rückzug auf eine verbitterte Position, die keinen Handlungsspielraum nach außen erlaubt. Dass es bei Sahra Wagenknecht anders kommt, darf man als ihre vielleicht größte Lebensleistung bewerten. Heute ist sie in der Lage, den eigenen Anteil an dem Dauerkonflikt zu benennen. »Ja, es war auch nicht so einfach damals, mit mir umzugehen.« Sie kommentiert ihr Auftreten als Jungpolitikerin mit einer Mischung aus nachträglichem Erstaunen und ironischem Achselzucken: So war ich halt damals …

So kritisch Sahra Wagenknecht sich in der Rückschau auch betrachtet, Ansichten revidiert, über manche ihrer Äußerungen den Kopf schüttelt und den einen oder anderen ihrer Auftritte offenkundig wirklich bedauert: Sie ist keine, die »abschwört« und einen klaren Trennungsstrich zu der Person zieht, die sie damals war. Ein Bereuen ist durchaus spürbar, wirkliche Scham nicht. Auf die Frage, wie sie sich heute ihre damalige Radikalität erkläre, die sie bei den meisten ihrer »Parteifreunde« in Ungnade fallen ließ, kommt eine typische Wagenknecht-Antwort: »Ich hatte sehr viel gelesen, ich war immer alleine und hatte mir die Sachen selbst erarbeitet. Und daraus kommt natürlich so ein Bewusstsein … Wenn man mit

Anfang 20 die ganze Weltphilosophie durchgelesen hat, dann hat man das Gefühl, jetzt weiß man alles.«

Als es seinerzeit darum geht, wer welche innerparteilichen Aufgabenbereiche leiten soll, formuliert das jüngste Vorstandsmitglied seine Kompetenzen nüchtern und sachlich. In den »Ansichten zum künftigen Arbeitsbereich« schreibt Wagenknecht:

»Nach meinem Urteil sollte ich das Arbeitsgebiet Theorie/Programmatik in Verantwortung übernehmen, da ich diesbezüglich über Kompetenz und gründliches Sachwissen verfüge. Letzteres resultiert sowohl aus einer umfassenden Beschäftigung mit den Hauptwerken der Philosophiegeschichte (Aristoteles, Kant etc., vor allem Hegel), als auch aus intensiven Studien marxistischer und sozialistischer Literatur. Befaßt habe ich mich mit der Gesamtheit der Werke Marxens und Lenins, mit den wesentlichen Schriften von Luxemburg, Plechanow, Hilferding, Kautsky und Bernstein, besonders gründlich mit den Werken Lucács' [sic!], sowie ferner mit manchem der modernen wesentlichen linken Theoretiker (deren Ansichten ich jedoch nicht für besonders originell bzw. aufnehmenswert halte). Insbesondere im vergangenen Jahr befaßte ich mich zudem eingehend mit der Geschichte des real gewesenen Sozialismus, vor allem mit der DDR.«[47]

Solche Vorstöße bleiben im Parteivorstand ohne Resonanz. Sahra Wagenknechts Erinnerungen an ihre erste Vorstandssitzung sind erstaunlich lebendig. Man erlebt, aus ihrer Perspektive, einen Vorsitzenden, der in aggressiver Weise alle ihre Vorschläge »abbügelt«. Der Beginn einer langen Rivalität mit hoher emotionaler Aufladung. Das Verhältnis zwischen Gregor Gysi und ihr sei seit diesem Moment »vergiftet« gewesen. Wagenknechts Meinung nach vor allem, weil sie von Anfang an zu verstehen gegeben habe, sich nicht durch den Star der PDS, der damals alle Fäden in Händen hielt, kontrollieren und einschüchtern zu lassen.

Rückhalt in der Partei bekommt sie durch einige Mitglieder der Kommunistischen Plattform, insbesondere Ellen Brombacher und Michael Benjamin sind wichtige Gesprächspartner. Mit Ellen Brombacher geht sie alle Reden durch, die sie halten will. Mit Michael Benjamin arbeitet sie ein

neues Parteiprogramm aus, das sich als Alternative zum Entwurf der sogenannten Grundsatzkommission der PDS versteht. Es umreißt in Grund-
zügen, was die junge Vorstandspolitikerin für die einzig richtige Linie hält.
Und ist infolgedessen von einem nicht geringen Pathos getragen. »Der ideale Entwurf einer humanisierten, wohlgeordneten und sozial gerechten
Welt wohnt in den Köpfen und Herzen der Menschen, seit diese den Erd-
ball bevölkern. Zur realen gesellschaftlichen Kraft jedoch wurde das Ideal
immer nur dann, wenn es sich mit den konkreten Interessen bestimmter
Klassen verband. Die historische Selbstverwirklichung der Menschengat-
tung vollzieht sich über Rückschläge und Niederlagen, über entmutigende
Umwege, trostlose Zeiten des Niedergangs und der Hoffnungslosigkeit hinweg. Niemals in der Geschichte der Klassengesellschaften hat Fortschritt
sich kampflos durchzusetzen vermocht.«[48] So der zweite Absatz des Programmentwurfs aus dem Jahr 1991. Er folgt auf eine verheerende Bestandsaufnahme der kapitalistischen Welt, die von aktueller Angst und Arbeitslo-
sigkeit bis hin zur Zukunftsdestruktion durch Krieg und Umweltzerstörung
reicht. Interessant ist diese programmatische Äußerung nicht zuletzt, weil
ihre Autoren unterschiedliche Generationen und Erfahrungen repräsentieren: Sahra Wagenknecht ist zum Zeitpunkt der parteiinternen Veröffentlichung wenig über 20, ihr Co-Autor knapp 60 Jahre alt. Und nicht irgend-
wer, sondern ein gestandener DDR-Kader aus einer prominenten Familie.

Seine Mutter, Hilde Benjamin, war von 1953 bis 1967 Justizministerin
der DDR. Die »rote Hilde«, wie sie nicht nur im westlichen Boulevard genannt wurde, trug auch so anheimelnde Spitznamen wie »die Scharfrichte-
rin«, nicht zuletzt, weil sie mehr als ein Dutzend Strafverfahren gegen Op-
positionelle leitete. In den Jahren zuvor, direkt nach der Staatsgründung, war
sie Vizepräsidentin des obersten Gerichts der DDR gewesen. Während des
Volksaufstands am 17. Juni 1953 forderten Demonstranten in Sprechchören
ihre Absetzung und Inhaftierung. Nach der Niederschlagung des Aufstands
leitete sie ab dem 20. Juni eine speziell für diesen Zweck eingerichtete Stabs-
stelle, der in Abstimmung mit dem Politbüro der SED die Überwachung
sämtlicher Strafverfahren im Zusammenhang mit dem 17. Juni 1953 oblag.

Ihr Sohn Michael kam 1932 auf die Welt. Sein Vater, der jüdische Arzt
Georg Benjamin, Bruder des Philosophen Walter Benjamin, war in der

KPD im Widerstand gegen die Nazis aktiv, wurde unmittelbar nach der Machtergreifung in »Schutzhaft« genommen und bis Ende 1933 in das KZ Sonnenburg verbracht. 1936 wurde er, weil er ausländische Pressetexte übersetzt hatte, erneut verhaftet und vom Berliner Kammergericht wegen Vorbereitung zum Hochverrat zu sechs Jahren Zuchthaus in Brandenburg verurteilt. Nach Verbüßung seiner Haftzeit wurde er in das KZ Mauthausen überstellt, wo er im August 1942 starb. Der ohne Vater aufwachsende Michael durfte als »Halbjude« keine Schule besuchen und wurde von seiner Mutter unterrichtet. Nach dem Ende der nationalsozialistischen Herrschaft studierte er, wie seine Mutter, Jura in Berlin und Leningrad, arbeitete an der Akademie für Rechts- und Staatswissenschaften der DDR in Potsdam, wo er promovierte, sich habilitierte und schließlich Professor in Moskau wurde. 1990 kehrte er in die DDR zurück und wurde in der neu gegründeten PDS aktiv. Michael Benjamin stellt gewissermaßen einen Prototypen des klassischen DDR-Sozialisten dar. Seine gesamte Erziehung war durch Widerstand, Kampf und Einschwören auf den sowjetisch interpretierten Marxismus geprägt. Sein erwachsenes Leben durch die Teilhabe an der Macht in der sozialistischen Gesellschaft. In der PDS war er Gründungsmitglied und Sprecher der Kommunistischen Plattform.

Die Begegnung der beiden ungleichen Marxisten muss durchaus ein erfreuliches Erlebnis gewesen sein: Die junge Frau lernte einen erfahrenen, von der Geschichte geprägten Mentor kennen; der überzeugte alternde Kommunist machte die Bekanntschaft einer intelligenten und ebenso überzeugten Marxistin, die die Zukunft des Sozialismus repräsentierte. Beide konnten mit voller Überzeugung schreiben: »Der Sozialismus ist [...] die dem heutigen Zivilisationsniveau einzig angemessene Gesellschaftsform und zugleich die alleinige Alternative gegenüber dem drohenden Fall der Menschheit in Barbarei und Untergang.« Ihre gemeinsame Analyse der DDR ist durchaus nicht unkritisch. Sie machen »schwerwiegende Fehler, Demokratiedefizite und Ungesetzlichkeiten aus«, Entwicklungen, die freilich nicht zuletzt durch die ständigen Versuche der kapitalistischen Welt, »den Sozialismus zurückzudrängen«, forciert oder erzwungen wurden. Die Autoren sehen in den »Bemühungen [...], mit einem Neuen Ökonomischen System die Wirtschaft vom zentralistischen Zugriff der Apparate zu befreien«, einen produktiven Ansatz zur Entwicklung eines konkurrenzfähigen sozialistischen Gesellschaftsentwurfs. Das heißt, sie beziehen sich positiv auf die unter Walter Ulbricht in den 60er-Jahren begonnene ökonomische Entwicklung. Die aber – sein Name wird nicht genannt – spätestens mit der Machtübernahme durch Erich Honecker abgebrochen worden sei. »Das ursprüngliche Ziel, eine dem Kapitalismus an ökonomischer Effizienz und geistig-kultureller Beschaffenheit sichtbar überlegene Gesellschaft zu entwickeln, war so nicht mehr erreichbar und wurde auch nicht mehr ernsthaft angestrebt. Der Kampf um die friedliche Koexistenz degenerierte zunehmend zu einer Politik der Zugeständnisse an die Interessen des Weltkapitalismus. Im Inneren kam es zum Aufbau einer zentralistischen Diktatur des Apparats, der die Sicherung bestehender Machtverhältnisse mehr und mehr als Selbstzweck verfolgte.«[49]

Diese Stellungnahme ist aus zwei Gründen bemerkenswert: Zum einen zeigt sie keine kritiklose Verherrlichung des »realen Sozialismus«, wie er in der DDR praktiziert wurde. Zum anderen aber deutet sich in der Perspektive der Dezentralisierung und der positiven Bewertung von Wettbewerb in den wirtschaftlichen Prozessen etwas von dem an, was Jahrzehnte später in Wagenknechts überraschender Synthese von marxistisch basiertem Wirtschaftsmodell mit ordoliberalen Elementen wieder auftauchen wird. Damals ist die Autorin des Programmentwurfs davon freilich weit entfernt. Vielmehr gelten immer noch die alten Spruchbanner wie: »Sozialismus bedeutet die allumfassende Befreiung menschlicher Produktivität und Kreativität« oder, welthistorisch ausgreifend und beschwörend: »Das 21. Jahrhundert muß das Jahrhundert des Sozialismus werden, oder die Menschheit wird im Chaos ökologischer, sozialer und politischer Krisen und Konflikte untergehen.«[50]

Angesichts solch epochaler Zukunftsformeln ist das Festhalten an alten Gewissheiten geradezu erschütternd: »Das Subjekt des geschichtlichen Fortschritts unserer Epoche ist durch den Grundwiderspruch von Kapital und Arbeit gegeben. Dieses Subjekt ist die Arbeiterklasse, im Bündnis mit allen in diesem System Ausgegrenzten, Unterdrückten und Entrechteten.«[51] Die Arbeiterklasse als historisches Subjekt: Ein einfacher Blick in die Sozialstatistik hätte ausgereicht, den stetigen Rückgang der Arbeiter im gesellschaftlichen Beschäftigungsverhältnis zu registrieren, von der Prognose zu schweigen. Geradezu grotesk aber ist das orthodoxe Beharren auf dem Klassenkonzept – insbesondere dann, wenn die »Arbeiterklasse« zum »Subjekt« der Veränderung stilisiert wird. Denn diese Qualität kann sie, wenn man Marx ernst nimmt, tatsächlich nur dann haben, wenn sie sich als »Klasse für sich« konstituiert und begreift; wenn sie also »Klassenbewusstsein« besitzt, sich nicht nur als statistisch erfassbare soziale Gruppe versteht, sondern als selbstbewusste Einheit, eben als »Subjekt« auftritt. Wie wenig das in Ost und West der Fall war, konnte niemandem verborgen bleiben. Und die Aufbesserung des revolutionären Subjekts durch das Hinzufügen unspezifischer Randgruppen, der besagten »Ausgegrenzten, Unterdrückten und Entrechteten«, ist mehr leere Worthülse als ernsthafte Erweiterungsperspektive. Nicht umsonst wird an hervorgehobener Stelle des Entwurfs noch einmal beteuert: »Sozialismus kann nicht das Werk einer kleinen Minderheit sein. Er muß von der großen Masse des Volkes getragen werden. Die entscheidende Kraft, um wesentliche Veränderungen in Gang zu setzen, ist die sozialistisch orientierte, organisierte Arbeiterbewegung.« Woraus folgt: »Die Formierung dieser Kraft wird so zur zentralen Aufgabe der Sozialisten in der Gegenwart.«[52]

Der Entwurf für ein neues Parteiprogramm zeigt einen deutlichen Überhang allgemein programmatischer Forderungen nach Art alter sozialistischer Parolen. Die Formulierung der »nächsten Aufgaben«, nämlich »Reformbemühungen auf dem Boden der bestehenden kapitalistischen Gesellschaft«[53], bleibt dagegen erstaunlich unspektakulär. Das allermeiste, was hier gesagt und postuliert wird, ist jedenfalls nicht sehr weit von der damaligen sozialdemokratischen Agenda entfernt. Es geht um die Entfaltung der »kämpferischen Gewerkschaftsarbeit«, staatliche Regulierung des Arbeitsmarkts, Ausdehnung des sozialen Wohnungsbaus, Förderung der Bildung und in diesem Kontext insbesondere die Förderung von »besonders Begabten«.[54] Die »Gleichstellung von Mann und Frau« steht ebenso im Programmentwurf wie die »ersatzlose Streichung des § 218«. Wichtig, insbesondere mit Blick auf die heutige Debatte: »Wir widersetzen uns allen Versuchen, das Asylrecht für in ihrer Heimat politisch Verfolgte zu beschränken.«[55] Und selbstverständlich werden »radikale Abrüstungsschritte« genauso verlangt wie der »Einsatz deutscher Truppen außerhalb der Staatsgrenzen« und »die fortdauernde Stationierung fremder Streitkräfte in unserem Land« abgelehnt.[56]

Aufschlussreich ist, wie dieser Programmentwurf von den verschiedenen Flügeln in der Partei aufgenommen wird. Ein namentlich nicht gezeichneter Sammelkommentar erläutert die »Zustimmung« zu ihm mit den Worten:

> »* *Glückwunsch und Hochachtung zu dem vorgelegten Entwurf von B/W. Schade, daß wahrscheinlich die überwiegenden Vorstandsmitglieder der PDS die Wahrheit und Richtigkeit Eurer theoretischen marxistischen Erkenntnisse über die jetzige Weltsituation nicht zur Kenntnis nehmen wollen.*
> * *Beim Lesen des alternativen Programmentwurfs war ich froh, daß es noch ehrliche Genossen gibt.*
> * *Dem Entwurf muß zugestimmt werden: Richtige Herausarbeitung der Dialektik von kurzfristigen Aufgaben innerhalb der bestehenden kapitalistischen Ordnung und langfristigem Ziel, der Beseitigung der kapitalistischen Gesellschaft.*
> * *Dieser Entwurf ist wesentlich besser als der Entwurf der Grundsatzkommission mit seinen verwaschenen Formulierungen.*
> * *Die entscheidende Kraft, um wesentliche Veränderungen in Gang zu bringen ist die sozialistisch organisierte Arbeiterbewegung, dies wird deutlich gesagt. Die Formierung der Arbeiterbewegung ist die zentrale Aufgabe der Sozialisten in der Gegenwart.*
> * *Hier wird endlich wieder der Sozialismus konsequent als Ziel und einzige Möglichkeit, zu einer gerechteren Gesellschaft zu gelangen, benannt. Deutlich werden die Prinzipien sozialistischer Politik herausgestellt wie der organisierte Klassenkampf als einzige Möglichkeit zur Erlangung einer besseren Gesellschaft.«[57]*

Interessanter als diese zustimmenden Stellungnahmen sind die unter der Überschrift »Kritik und Ablehnung« gesammelten Statements, weil sie aus verschiedenen Richtungen kommen: Einerseits sind sie orientiert am vom Programmentwurf der Grundsatzkommission empfohlenen »Modernisierungsversuch« der Partei in Richtung auf eine eher sozialdemokratische Ausrichtung, andererseits üben sie aber auch grundsätzliche Kritik an der Version des Marxismus, die Wagenknecht und Benjamin vertreten. Da heißt es dann etwa:

»* Die ›Klassensicht‹ des Entwurfs ist in dieser Form überlebt. Die Welt ist zu komplex und verflochten, um deren Probleme auf Klassenkampf zu reduzieren.

* Insgesamt geht dieser Entwurf an den Realitäten des Lebens vorbei. Mit dem Streben nach der politischen Macht und dem Warten auf eine Revolution begäbe sich die PDS ins politische Abseits, würde zur Sekte verkommen.

* Entwurf ist einseitig ›ostwärts‹ ausgerichtet.

* Erst Sozialismus errichten, dann könne auch Zivilisationskrise überwunden werden, eine derartige Verknüpfung ist zu einfach und unreal.

* ›Das Subjekt des geschichtlichen Fortschritts unserer Epoche ist … die Arbeiterklasse, im Bündnis mit allen …‹ Diese Position hält den Realitäten nicht stand. Sie sollte nicht dem Politikverständnis der PDS zugrunde gelegt werden.

* Es ist ein fataler Irrtum, wenn Genn. Wagenknecht meint, daß der Zusammenbruch des Realsozialismus nicht die Kritik bisheriger theoretischer Aussagen (auch von Marx, Engels, Lenin) einschließt und diesbezügliche Überlegungen als verantwortungslos, als ›fruchtloses Zweifeln‹ an einem ›historisch längst als wahr erwiesenem [sic!] Weltbild‹ denunziert.

* Es wird – unberührt von geschichtlichen Erfahrungen und ungeachtet vieler Jahrzehnte marxistischer Kritik an ihr und ungeachtet ihrer eklatanten praktischen Niederlage – an der Leninschen Revolutionstheorie in geradezu jungfräulicher Reinkultur festgehalten.

* Angesichts der komplexen Krisensituation in der heutigen Welt und der bevorstehenden ökologischen Katastrophe werden alle Probleme auf den Widerspruch Lohnarbeit – Kapital reduziert und die Frage, ob unter den neuen Bedingungen die Frage nach den Subjekten der Veränderung neu gestellt werden muß, wird verneint. Man bleibt dabei, wie Marx diese Frage bezogen auf das 19. Jahrhundert beantwortet hat.

* Beim Programmentwurf von B/W handelt es sich um eine eindimensionale, ungebrochene Fortschreibung alter Politikvorstellungen.
* Gesellschaftliche Entwicklung wird vorwiegend/primär oder ausschließlich aus einem einzigen Widerspruch abgeleitet. […] Das ist zum einen zu eindimensional und zum anderen bereits auf einer analytischen Abstraktionsstufe angesiedelt, von der aus man unmöglich wieder zu den Trägern praktischer Politik bzw. zum menschlichen Subjekt ›herabsteigen‹ kann. Auf dieser Abstraktionsstufe können nur abstrakte Handlungsträger beschrieben werden.
* Was den Untergang der DDR bzw. des real existierenden Sozialismus betrifft, liest sich manches wie eine Dolchstoßlegende.
* Im Entwurf von B/W spielen das Individuum, seine Sehnsüchte, Bedürfnisse, Rechte etc. überhaupt keine Rolle.«[58]

Dieser kleine Einblick in die verschiedenen Positionen der jungen Partei, die so viele Altlasten mit sich schleppte, mit so vielen konfligierenden Interessen und Ansprüchen zu kämpfen hatte und dabei war, eine eigenständige Identität in einer unübersichtlichen Zeit und Zeitenwende zu finden, gibt besser darüber Auskunft, in welchem Terrain sich die zur Politik entschlossene junge Marxistin bewegte, als die Bannerformulierungen ihrer entschiedenen Programmatik. Insbesondere die letzte Kritik an ihrem Entwurf zeigt, in beinahe unpolitischer Diktion, das Grundproblem eines Politikverständnisses, das sich im Gefolge der Marx'schen Theorie als Versuch, den »realen Humanismus« zu verwirklichen, eben an den Menschen und ihren Wünschen zu orientieren hätte. Im Verständnis orthodoxer Marxisten ist der Verweis auf die »Sehnsüchte« der Menschen gewissermaßen ein Sprachfehler. Dabei muss es in einer »emanzipatorischen Politik« genau darum gehen: um Sehnsüchte. Denn was sonst weist über die bloße Befriedigung menschlicher »Bedürfnisse« hinaus? Sehnsüchte sprechen schließlich genau das an, was der letzte Antriebspunkt der Menschen ist, um derentwillen angeblich Politik gemacht wird. Was will das Individuum? Was fürchtet es? Was liebt es? Und was davon lässt sich politisch verwirklichen? Sehnsucht, Wunsch, Liebe – diese elementaren Bestandteile des Lebens jedes Einzelnen verschwinden entweder im Begriff der »Bedürfnisse«, so wie er in der Sprache der marxistischen Orthodoxie und damit auch von Wagenknecht und Benjamin gebraucht wird. Oder sie spielen, wie die Kritik am Programmentwurf anmerkt, als vermeintlich rein »private« für den politischen Diskurs keine Rolle.

Wenige Jahre nach diesem Programmentwurf wird Sahra Wagenknecht gefragt: »Gibt es für Sie etwas Liebenswertes an diesem Jahrhundert?« Ihre Antwort ist bezeichnend: »Ja, in ihrer Unfertigkeit, in ihrem hoffnungsvoll Fragmentarischen – die DDR.« Als darauf der Interviewer nachhakt und sie darum bittet, drei Dinge zu nennen, »die Sie mit dem Begriff Deutschland verbinden«, lautet die knappe Erwiderung: »Goethe, Marx – und wieder die DDR.«[59] Es ist eine bemerkenswert heile Welt, die in diesen Auskünften konserviert wird. Goethe, Marx und die DDR – das ist die Wunschwelt jener Sahra Wagenknecht, die sich noch nicht hauptberuflich auf das anstrengende politische Geschäft eingelassen hatte. Auch ein halbes Jahrzehnt nach der Wende, zu einem Zeitpunkt, an dem sie in erstaunlich privilegierter Position Gelegenheit hatte, die Realität des »Politikmachens« zu erleben, bleibt ihr Urbild dessen, was – man muss ergänzen: *das richtige* – Deutschland sei, unangetastet. Eine seltsame rückwärtsgewandte Utopie im Zeichen des von ihr doch so rigoros vertretenen Kampfs für eine »sozialistische Zukunft«. Es ist, als wäre die Zeit stehengeblieben. Als der Interviewer den Gedanken ins Spiel bringt, »vielleicht passen Sie sich eines Tages an die Gesellschaft an. Man weiß nie, wie sich ein Mensch entwickelt«, lautet die Antwort kategorisch: »Anpassung schließe ich aus.« Und dieser Mangel an Flexibilität schlägt sich auch in ihrer Haltung zu den neuen Landesgrenzen nieder. »Westdeutschland war für mich früher immer genauso Ausland wie jeder beliebige andere Staat. Und ein bißchen ist das bis heute so. Ich könnte mir nicht vorstellen, in Frankfurt am Main oder in Hamburg zu leben.«[60] In den ersten Nachwendejahren Sahra Wagenknechts bietet sich mithin das erstaunliche Bild eines schwer verständlichen Zusammengehens von heftiger politischer Auseinandersetzung in und mit der Partei und einer nahezu unveränderten Binnenwelt, in der die alten Vorlieben und Wünsche das Leben bestimmen. Im Auge des Orkans herrscht Ruhe.

AUF DEM WEG
ZUR BERUFSPOLITIKERIN

Eine romantische Vorstellung

1995 verliert Sahra Wagenknecht den Machtkampf in ihrer Partei. Sie muss, nach zehrenden Konflikten, ihren Posten im Vorstand räumen. Gregor Gysi setzt sich schlussendlich mit seiner Drohung durch, als Parteivorsitzender zurückzutreten, sollte seine Intimfeindin noch einmal in den Vorstand gewählt werden. Trotzdem erzielt Wagenknecht bei der Abstimmung ein respektables Ergebnis. Sie bekommt immerhin ein Drittel der Stimmen.

Nach dem parteiinternen Verfahren, das sie nach der Veröffentlichung des Artikels »Marxismus und Opportunismus« in den *Weißenseer Blättern* durchzustehen hatte, und der harten Kritik aus den Reihen der PDS, die sie für das 1993 veröffentlichte Buch *Antisozialistische Strategien im Zeitalter der Systemauseinandersetzung*[1] einstecken musste, erhält sie nun die endgültige Quittung für ihren unbeirrten Standpunkt. Heute kann sie diejenigen verstehen, die einen klaren Trennungsstrich zur DDR-Vergangenheit und zu ihrem kommunistischen Dogma ziehen wollten, um die Partei gesamtdeutsch wählbar zu machen. Worüber sie immer noch den Kopf schüttelt, ist die Art und Weise, wie eine Studentin Mitte 20 von ihren Widersachern niedergemacht wurde.

Noch im Jahr ihres Ausscheidens aus dem Parteivorstand erscheint der Band *Zu jung, um wahr zu sein?*, der im Wesentlichen auf Gesprächen mit dem ehemaligen FDJ-Funktionär Hans-Dieter Schütt beruht. Für Sahra Wagenknecht eine willkommene Plattform, ihre Treue zu Marxismus und

Sozialismus unter Beweis zu stellen. Die »Frau mit den kalten Augen«[2], wie der PDS-Vorsitzende Lothar Bisky sie zu nennen beliebte, startet in dieser Zeit ihre Karriere als öffentliche Person und Medienstar.

Die wachsende mediale Aufmerksamkeit ist schließlich auch für das einschneidendste Ereignis des Jahres verantwortlich. Ein gleichaltriger Journalist interviewt sie, und aus der zufälligen Begegnung entwickelt sich eine Freundschaft, eine Beziehung – eine Liebe? Ralph T. Niemeyer, so heißt der Reporter, rühmt sich dafür, als jüngster Pressevertreter überhaupt mit dem damaligen Kanzler Helmut Kohl ein Interview geführt zu haben. Er ist – mindestens in seiner Selbsteinschätzung – sowieso ein Mann der Superlative. Bis heute besteht er darauf, er sei es gewesen, der Günter Schabowski am 9. November 1989 die Frage gestellt habe, ab wann denn die von der SED beschlossene Ausreiseregelung gelte. Schabowskis Antwort »sofort, unverzüglich« leitete den Anfang vom Ende der DDR ein und ist längst Geschichte.

Was er sicher perfekt beherrscht, ist ein wirkungsvoller Auftritt. Er ist fantasiebegabt, witzig, intelligent – und kommt bei den Frauen gut an. Auch bei Sahra Wagenknecht. Die, so sagt es ihre Mutter, zu der Zeit viele Verehrer, aber an keinem von ihnen Interesse hatte. Niemeyer ist ein umtriebiger, vom Wunsch nach Aufmerksamkeit und Erfolg getriebener Mann. Er ist links orientiert, aus Protest gegen den politischen Kurs des neuen Vorsitzenden Björn Engholm aus seiner ursprünglichen politischen Heimat, der SPD, ausgetreten, neben seinem journalistischen Engagement als Dokumentarfilmer und zugleich als Finanzberater im Anlagegeschäft tätig. Offenbar hat er sich hier mit den Falschen zusammengetan, denn 1996 wird er vom Landgericht Köln wegen Betrugs in 46 Fällen verurteilt. Im Jahr zuvor versucht er, sich durch Flucht in die Türkei dem Prozess und der sich abzeichnenden Verurteilung zu entziehen. An seiner Seite ist seine neue Freundin – komplett ahnungslos, was den wahren Grund der Reise anbelangt. Sahra Wagenknecht wundert sich lediglich über die Bitte ihres Partners, sich unter ihrem Namen in den Hotels zu registrieren. Irgendwann gesteht er ihr, dass sie ihn nicht auf einer Reise begleitet, die einem journalistischen Auftrag gilt, sondern auf seiner Flucht vor der deutschen Justiz, die einen Haftbefehl gegen ihn erlassen hat. Sein Fluchtversuch misslingt. Auf dem Flughafen Antalya wird er festgenommen und in ein türkisches Gefängnis überführt.

Vor diesem Zugriff, so erinnert sich Sahra Wagenknecht, verfolgt sie im Hotel eine TV-Übertragung des Mannheimer Parteitags der SPD. Ein Auftritt begeistert sie: Oskar Lafontaine, der mit seiner Rede nicht nur das Auditorium auf seine Seite bringt, sondern damit die Stimmung für einen Führungswechsel schafft. Rudolf Scharping wird als Parteichef abgewählt, Lafontaine übernimmt sein Amt – einer der in der zweiten deutschen Republik raren Politikwechsel, der sich der Kraft eines emotionalen Appells verdankt. In der Rückschau entbehrt es nicht einer gewissen Komik, dass die 26-jährige Sahra Wagenknecht Oskar Lafontaines legendären Auftritt ausgerechnet während der Flucht ihres Freundes und künftigen Ehemanns in einem türkischen Hotel zur Kenntnis nimmt. Nicht wissend, dass sie dem Mann zusieht, der wie kein zweiter ihr Leben verändern wird. Damals indes trennen die beiden politisch noch Welten.

Die Verhaftung von Ralph Niemeyer ist ein heftiger Schock, der Sahra Wagenknechts Leben durcheinanderwirbelt. Sie ist über seine problematischen Anlagegeschäfte nicht informiert. Aus ihrer Sicht sitzt ein Unschuldiger in türkischer Haft: eine riskante Situation. Die Haftbedingungen sind schlecht, es wird gefoltert, Jahr für Jahr kommen in den Gefängnissen Insassen ums Leben. Aber sie behält einen kühlen Kopf, beweist ihre Handlungsfähigkeit und den festen Willen, auch mit außergewöhnlichen Situationen zurechtzukommen. Sie sucht den Direktor des Gefängnisses auf und bringt ihn mit milden Gaben – vom Cognac bis zu unauffällig überreichten Geldbündeln – dazu, Ralph besuchen zu dürfen. Ein Recht dazu hat sie nicht, denn die beiden sind zu diesem Zeitpunkt noch nicht verheiratet. Sahra Wagenknecht ist entsetzt über das, was sie bei ihren Besuchen zu sehen bekommt. Später wird sie es mit deutschen Haftanstalten vergleichen können. Denn Ralph Niemeyer wird wegen Kapitalanlagebetrugs auch in Deutschland Zeit hinter Gittern verbringen. Um ihn aus der türkischen Haft zu befreien, muss neben dem Gefängnisdirektor auch ein Arzt bestochen werden, der Gutachten verfasst, die eine Haftverschonung nahelegen. Es sind kraft- und nervenraubende Aktionen, die die zwischen Deutschland und der Türkei hin- und herreisende Sahra Wagenknecht auf sich nimmt, um ihren Partner wieder in Freiheit zu setzen. Aber es gelingt. Nach zwölf Wochen Haft wird Ralph Niemeyer in die Bundesrepublik überstellt. Ein Nebeneffekt dieser »Befreiungsaktion« ist, dass Sahra Wagenknecht zum ersten Mal in ihrem Leben pleite ist. Sie musste Schulden machen, um die Bestechungssummen aufzubringen und den Anwalt zu bezahlen.

Keine zwei Jahre später wird sie Ralph Niemeyer heiraten. Passenderweise am 5. Mai, dem Geburtstag von Karl Marx, in Goethes Weimar. Ganz in Weiß, mit Schleier. Wer sagt: gutbürgerlich? Unverkennbar ist der Wunsch, einen Punkt zu setzen und einen neuen Lebensabschnitt zu beginnen. Sahra Wagenknecht spricht von einer »romantischen Vorstellung«, die sie mit dieser Hochzeit verbunden habe. Was offenbar nicht mit ihrer marxistischen Gesinnung kollidiert. (In Situationen wie diesen wird augenfällig, wie unterschiedlich ost- und westdeutsche Linke gestrickt sein konnten. Im Westen wäre eine solch »urbürgerliche Veranstaltung« verpönt gewesen.)

Wieso aber heiratet man einen Mann, der sich zu diesem Zeitpunkt nicht nur als Angeber mit Talent zum Hochstapler, sondern als straffälliger Betrüger entpuppt hat? Eigentlich, sollte man meinen, kann das nur Liebe sein. Sahra Wagenknecht fasst es rückblickend eher prosaisch: »Er ist halt als junger Mann in falsche Gesellschaft geraten, hat Mist gemacht, dafür aber auch wirklich gebüßt. Damit war das für mich abgehakt.« Bis heute sieht sie ihn nicht als einen, der »perfide betrügt«, sondern als »Spieler«, zudem als gutmütigen Menschen, der oft Hilfsbedürftigen Geld gegeben habe und selbst betrogen worden sei. All dies klingt ein wenig wie die Auskünfte einer Mutter über den lieben, aber etwas auf die schiefe Bahn geratenen Sohn. Tatsächlich trägt Sahra in der Paargemeinschaft die ökonomische Verantwortung und sorgt für den Lebensunterhalt. Ralph Niemeyer hatte nie einen festen Job, zumal nicht in Deutschland, denn die meiste Zeit des Jahres lebt er in Irland. Dort hatte er Anfang der 90er-Jahre ein Haus erworben. Untätig war er freilich nicht. So produzierte er mehrere Filme, etwa über Michail Gorbatschow (1991) und Nelson Mandela (1994). Später über Argentinien (2003), Venezuela unter Hugo Chavez (2004) sowie schließlich 2012, als Assistant Producer, den Spielfilm *The Consul of*

Bordeaux über das Leben des portugiesischen Generalkonsuls Aristides de Sousa Mendes, der im Zweiten Weltkrieg rund 30 000 Menschen, darunter 10 000 Juden, das Leben rettete. Als Journalist arbeitete er für verschiedene Zeitschriften, schrieb einige Bücher – und war auch in anderer Hinsicht durchaus produktiv. Er ist Vater von drei Söhnen und einer Tochter. Drei dieser Kinder zeugte er während der Ehe mit Sahra Wagenknecht mit drei verschiedenen Frauen.

Es sei halt keine sehr enge Beziehung gewesen, sagt Sahra Wagenknecht heute. Sie habe sich gerne mit ihm in Irland aufgehalten, auch wegen des blonden Labradormischlings Schlumpy, der dort zu Hause ist. Der Hund brachte sie zum Lächeln – und einmal, beinahe, zum Weinen. Nach vielen Jahren habe sie ihn noch einmal besucht – und wurde von dem greisen Tier nicht mehr erkannt. Die meiste Zeit aber sei sie doch in Berlin gewesen. Alleine. In ihrer dortigen Wohnung hätte man ohnehin nicht lange zu zweit leben können. Wenn man ihr heute zuhört, wirkt die Ehe mit Ralph Niemeyer eher wie eine Auszeit, eine nette Urlaubsbeziehung, aber nicht wie eine Lebensgemeinschaft. Zumal keine, die zu den romantischen Vorstellungen passt, die für sie ursprünglich im Spiel waren. Und nicht nur für sie. »MüagF« hatte er sie genannt: »meine über alles geliebte Frau«.

Doch sie seien im Guten auseinandergegangen, eine freundschaftliche Beziehung habe sich erhalten. Auf seinem Blog veröffentlicht Niemeyer 2011 nach dem Bekanntwerden der Liaison von Wagenknecht und Lafontaine eine Erklärung mit der Überschrift: »Kein Drama, sondern logische Entwicklung – Sahra Wagenknecht & Ralph T. Niemeyer«. »Es ist nur ehrlich und aufrichtig, daß Sahra unsere Trennung, die wir schon vor geraumer Zeit vollzogen haben, öffentlich macht. Dies geschieht absolut einvernehmlich. Es gab und gibt keine Heimlichkeit.« Es gebe »keinen Grund zur Gram […], denn Sahra ist der ehrlichste Mensch, den ich kenne. Jeder, der etwas anderes unterstellt, kennt sie nicht oder lügt bewußt. […] Sahra und ich bleiben auf gewisse Weise verbunden, auf ewig, denn unsere Seelen sind es.« Und selbst für die erstaunliche Verbindung mit dem von Sahra Wagenknecht anfangs als potenziellen innerparteilichen Gegner betrachteten Oskar Lafontaine findet er positive Worte. »Als Sahra mir von Oskar erzählte, so kam dies für mich nicht als ein Schock, sondern gewissermaßen erwartet, denn wir waren längst in ›Philia‹ angekommen.« Was mit Rückgriff auf Platos Bestimmung der »Philia« als reine, unkörperliche Freundschaftsliebe den damaligen Status der Partnerschaft anzeigt. Nicht ohne Witz erteilt Niemeyer ihr die politische Absolution. Denn: »Hätte sie mir allerdings gesagt, es handele sich bei ihrem Schwarm um Helmut Kohl, dann hätte ich mich mit einem Luftgewehr airschossen.«[3]

Eine seltsame Beziehung – immerhin hielt die Ehe der beiden formell 16 Jahre –, mit der Sahra Wagenknecht ein großes Rätsel aufgibt. Manche deuten die problematische Partnerwahl als Hinweis auf mangelnde Menschenkenntnis: Hätte ihr nicht spätestens seit der Türkeikatastrophe klar sein müssen, dass sie sich mit Ralph Niemeyer auf ein riskantes Abenteuer eingelassen hatte? Hätte schlichte »bürgerliche Vernunft« hier nicht für ein klares »Stopp« plädieren, ihr frühzeitig signalisieren müssen, dass die Beziehung zum erkennbar unzuverlässigen und in mancher Hinsicht einfach nicht adäquaten Partner eine Falle für sie sein könnte? Andererseits: Lässt sich Liebe mit »bürgerlicher Vernunft« in Schranken weisen? Und beweist nicht eine ausgeprägte Emotionalität, wer seine Zuneigung über alle Widerstände und Einsprüche stellt? Sahra Wagenknecht jedenfalls hat mit liebenswerter Gutgläubigkeit und Fairness die offenkundigen Verfehlungen ihres Partners mit seiner jugendlichen Naivität erklärt und zumindest insoweit entschuldigt, als er ja für seine Taten »gebüßt« habe.

Die Geschichte dieser Freundschaft, Liebe und Ehe will sich so gar nicht mit dem Bild der »kaltäugigen« Rationalistin marxistischer Prägung in Einklang bringen lassen, das immer wieder von Sahra Wagenknecht gezeichnet wird. Aber sie passt gut zu einem Charakterzug, der sich wie ein roter Faden durch ihr Leben zieht: der Treue. Und sie passt zu einem anderen Aspekt ihrer Person: der Widersprüchlichkeit.

Widersprüche, Wirtschaft und
die »wirkliche Welt«

Die Frage, wofür man lebt, lässt sich manchmal von der, wovon man lebt, nur schwer trennen. Frühzeitig schon hatte sich die junge Sahra Wagenknecht an ein spartanisches Leben gewöhnt – und profitiert davon auch noch Mitte der 1990er-Jahre. Rund um die Wende hatte sie, abgekapselt von der Welt, mehr Appetit auf Bücher als auf Nahrung. Ein Rückzug vom Leben, das aus dem Ruder zu laufen schien. Der Zusammenbruch der DDR, das Ende des sozialistischen Experiments, die begeisterte Zustimmung vieler zum »kapitalistischen Westen«, der unverkennbare Opportunismus alter Kader – das alles wollte Sahra Wagenknecht nicht wahrhaben und nicht wahrnehmen. Der tiefe Blick in die Bücher war zugleich ein Augenverschließen vor der Realität. Heute kann sie sich eingestehen, dass sie damals an »Zukunftsangst« litt. Und nicht nur, was die politische Weltlage anging. Sondern auch ihre persönliche Situation betreffend: Sollte sie mit 30 immer noch von Nachhilfestunden leben? Es ist schwierig, sich ihre Nöte in der komplexen Summe vorzustellen, die sich seinerzeit für sie ergab. Irgendwie stand ihr Leben auf dem Spiel: individuell ebenso wie hinsichtlich des Weltentwurfs, an den sie glaubte. Jedenfalls blenden ihre idealisierenden Rückbesinnungen auf eine vollständig von Philosophie, Literatur und geistiger Schönheit erfüllte Zeit die andere Seite ihrer damaligen Existenz aus. Angst ist kein angenehmer Zustand, und er ist auch nicht durch das Ausweichen in andere Welten zu verdrängen.

Mit dem Studienbeginn änderte sich die Situation zumindest in finanzieller Hinsicht. Seit dem Frühjahr 1990 bezog sie BAföG. Da sie in Jena studierte, konnte sie umsonst bei den Großeltern wohnen. Ein wesentlicher Vorzug, der sich materiell bemerkbar machte. Tatsächlich hatte Sahra Wagenknecht zum Zeitpunkt der Währungsunion so viel auf die Seite gelegt, dass sie den vollen Betrag, der im Verhältnis eins zu eins von Ostmark zu Westmark umgetauscht werden durfte, 4000 Mark, zur Bank bringen konnte. Nebenher verdiente sie sich ein kleines Zubrot mit öffentlichen Auftritten. Ab 1993 kamen Einnahmen durch Lesungen hinzu. In diesem Jahr publizierte sie ihr erstes Buch: *Antisozialistische Strategien im Zeital-*

ter der Systemauseinandersetzung, das bei Pahl-Rugenstein erschien. Es führt Gedanken weiter, die sie schon in dem berüchtigten Aufsatz der *Weißenseer Blätter* angesprochen hatte, diesmal aber wesentlich auf die Geschichte der Sowjetunion konzentriert. Sahra Wagenknecht vertritt hier die These, dass der »Verfall« des sozialistischen Lagers mit dem 20. Parteitag der KPdSU 1956 begonnen habe. Es ist jener Parteitag, auf dem Nikita Chruschtschow mit seiner fünfstündigen »Geheimrede« die Entstalinisierung einleitete.

Diese Sichtweise ist nicht neu. Viele orthodoxe Kommunisten sehen hier den Beginn »opportunistischer Tendenzen«, die Abkehr vom Marxismus-Leninismus und den Einzug »bürgerlicher Ideologie« in die Spitze der Partei. Für ihre Kritiker ist die Publikation jedoch Wasser auf ihre Mühlen: Outet sich die Autorin damit nicht einmal mehr als »Stalinistin«? Immer häufiger wird sie in der Presse als solche bezeichnet. Sie beginnt, sich Sorgen zu machen, da ihr Gesicht – im Jahr der Veröffentlichung des Buches tritt sie zum ersten Mal in einer Talkshow auf – mittlerweile bundesweit bekannt ist. Anpöbeleien wegen ihres »Stalinismus« ist sie gewöhnt. Was aber, wenn es zu radikaleren Übergriffen kommt?

Zwei Jahre später, 1995, finanziert sie sich nach wie vor aus Honoraren für Vorträge, Lesungen und Bücher – und ist jetzt immer öfter im Fernsehen zu sehen. Die Talkshows sind – nicht zuletzt aufgrund der Kampagnen gegen sie – auf die außergewöhnliche Linke aufmerksam geworden, die sich derart markant von anderen Politikern unterscheidet. Niemand ist so kompromisslos wie sie, wenige können so druckreif reden – und sie macht optisch etwas her. Damals ist noch nicht von »der schönen Sahra« die Rede. Die junge Frau, die zu diesem Zeitpunkt dabei ist, ihre Magisterarbeit in Philosophie zu schreiben, wird eher unter der Marke »jung und wild« geführt. Aber sie ist zweifellos ein Blickfang im Talkgeschäft. Für sie eine willkommene Einkommensquelle: Etwa 1000 Mark erhält sie pro Auftritt. Was bei zehn Shows pro Jahr ein passables Grundeinkommen für sie ergibt.

Seitdem sie die Medien erobert hat, polarisiert sie und ist Gegenstand von Debatten, auch in einer breiteren Öffentlichkeit. Nicht nur über ihre vermeintliche Unbelehrbarkeit wird diskutiert, sondern mit Vorliebe auch die seltsame Diskrepanz zwischen ihrer linken Gesinnung und ihrem erstaunlich bürgerlichen Auftritt thematisiert. Was sich nicht bloß auf ihren wie aus der Zeit gefallenen Kleidungsstil, die Hochsteckfrisur und ihre Redeweise bezieht. Und schon im Jahr 1995 antwortet Sahra Wagenknecht auf die Frage von Hans-Dieter Schütt: »Jetzt mal ehrlich: Was ist nun mit den Affinitäten zu Rosa Luxemburg, die fast allen Medien als Aufhänger dient? Kleiden Sie sich bewußt wie sie?«, unmissverständlich: »Jaja, fehlt nur noch, daß einige nachgucken, ob ich schon einen Stalinbart trage! So etwas ist gezielte Diffamierung. Selbstverständlich habe ich Hochachtung vor Rosa Luxemburg. Ich habe viele von ihren Schriften gelesen, mit großem Gewinn. Aber wenn ich Vorbildern nachstrebe, tue ich das nicht durch irgendwelche Äußerlichkeiten. Wer mir so was unterstellt, sagt über sein eigenes Niveau nichts Gutes aus. Wissen Sie, bezogen auf Äußerlichkeiten bin ich erzkonservativ. Die Frisur etwa, mit der ich karikierend in die Nähe Rosa Luxemburgs gerückt werde – die trage ich seit über acht Jahren. Damals kannte ich von der Luxemburg nicht viel mehr als ihren Namen.«[4] Tatsächlich geht es beim Wiederkäuen der Zuschreibungen um mehr als die Reinhaltung beliebter Klischees. Es gehört zu den üblichen journalistischen Usancen, linkes Engagement daraufhin abzuklopfen, inwieweit es sich in der Lebensführung widerspiegelt.

Gewöhnlich werden diejenigen, die sich erklärtermaßen für die Armen und Ausgebeuteten einsetzen, damit konfrontiert, dass sie selber ein Leben führen, das sich wenig vom Stil derjenigen unterscheidet, die man im Sinne sozialer Gerechtigkeit zur Kasse bitten möchte. Mit dieser Frage sehen sich vor allem Politiker konfrontiert, die als Bundestagsabgeordnete ein ordentliches Gehalt beziehen und sich »etwas leisten können«. So brachte der Sportwagen des WASG-Gründers Klaus Ernst diesem nicht nur den Übernamen »Porsche-Klaus«[5] ein, sondern nachgerade hasserfüllte Kommentare zu seinen politischen Lebenslügen. Sich dazu zu bekennen, gerne Hummer zu mögen, ist für eine bestallte Linke ein veritables Glaubwürdigkeitsrisiko. Auch Sahra Wagenknecht ließ, als Europaparlamentarierin beim Hummer-Essen in Straßburg fotografiert, die Bilder später löschen.[6] Denn wie soll das den Hartz-IV-Empfängern vermittelt werden, die sie gefälligst wählen sollen? Oskar Lafontaines Villa im Saarland, in der er längst nicht mehr lebt, hatte es zum Namen »Palast der sozialen Gerechtigkeit«[7]

gebracht und ebenfalls höchst ressentimentgeleitete Reaktionen provoziert. – Und tatsächlich: Ist nicht die Frage berechtigt, wie sich »Linkssein« damit verträgt, sehr viel besser als die leben zu können, für die man ein besseres Leben möglich machen möchte? Zumal dann, wenn der Verdacht besteht, dass linke Gesinnung in erster Linie für die persönliche politische Karriere genutzt wird. Mag das prinzipiell für alle linken Politiker gelten, so besonders für diejenigen, die den parlamentarischen Rahmen sprengen. Und ganz speziell für jene, die sich nicht scheuen, dem Bild zu entlaufen, das für Linke medial vorgesehen ist. Eine extravagante Lebensführung lässt sich Sahra Wagenknecht – Hummer hin, Hummer her – gewiss nicht unterstellen. Sie irritiert und fesselt Medien und Öffentlichkeit mit anderen Widersprüchen. Und diese sind weitaus fundamentaler.

»Wer ist die echte Sahra Wagenknecht? Ist sie die überzeugte Linke, die sich eine konservative Maske zugelegt hat? Oder eine Konservative, die mit linken Thesen Karriere gemacht hat?« So wird der *SPIEGEL* im Jahre 2015 fragen. Für den Autor, Marc Hujer, ist es ein Widerspruch, zumal ein gewollter: »Sie spielt mit diesem Widerspruch«, schreibt er. »Sie zitiert nicht Marx, um ihre marxistischen Thesen zu rechtfertigen, sondern die ärgsten Kritiker des Marxismus, die Helden ihrer politischen Gegner. Sie hat Ökonomie studiert, die Grundlagen der Volkswirtschaftslehre, die Wissenschaft, die eigentlich erklärt, warum Kapitalismus funktioniert, und sie macht sich Ludwig Erhards Versprechen vom ›Wohlstand für alle‹ zu eigen, wenn sie eigentlich Sozialismus predigt. Es ist eine Masche, die sie perfektioniert hat: die radikale Linke, die sich gutbürgerlich gibt. Das hat sie auch jenseits der treuen Klientel der Linkspartei salonfähig gemacht, wenn auch nicht unbedingt wählbar.«[8]

Auch in der Beziehung und Ehe mit Ralph Niemeyer, in dieser seltsamen Koexistenz eines radikal gelebten öffentlichen Linksseins und der romantischen Vorstellung eines privaten Glücks im Winkel, der offenkundig kein Glück beschieden war, wird manifest, was Sahra Wagenknecht als öffentliche Person streitbar, faszinierend und bis zu einem gewissen Grad rätselhaft macht: dass in ihr scheinbar Unvereinbares friedlich koexistiert.

Dabei kann von Frieden keine Rede sein. Mitte der 90er sieht sie sich nicht nur mit von außen an sie herangetragenen Irritationen und dem eigenen Ehrgeiz konfrontiert, vermeintlich disparate Lebensentwürfe, partnerschaftliche Zweisamkeit und permanente geistige Selbstoptimierung, in ihrem Alltag in Einklang zu bringen. Sondern es sind darüber hinaus auch ganz praktische Schwierigkeiten, mit denen sie zu kämpfen hat: Sie verfügt über keine klare Zukunftsperspektive, weder persönlich noch politisch. Wie soll es mit ihrem Leben weitergehen?

Just in der Phase, als Sahra Wagenknecht viel Zeit, Geld und Energie dareinsetzt, ihren künftigen Gatten aus der bedrohlichen Haftsituation in der Türkei zu befreien, arbeitet sie nicht nur immer noch in der Partei, aus deren Vorstand sie gerade spektakulär entfernt worden war, sondern auch an ihrem akademischen Abschluss. Wie schon erwähnt, hat sich der in Groningen lehrende Hans Heinz Holz bereit erklärt, ihre philosophische Magisterarbeit über das Verhältnis des jungen Marx zu seinem theoretischen Vorbild Hegel zu betreuen. 1996, das Jahr zwischen der Türkeiaffäre und ihrer Heirat, bringt das Ende des Studiums. Die Arbeit ist geschrieben, die mündliche Prüfung absolviert: Sahra Wagenknecht ist nun staatlich anerkannte Philosophin.

Die Magisterarbeit wird, äußerst selten bei derartigen Schriften, publiziert. Es ist ein erstaunlicher Ausweis ihrer Fähigkeiten – und Grenzen. Was niemand, der ihr bisheriges Leben, ihre Studien und ihren Umgang mit Texten kennt, wirklich verwundern kann, ist die Präzision der Gedankenführung in der Studie. Wagenknecht untersucht das Hegel-Verständnis des jungen Marx, und zwar, das ist das Originelle des Ansatzes, daraufhin, wie beide geschichtsphilosophisch die Realität von Staat und Gesellschaft mit Blick auf ihre Entwicklung einschätzen. Ihre Arbeit legt den Fokus darauf, wie sich gesellschaftliche Veränderung im Horizont dieser zwei Denker darstellt. Die Beweisführung ist vom Charme der Immanenz geprägt: Es geht sehr akademisch zu. Wagenknecht demonstriert in ihrer detaillierten Analyse dieselbe Qualität, die sie auch als gesinnungsethische Politikerin in dieser Zeit an den Tag legt: Orthodoxie. Allein das Resultat überrascht: Letztlich zeigt sie, dass Hegel in seiner Geschichtsanalyse radikaler, ja »materialistischer« ist als Marx – ihr eigentliches, politisches Vorbild. Der Mann, dessen Analyse der gesellschaftlichen Verhältnisse ihr politisches Denken leitet.

Sahra Wagenknecht wäre allerdings nicht die perfekte Gastgeberin ihres internen Salons, gäbe es tatsächlich einen »Sieger« im Geisteswettstreit der von ihr gleichermaßen geliebten Theoretiker. Am Ende der Magisterarbeit weist sie nach, dass der Marx der *Ökonomisch-philosophischen Manuskripte*, auf die sich ihr Ansatz bezieht, im Grunde einem Missverständnis aufsitzt, indem er nicht eigentlich die Hegel'sche Geschichtsphilosophie kritisiert, sondern die von dessen Schüler, dem »Junghegelianer« Bruno Bauer, »ontologisierte« Version, die die Lebendigkeit der Hegel'schen Begriffe stillstellt. So stehen denn am Ende ihre beiden Heroen, Hegel und Marx, gleichermaßen als »die Richtigen« da: »Die Marxsche Kritik, bezieht man sie auf die Hegelsche ›Phänomenologie‹ als solche, erscheint schlicht als verfehlt. Sie wird jedoch sofort verständlich, […] sieht man sie im Kontext der junghegelianischen ›Phänomenologie‹-Rezeption.« Genau betrachtet »heißt der eigentliche Adressat seiner Kritik nicht Hegel, sondern Bruno Bauer. Und gegenüber der Bauerschen Philosophie ist die Marxsche Argumentation durchweg zutreffend und seine Kritik im Recht.«[9] Und um endgültig alles ins Lot zu bringen, wird der Ansatz seiner Frühschrift von 1843 als »ein kurzzeitiges, rasch überwundenes Übergangsstadium in der theoretischen Entwicklung des jungen Marx«[10] begriffen. Voilà.

Wie Sahra Wagenknechts in ihrer wahrscheinlich selten gelesenen Magisterarbeit mit dem Dilemma umgeht, Hegel gegen Marx »verteidigen« zu müssen, sagt nicht wenig über ihren Zugang zur Welt aus. Und, mit Sicherheit, eine Menge über die Widersprüchlichkeit, die ihr attestiert wird. Wobei es nicht darum geht, sie zu leugnen. Sondern sie zu verstehen. Denn das, was der *SPIEGEL*-Autor in die Nähe eines Täuschungsvorwurfs rückt, ist in Wirklichkeit ein Widerspruch, der genuin zu ihrer Person gehört.

Nach Beendigung ihres Philosophiestudiums ist Sahra Wagenknechts berufliche Zukunft also gänzlich ungeklärt. Sie hat keinen BAföG-Anspruch mehr und auch keinen Job. Noch geht sie davon aus, Karriere an einer Universität zu machen: Philosophieprofessorin – eigentlich ist ihr ganzer Bildungsweg daraufhin angelegt. Wie aber lässt sich dieser Wunsch mit ihrem politischen Engagement vereinbaren? Zumal sie an der Universität eigentlich nur problematische Erfahrungen gesammelt hat. Sie hat es nicht verstanden, sich in die hier üblichen Netzwerke einzuklinken, die für eine akademische Karriere wichtig sind. Wenn man es genau betrachtet, ist sie eigentlich Autodidaktin geblieben. Von ihrem Studium in Jena und Berlin war sie letztlich enttäuscht. Und in Groningen hat sie nie studiert, sondern lediglich das Magisterexamen abgelegt.

Mitte der 1990er-Jahre hat Sahra Wagenknechts zwar einerseits ein abgeschlossenes Studium und erstmalig einen festen Partner. Andererseits ist ihre Karriere in der Partei hochgradig beschädigt und auch ihre politische Zukunft ungewiss. Nachdem sie 1995 den Vorstand verlassen musste, ist ihr politisches Engagement, wie sie heute sagt, »eigenbestimmt«. Sie besucht die Treffen und Sitzungen, die ihr wichtig erscheinen und auf die sie Lust hat, aber eigentlich spielt sie in der PDS keine Rolle mehr. Wenn sie zurückblickt, meint man noch etwas von der Unentschiedenheit und der mit allzu vielen Fragezeichen versehenen Situation zu spüren. Doch Sahra Wagenknecht ist nicht so gestrickt, dass sie kampflos aufgibt. Zumal ihr ja ihre wichtigsten Freunde geblieben sind: die Wörter. Plötzlich ist wieder viel Zeit für Lesen, Nachdenken, Schreiben gegeben.

Unbeirrt verfolgt sie ihre Laufbahn als Autorin weiter. Sie publiziert, zusammen mit Jürgen Elsässer, das Buch *Vorwärts und vergessen? Ein Streit um Marx, Lenin, Ulbricht und die verzweifelte Aktualität des Kommunismus.*[11] Elsässer, damals linker, den Antideutschen nahestehender Redakteur der *Jungen Welt,* wird in späteren Jahren eine der atemberaubendsten politischen Wandlungen durchlaufen und schließlich in der AfD landen. Das als Streitgespräch angelegte Buch bringt sachlich wenig Konfrontatives und kaum Neues. Originell ist allein Wagenknechts Einschätzung von Lenin als Hegel-Exeget: Er rangiere da noch vor Lukács und Bloch – von den Denkern der Frankfurter Schule ganz zu schweigen. Beim eigentlichen Thema, insbesondere dem erneuten Nachdenken über die fehlerhaften, schließlich zu ihrem Ende führenden Entwicklungen der DDR, ist nicht recht zu sehen, was über die in den vorhergehenden Publikationen aufgestellten Thesen hinausginge.

Sahra Wagenknecht wird klar, dass sie sich neue Ideen und neues Wissen aneignen muss, wenn sie ihre ehrgeizigen politischen Pläne verwirklichen will. Für die Marxistin ist der nächste Schritt ihres persönlichen

Bildungsplans daher nur konsequent: Sie beginnt, sich mit Ökonomie zu beschäftigen. Und vielleicht zum ersten Mal in ihrem Leben ist dieser Entschluss keiner innertheoretischen Konsequenz geschuldet. Denn was sie bislang als »Kritik der politischen Ökonomie« im Marx'schen Sinne studiert hat, reicht, das spürt sie in Podiumsdiskussionen und Talkshows, nicht aus, um argumentativ gegen politische Gegner zu bestehen, die sich auf modernes Wirtschaftswissen berufen. Man könne halt nicht, sagt sie, philosophisch über Ökonomie reden. Politisch überzeugend auftreten kann nur, wer hier über Fachwissen verfügt. Ihr Plan ist, Volkswirtschaft zu studieren und in diesem Fach sogar zu promovieren – ein Plan, den sie, unterstützt von Thomas Städtler, der ihr die ersten Kontakte zu Forschungseinrichtungen vermittelt, in die Tat umsetzt. Allerdings abermals wesentlich im Selbststudium. Sie wendet sich an das Potsdam Institute for Climate Impact Research und erhält die Möglichkeit, dort als Externe zu studieren. In der zweiten Hälfte der 90er-Jahre bereitet sie diesen neuen Abschnitt ihrer intellektuellen Entwicklung vor.

Umso überraschender, dass sie sich schon vor dem Beginn ihres Volkswirtschaftsstudiums mit einer ökonomischen Publikation an die Öffentlichkeit wagt: *Kapital, Crash, Krise … Kein Ausweg in Sicht?*[12] von 1998 ist ein Interviewband, der eine Wegmarke der intellektuellen Entwicklung von Sahra Wagenknecht bezeichnet. Erstmals wird sie nicht nur als widersprüchliche *Person* wahrgenommen, sondern nimmt hier explizit eine theoretische *Position* ein, die ihr von ihren Kritikern als »Widerspruch« ausgelegt wird. War es in den *Weißenseer Blättern* noch eine übersehene Pointe, dass sie die Ulbricht'sche Wirtschaftspolitik für den Versuch lobte, Zentralismus abzubauen und Wettbewerb sowie Eigeninitiative zu fördern, bildet sich nun, gegen Ende des Jahrhunderts ein Standpunkt heraus, den viele Linke ebenso kopfschüttelnd zur Kenntnis nehmen wie manche Konservative. Viel später hat dies der Kolumnist Michael Bittner exemplarisch auf den Punkt gebracht:

»Dem Leser von Wagenknechts Werk fällt ein Widerspruch auf, der von Beginn an ihre Schriften durchzieht. In ökonomischen Fragen zeigte sich die Autorin bereits in ihrer frühesten Phase als reformerische Marktsozialistin, die

zentrale Dogmen der realsozialistischen Wirtschaftsordnung in Frage stell-
te. Schon als sie von der goldenen Ära des Sozialismus unter Walter Ulbricht
schwärmte, galt ihr Lob dessen Bemühungen, in begrenztem Maße Wettbe-
werb, Leistungsprinzip und Privatkapital in den Sozialismus der DDR ein-
zuführen. Wagenknechts spätere dialektische Volte, den Sozialismus nicht als
Gegenteil der liberalen Marktwirtschaft, sondern als deren echte Verwirkli-
chung zu propagieren, war hier schon angelegt. Stets ging es ihr vor allem
darum, eine Gesellschaft zu schaffen, in der die Tüchtigen für ihren Fleiß be-
lohnt, die Nichtsnutze aber bestraft werden. Im Feld des Politischen zeigte
sich Wagenknecht hingegen von Anfang an als resolute, bisweilen borniertе
Gegnerin jeder Form von ›Opportunismus‹ und ›Revisionismus‹. Ihre einzi-
ge politische Strategie war stets die Fundamentalopposition […]. Im Rück-
blick scheint es, als hätte die politische Härte Wagenknechts immer auch den
Zweck gehabt, ihre ökonomische Nachgiebigkeit zu überspielen.«[13]

Und tatsächlich, bei ihrer politischen Entwicklung in den späten 1990er-
Jahren fällt auf, dass die theoretische Neuausrichtung auf Ökonomie mit veränderten politischen Zielsetzungen parallel läuft. Denn genau in dieser Zeit
erweitert sie ihren politischen Radius. Endlich will sie den Westen kennenlernen. Mittlerweile ist ihr klar, dass erfolgreich Politik nur zu machen ist,
wenn man sich in den alten Bundesländern, wo die Mehrzahl der Deutschen
lebt, durchsetzt. Bis zu diesem Zeitpunkt hatte sie so gut wie keine Beziehung
zu Westdeutschland. Der Kontakt zu einem Dortmunder Genossen eröffnet ihr dieses Feld. Es ist ein erster Test, ob es ihr gelingt, mit ihren Themen
und ihrer Art »Westler« zu gewinnen. Heute hat Sahra Wagenknecht ihren
Wahlkreis nicht im ökonomisch gebeutelten Dortmund, in dem es immer
noch Reste der alten »Arbeiterkultur« gibt, sondern im reichen und mondä-
nen Düsseldorf. Ein neuer Widerspruch? Oder nur die Konsequenz des vermeintlich grundlegenden zwischen ihrer linken Gesinnung und dem kon-
servativen Habitus? Sie selber hat nie so gedacht.

Kurz vor dem Ende des Millenniums wird Sahra Wagenknecht 30 – ein
Alter, in dem – nach bürgerlichen Maßstäben – die Phase jugendlichen Auf-
begehrens und unangepasster Lebensführung endgültig vorbei ist und sich
stattdessen der »Ernst des Lebens« in klarer Karriereplanung durchsetzt. In

ihr reift das Bewusstsein, dass sie ihren bisherigen Berufswunsch aufgeben muss. Die Entscheidung dafür, ins Reich der Ökonomie mit all ihren aktuellen *sidesteps* zu wechseln, bedeutet, auf eine Karriere als Philosophin an der Universität zu verzichten. Dabei hatte Hans Heinz Holz, der Betreuer ihrer Magisterarbeit, ihr nicht nur die Möglichkeit der Promotion angeboten, sondern ihr auch einen möglichen Job in Aussicht gestellt. Dafür freilich hätte sie nach Groningen ziehen müssen – weg von allem, was ihr im Leben wichtig ist. Zumal sie sich mit der Eingliederung in die Universitätsstruktur in eine Abhängigkeit begeben hätte, die ihr unheimlich ist. Einmal mehr stellt sie ihre Unabhängigkeit höher als die Sicherung ihres Auskommens.

Die Situation wiederholt sich, als sie ins Wirtschaftsstudium einsteigt. Der betreuende Professor signalisiert ihr, er könne ihr nach erbrachter Leistung eine Stellung an seinem Institut verschaffen – oder sie an einer anderen Universität unterbringen. Genau darauf arbeitet Sahra Wagenknecht mittlerweile hin: auf eine Assistentenstelle bei den Wirtschaftswissenschaftlern, als Sprungbrett für die weitere Karriere. Was sie heute so kommentiert: »Wobei ich innerlich immer ein bisschen gebrochen war, ob ich das wirklich will, weil es ja auch eine starke Abhängigkeit ist. Damals hatte ich die Hoheit über meine Zeit: Ich konnte machen, was ich wollte, ich konnte lesen, was ich wollte. Wenn man einmal in diesem Universitätsbetrieb ist, nimmt einem das natürlich auch Freiheiten. Es bindet einen an einen bestimmten Ort, weshalb Irland nicht mehr möglich gewesen wäre. Man muss sich ja auch in Hierarchien, in ein bestimmtes soziales Gefüge einordnen …« Beim Erzählen ist ihr die Ambivalenz, die sie damals verspürte, anzumerken. Klar, sagt sie: Es wäre ihr wie der Himmel auf Erden vorgekommen, endlich die finanzielle Sicherheit zu haben, jeden Monat über ein festes Einkommen zu verfügen. Aber sie sieht auch die Kehrseite: die Gefahr, ihre Autonomie zu verlieren. »Die Vorstellung, in einer Struktur wie der Universität zu arbeiten und jeden Tag mit Leuten zu tun zu haben, statt jeden Tag lesen zu können …« Eine beinahe kindlich wirkende Angst kommt zum Vorschein. Wieder einmal geht es um die Entscheidung zwischen ihrem inneren Refugium und der »wirklichen Welt«. Wo sitzen die besseren Freunde? Wo ist man sicher – und frei? In mancher Hinsicht ist Sahra Wagenknecht nach wie vor mehr an die Zeit in Göschwitz und ihren

Rückzug in die Welt von Goethe, Hegel und Marx gebunden als an das »Realitätsprinzip«. Immer wieder wird sie feststellen, dass die Wörter, denen sie an diesem geschlossenen Ort begegnet, anders funktionieren als alles Reden in der »Außenwelt«. Hinzu kommt ein auf den ersten Blick unwahrscheinlich wirkendes psychologisches Moment: Voraussetzung für eine Anstellung an der Universität ist ein Bewerbungsgespräch. Ein Procedere, das die 30-Jährige noch nie absolviert hat und sich nicht gut vorstellen kann.

Als Sahra Wagenknecht Silvester 1999 mit ihrer Mutter und ihrem Mann von einem Hügel in Alt-Glienicke, das prachtvolle Feuerwerk über Berlin bewundernd, aufs neue Jahrtausend anstößt, schaut sie auch in eine ungeklärte Zukunft. Sie hat in den letzten Jahren Erfahrungen gemacht, die ihr künftiges Leben stark bestimmen werden. So ungewiss die nächste Zeit, so sicher sind zwei Dinge: Dass die Wörter im Zweifel weiter den Takt ihres Lebens vorgeben werden. Und dass sich ihr gegen Ende des Millenniums eine neue Welt geöffnet hat.

Im Dialog

»Dialogbereitschaft?« Mein Gegenüber schaut mich mit einer Mischung aus Belustigung und Empörung an. »Das gibt's bei ihr nicht. Absolut nicht. Denn sie weiß als Einzige, wo's langgeht. Was soll man da reden?« Mein Gesprächspartner ist Mitglied der Linkspartei, männlich, Anfang 50, aus dem Westen der Republik. Er beruft sich bei seinem Urteil über Sahra Wagenknecht auf eigene Erfahrung, will aber nicht, dass sein Name genannt wird. Ich bin ein wenig überrascht über die sichtbare Erregung. Denn eigentlich hatte ich ihn nur mit einer Einschätzung konfrontiert, die mir Sevim Dağdelen, die stellvertretende Fraktionsvorsitzende der Linken im Bundestag, mitgeteilt hatte. Nach ihrem Eindruck ist Sahra Wagenknecht geradezu ein Kommunikationsgenie: Immer suche sie den Dialog, den Austausch guter Argumente. »Was ich von ihr gelernt habe: Sie ist unbestechlich in der Argumentationsfähigkeit. Und sie lässt sich von niemandem – von niemandem – aus der Ruhe bringen.« Sie kenne, sagt

Dağdelen, keine zweite Person, die dermaßen am argumentativen Wettstreit interessiert sei.

Dialogbereitschaft indiziert den Willen, sich auseinanderzusetzen. Damit verbunden ist immer auch das Risiko, den Kampf der Argumente zu verlieren. Dialoge, Zwiegespräche sind kompetitiv. Das Gegenüber jedes kommunikativen Austauschs ist gewissermaßen der Repräsentant der sozialen Welt, ein Gegner und Partner, mit dem wir uns im Versuch, unsere Sicht darzulegen, an der Realität abarbeiten. Kein Zufall, dass Kant in seiner *Anthropologie* Denken als »inneres Zwiegespräch«[14] begriffen hat. Auch kein Zufall, dass er in diesem Zusammenhang den Begriff des »Gedankenspiels«[15] einführt. Im gelingenden Dialog spielt und kämpft man mit einem anderen um die eigenen Gedanken in der Absicht, sie an denen des Partners zu messen und zu schärfen. Geht es ausschließlich um die kompetitive Seite, nur darum, »sich durchzusetzen«, ist das Prinzip des Dialogs verspielt.

Sahra Wagenknecht hat erkennbar Lust darauf, sich in diesem Spiel zu versuchen. Dies spiegelt sich in der dialogischen Form vieler ihrer Publikationen. Nur, dass ihr dieses Spiel todernst ist. Angefangen bei dem Gesprächsband mit Hans-Dieter Schütt von 1995, gefolgt von »Streitgesprächen« mit Jürgen Elsässer und Gerhard Zwerenz in den nächsten Jahren, bis hin zu ihrer jüngsten Publikation *Couragiert gegen den Strom* (2017) finden sich viele – reale – Zwiegespräche. In allen Fällen geht es um Auseinandersetzung: das Spiel mit Ähnlichkeit und Fremdheit; darum, die Differenz auszumessen – und für die eigenen Positionen zu werben. Einen besonderen Platz nimmt dabei ihr erstes vor allem der Ökonomie und Wirtschaftspolitik gewidmetes Buch *Kapital, Crash, Krise … Kein Ausweg in Sicht?* aus dem Jahr 1998 ein. Es ist die Publikation, in der sich eine Wende in Sahra Wagenknechts Politikverständnis andeutet. Kurz zuvor hatte sie sich entschlossen, konsequent den Weg zu verfolgen, der ihr der einzig sinnvolle schien, um erfolgreich linke Politik betreiben zu können: Die Marx'sche Theorie musste auf den neuesten Stand gebracht werden. Und das hieß vor allem, die ökonomischen Prozesse als Basis aller gesellschaftlichen Entwicklungen auf dem Niveau des ausgehenden 20. Jahrhunderts zu begreifen. Aus diesem Primat der Ökonomie war im Vulgärmarxismus das berühmte »Basis-Überbau-Schema« entstanden, demzufolge alle »Überbauphänomene« lediglich zweitrangige Erscheinungen seien. Sahra Wagenknecht steht nicht im Verdacht, diesem schematischen Denken Raum zu geben. Dennoch war sie sich darüber im Klaren, dass alles, was sie sich bisher durch autodidaktisches Studium an philosophischem und politischem Wissen erworben hatte, nicht hinreichte, um den marxistischen Hardcore-Anspruch auf tiefgreifende Gegenwartsanalyse zu erfüllen. »It's the economy, stupid!«

Die Konsequenz, ein Studium der Wirtschaftswissenschaften zu beginnen, war ein logischer Schritt des »geistigen Vorankommens«. Typisch für Sahra Wagenknecht indes, dass der Entschluss, die nächste Stufe der Wissensaneignung zu erreichen, sich zugleich mit dem Wunsch verband, ihre bislang in diesem Feld bereits gewonnenen Einsichten zu veröffentlichen. Denn nicht nur ist sie mit einer immensen Lernbereitschaft ausgestattet, sondern auch vom autodidaktischen Stolz durchdrungen, *eigentlich* ohne Lehrer auszukommen. Diese Position bleibt exklusiv ihren theoretischen Vätern Goethe, Hegel, Marx vorbehalten. Die Ausnahme, Peter Hacks, haben wir kennengelernt. Das Buch *Kapital, Crash, Krise …* markiert sowohl die »ökonomische Wende« der Theoretikerin Sahra Wagenknecht als auch den Anfang eines anderen Umgangs mit der Realität als Politikerin. Eng verknüpft ist dies mit der Form der Darstellung. *Kapital, Crash, Krise …* ist als Dialog gestaltet. Wagenknechts Gesprächspartner ist in diesem Fall, so kann man dem Klappentext entnehmen, der in Straßburg lebende Pierre Curieux: »Er arbeitet als freier Journalist und Wirtschaftskolumnist für verschiedene französische Tageszeitungen.« Scheinbar setzt Sahra Wagenknecht damit das Prinzip des Streitgesprächs fort, das wir schon aus früheren Büchern kennen. *Kapital, Crash, Krise …* indes ist anders. Denn Pierre Curieux ist der Fantasie der Autorin entsprungen: Er sei kein realer, sondern ein gefaketer Gesprächspartner, vertraut sie mir an.

Ein Maskenspiel? Ein Scherz, den sie sich mit der Leserschaft erlaubt? Ein Experiment, wie man es bislang von der strengen Politikerin nicht kannte? Denn dass es genug echte Journalisten gäbe, die interessiert wären, einer prominenten 29-jährigen Politikerin im theoretischen und politischen Streit auf den Zahn zu fühlen, darf angenommen werden. Vielleicht, so fragt sich Sahra Wagenknecht heute, sei der Grund einfach ihre Unsicherheit gewesen, in diesem für sie noch neuen Bereich ein »systematisches« Buch zu schreiben. Auch sei ihr die Dialogform damals »leichter« und »lebendiger« erschienen. Und, ja, sie habe zudem herausfinden wollen, ob die Leser den Fake bemerken würden. Es gab nur einen einzigen, der es tat: Peter Hacks. Er meinte damals, Curieux' Stellungnahmen seien viel zu vorsichtig. Das habe ihn stutzig gemacht.

Doch auch an echtem Austausch mangelt es ihr zu jener Zeit nicht. Parallel zu ihrem konstruierten Gespräch führt sie gerade einen *realen* Dialog, der formal und thematisch die genannten Auseinandersetzungen mit Schütt und Elsässer fortsetzt. Gerhard Zwerenz, zwar kein PDS-Mitglied, aber für die Partei im Bundestag, ist ihr Partner in dem Streitgespräch, das am 24. März 1997 im Künstlerhaus Halle stattfindet und zwei Jahre später, ergänzt um weiterführende Gedanken und abschließende Stellungnahmen der Diskutanten, in dem Buch *Die grundsätzliche Differenz* veröffentlicht wird. Die Auseinandersetzung wird die letzte – zumindest die letzte von Wagenknecht publizierte – sein, die sich gewissermaßen im »ostdeutschen Binnenraum« entspinnt, das heißt, sich vornehmlich auf die politischen Erfahrungen der DDR und ihres Scheiterns bezieht. Umso aufschlussreicher ist, wie sich der Dialog Sahra Wagenknechts mit Gerhard Zwerenz zu der gleichzeitig von ihr konzipierten fiktiven Kontroverse mit dem neugierigen westlichen Widerpart »Pierre Curieux« verhält.

Gerhard Zwerenz steht in der Reihe älterer Genossen mit komplexen historischen Erfahrungen, die eine Rolle im politischen Leben Sahra Wagenknechts gespielt haben. Im Gegensatz zu Michael Benjamin, mit dem sie ein Programm für die gerade gegründete PDS entworfen hatte, war Zwerenz, wie Peter Hacks, ein west-östlicher Grenzgänger, allerdings auf ganz anderen Wechselpfaden. Zwerenz gehört zur selben Generation wie Hacks und Benjamin, hatte aber als um wenige Jahre Älterer die Zeit von Nationalsozialismus und Krieg anders erlebt. Eine weitere Differenz ist die persönliche Beziehung zu Sahra Wagenknecht. Im Unterschied zu Hacks war er ihr eigentlich nur durch die Partei nahegekommen, der er jedoch, anders als Benjamin, nie angehörte. Von 1994 bis 1998 war Zwerenz über die offene Liste der PDS Mitglied des deutschen Bundestags.

Seine ungewöhnliche Lebensgeschichte macht ihn fraglos zu einem interessanten Dialogpartner. Als Arbeitersohn 1925 in Sachsen geboren, begann er nach der Schulzeit eine Kupferschmiedlehre in der Ziegelei der Großeltern. 1942 meldete er sich freiwillig zur Wehrmacht, nahm zwei Jahre lang am Zweiten Weltkrieg teil und geriet 1944 nach seiner Desertion zur Roten Armee bei Warschau in sowjetische Kriegsgefangenschaft. Dort musste er sich 1948, um entlassen zu werden, zur Volkspolizei verpflichten, der er bis 1951 angehörte. Von 1949 bis 1957 war er Mitglied der SED. Seinen Einsatz als Dozent an der Ingenieurschule Zwickau beendeten eine Tbc-Erkrankung und ein längerer Sanatoriumsaufenthalt. Erst danach konnte er von 1953 bis 1956 Philosophie bei Ernst Bloch in Leipzig studieren. 1957 wurde er aus der SED ausgeschlossen und floh nach Verhören in einem Gefängnis des Ministeriums für Staatssicherheit in Leipzig ein halbes Jahr später nach Westberlin – zwei Jahre, nachdem Peter Hacks von Westdeutschland in die DDR übergesiedelt war.

Sahra Wagenknecht erlebt Gerhard Zwerenz als sperrigen Mitdiskutanten: So ähnlich ihre politischen Ziele sein mögen – was deren Durchsetzung anbelangt, erweist er sich als wirklicher Kontrahent. Zwerenz ist zu der Zeit wohl der einzige Gesprächspartner Wagenknechts, der trotz oder wegen seiner persönlichen DDR-Erfahrung für die Entwicklung einer sozialistischen Strategie im vereinigten Deutschland dezidiert eine »Westperspektive« einnimmt. Im Kern dreht sich die Kontroverse der beiden um das damalige Standardthema der PDS: Wie kann die Partei einen besseren Stand in der politischen Szene Gesamtdeutschlands gewinnen? Sie findet indes statt in einer Phase, in der Sahra Wagenknecht neue Erfahrungen sammelt, die ihren politischen Horizont entscheidend erweitern.

Noch vor der Publikation der Debatte hat sie im Dortmunder Wahlkampf ihr erstes wirkliches »Westerlebnis« – und führt gleichzeitig den Diskurs mit dem fiktiven westlichen, eher neoliberal orientierten Journalisten von *Kapital, Crash, Krise …*. Sie, die nach der friedlichen Revolution zunächst keinerlei Lust verspürte, den für sie prinzipiell falsch gepolten Westen kennenzulernen, schafft sich durch eigenes Erleben, den realen Streit mit Zwerenz und den fingierten Dialog einen neuen Zugang zur gesellschaftlichen Realität des Kapitalismus. Das konstruierte Zwiegespräch, in dem sich diese Erfahrungen verdichten, bietet Wagenknecht die Möglichkeit, alle argumentativen Fäden in der Hand zu halten und im Gegenüber die Validität einer »Gegenposition« auszuprobieren – ohne das Risiko, sie könnte sich als stärker erweisen. Und, ein kaum zu unterschätzender Faktor: Sie muss sich einer »fremden Sprache« bedienen, um den Dialog als solchen gestalten zu können. Ein Sprachspiel eigener Art also, das nur gelingen kann, wenn man dem »anderen« nicht bloß das Recht auf eine abweichende Meinung, sondern die Legitimität des Widerspruchs einräumt. Die Lust daran, sich auf dieses Spiel einzulassen, ist dem Text anzumerken. Er beginnt so:

»*PIERRE CURIEUX: Die bedingungslose Kapitulation des ›real existierenden Sozialismus‹ liegt gerade acht Jahre zurück. Glauben Sie wirklich, daß die alten Rezepte eine angemessene Antwort auf die Krise im heutigen Deutschland sind?*

SAHRA WAGENKNECHT: Reden wir erst mal über die Ursachen der Krise. Die kommt ja nicht vom Himmel und auch nicht nur aus dem Kanzleramt. In anderen europäischen Ländern gibt es ähnliche Entwicklungen, ganz gleich, welche Partei die Regierung stellt. Millionen sitzen auf der Straße, immer mehr junge Leute bleiben chancenlos, geleistete Arbeit wird immer schlechter bezahlt und soziale Sicherungen werden zerstört. Die Finanzmärkte dagegen brummen, die Großindustrie fährt Rekordgewinne ein und wenige Reiche werden immer reicher.

PIERRE CURIEUX: Der Kapitalismus von heute ist trotzdem nicht der Kapitalismus von 1887.

SAHRA WAGENKNECHT: Das behauptet auch keiner. Aber hat sich sein Wesen gewandelt? Seit der osteuropäische Sozialismus verschwunden ist, regiert der Profit auch im Westen wieder mit einer Brutalität, die in den vorangegangenen Jahrzehnten undenkbar schien. Die Löhne werden nach unten gedrückt, damit die Dividenden steigen. Ein Betriebsteil, der sich nicht maximal rentiert, wird geschlossen, egal, ob eine ganze Region verarmt, egal, ob

Sahra Wagenknecht in ihrer Wohnung in Berlin-Karlshorst, 1994

1970 in Göschwitz

1971 mit Freundin Beate

4

dann eben nicht!

5

6

1973 mit Freundin Simone

1976: Umzug nach Berlin in die Oderbergerstraße und Einschulung

1978 auf Usedom

1980 in Timmendorf/Thüringen

1981 in Berlin

Mutter und Tochter als Punks, 1983

Sahra beschriftet eine weiße Judohose
und ein weißes Oberteil mit persischen
Wörtern, 1984

Die geliebten Großeltern, 1993 in Göschwitz

Hochzeit 1997, hier mit Freundin Beate

Sahra als Vorstandsmitglied der PDS beim 4. Bundesparteitag in Berlin, Januar 1995

Im Gespräch mit Michael Benjamin auf dem 5. Parteitag in Schwerin, Januar 1997

Am Rande des PDS-Parteitags, 1995

1.-Mai-Kundgebung in Zürich, 2000

2006 im Europaparlamentsbüro in Brüssel

Das offizielle Gepäckstück zum Transport von Dokumenten

rechts: Wanderungen in Südtirol, 2006 Aufstieg zum Gipfel des Piz Minschuns (2935 m)

Rast an der Seite der Mutter

Es darf gerne süß sein.

2008 hat Sahra zum 60. Geburtstag ihrer Mutter Kuchen gebacken, nach den Rezepten einer Großtante aus Weimar, Thüringer Art, mit dünnem Boden.

»Die alten Zöpfe müssen ab« ist das Motto dieses Fotos im Rahmen eines Gala-Shootings, bei dem sich Sahra Wagenknecht in die Malerin Frida Kahlo verwandelt, 2013

Sahra Wagenknecht und Oskar Lafontaine auf Demonstration gegen den Fiskalpakt in Berlin, 2012

Als Napoleon und Josephine im Saarbrücker Karneval, 2012

Eisige Blicke im Bundestag, Kritik an »fataler Wirtschaftspolitik«, 2014

Während des Bundesparteitags der Linken in Magdeburg, 2016

Wahlkampfthema soziale Gerechtigkeit, mit Olaf Scholz bei »Anne Will«, 2017

Auf Tour im Saarland, in der Nähe ihres Zuhauses, 2017

tausende Lebensperspektiven ruiniert werden. Einziges Kriterium ist die Rendite der Aktionäre. Das Grundprinzip des Marktes gilt für die gesamte Gesellschaft: Wer nicht zahlungskräftig ist, zählt nicht. Und die Profitlogik sorgt dafür, daß immer mehr Menschen auf der Strecke bleiben. Nein, Sozialismus ist kein ›altes Rezept‹. Er ist aktuell wie nie.«[16]

All das hätte Sahra Wagenknecht fraglos auch in jedem echten Interview wortgleich antworten können. Ja, sie tut es faktisch in dem Gespräch mit Zwerenz, wenn sie anmerkt: »Für mich ist Marxismus im wesentlichen ein Instrumentarium, ein Analysemittel, eine bestimmte Art des Herangehens.« Kein Zweifel an seiner analytischen Potenz und seiner politischen Grundausrichtung, wohl aber Kritik am untergegangenen Sozialismus: »Man hat die hervorragenden Marxschen Analysemittel nicht hinreichend genutzt, um die eigene wirtschaftliche Situation zu analysieren und die nötigen Strategien zu entwickeln.«[17] Doch ungeachtet der Tatsache, dass die Positionen fast deckungsgleich sind – der Unterschied zwischen dem realen und dem inszenierten Dialog ist spürbar und wesentlich. Sahra Wagenknecht versetzt sich als Pierre Curieux in die Rolle des Zweiflers. Ihre Kunstfigur repräsentiert als ihr Alter Ego einen »Ungläubigen« ohne marxistische Überzeugung, dem andere Antworten gegeben werden müssen als den Genossen. Zugleich eröffnet diese Art des Selbstgesprächs den Freiraum für einen grundsätzlich offeneren Diskurs – jenseits der vermeintlich gesicherten Wahrheiten des eigenen theoretischen Wissens.

Sahra Wagenknecht gelingt in der diskursiven Gestaltung ihres Buches der Durchbruch zu einer Neuformulierung ihrer Konzepte, ohne dabei ihre Grundüberzeugungen aufzugeben oder sich in Anpassung zu üben. Ihr neuer Umgang mit der Sprache, ja tatsächlich, den Wörtern, der einem nur oberflächlichen Blick verborgen bleibt, leitet eine »stille« Veränderung ein, die in den Raum der Sprachklausur ihrer frühen Tage zurückführt: Das dort geübte kantische »innere Zwiegespräch« ist Sahra Wagenknechts beste Waffe gegen ihre auf Hegel und Marx fußende Gewissheit der allein richtigen Realitätsbeurteilung.

Wer *Kapital, Crash, Krise* ... etwa mit den drei Jahre vorher geführten Interviews mit Hans-Dieter Schütt vergleicht, bemerkt den Unterschied. Der inszenierte Dialog fungiert als Probebühne für eine andere Art der Auseinandersetzung. Ihr imaginäres Gegenüber mag – so hat sie es schließlich selbst angelegt – dem damals weltweit boomenden Neoliberalismus nahestehen, aber Curieux ist nicht der vom Olymp der marxistischen Weisheit aus zu belehrende Unwissende, sondern tatsächlich ein Partner im Dialog: einer, der in der Lage ist, Fragen zu stellen, auf die es sich lohnt, nicht vorgefertigte Antworten zu geben. Was nicht weniger heißt als: einen Denkprozess in Gang zu setzen. Genau das meinte Kant mit der Beschreibung des Denkens als »inneres Zwiegespräch«. Sahra Wagenknecht hat diesen Prozess hier nach außen verlegt. Indem sie einen alternativen Standpunkt zulässt, versuchsweise eine die eigene konterkarierende Sichtweise annimmt und eine abweichende Analyse der Welt nicht nur mit dem Überlegenheitsgestus der theoretisch Wissenden abfertigt, leitet sie mit diesem Buch eine Wende ihrer Weltsicht ein. Erste feine Risse in dem bislang panzerdichten Gehäuse ihrer Gewissheiten werden in diesen Dialogen spürbar.

1998 war sie – so sagt sie es heute – noch überzeugtes Mitglied der Kommunistischen Plattform, für die es keine triftige Denkungsart jenseits von Marx gab. Kurze Zeit später beginnt sie im Rahmen ihrer wirtschaftswissenschaftlichen Studien Walter Eucken und Alexander Rüstow zu lesen, die beide dem Ordoliberalismus zugerechnet werden. Eucken als Haupt der Freiburger Schule, die es als zentrale ökonomische Aufgabe verstand, eine nicht nur funktionsfähige, sondern menschenwürdige Wirtschaftsordnung zu entwickeln. Rüstow, der die Notwendigkeit eines gesellschaftspolitischen »Rahmens« betonte, der den wirtschaftlichen Prozessen zu setzen sei. Beide, Eucken und Rüstow, werden zu Recht als die Väter der von Ludwig Erhard politisch proklamierten und bis zu einem gewissen Grade auch realisierten »Sozialen Marktwirtschaft« bezeichnet.

Davon freilich ist *Kapital, Crash, Krise …* noch weit entfernt. Was sich indes ändert, ist – die Sprache. Zwar richtet sich ihr Fokus nach wie vor auf die Kritik der herrschenden Zustände. Zwar sind es die bekannten Themen wie Löhne und Renditen, sprich: die Verteilungsrelation zwischen den Einkommen der Lohn- und Gehaltsempfänger und den Zins- und Gewinneinkommen, die ungerechte Besteuerung, die Sozialhilfe und die Produktion künstlicher Armut mitsamt den Folgen, insbesondere für die Kinder aus armen Familien, die Problematik der Sozialbeiträge, die Aufgaben der Gewerkschaften, die verhandelt werden. Doch der Katalog der Kritik wird weitgehend ohne Jargon abgearbeitet. Die Autorin kommt in der Darstellung ihres Standpunkts erstmals ohne den agitatorischen Politsprech aus, der in allen ihren bisherigen Publikationen gewissermaßen das Treuebekenntnis zu Marx repräsentierte.

Ein Blick auf die fast gleichzeitige Auseinandersetzung mit Gerhard Zwerenz macht es deutlich. Zwerenz richtet in der Debatte den Fokus auf die Diskrepanz zwischen der analytischen Potenz der marxistischen Gesellschaftsdiagnose und -kritik und ihrer weitgehenden politischen Sterilität: Sie erreiche, so sein Argument, die Menschen nicht: »Ich fürchte in der Tat, wenn uns nichts *anderes* einfällt, wenn wir die Menschen nicht *anders* ansprechen können als über diese Kritik, dann werden sie uns weiterhin allein lassen, dann werden sie uns auch in Zukunft im Regen stehen lassen.«[18] Für den Schriftsteller Zwerenz ist dies nicht zuletzt ein Problem der Sprache: »Unser Ausgangspunkt ist falsch! Ich verstehe es – und ich war genauso –, wenn man wie Sahra Wagenknecht, die das alles gewissenhaft studiert hat, meint, daß man auf diesem Wege etwas erreichen kann. Ich sage: Wir erreichen gar nichts! Wir müssen andere Wege gehen! Und das gilt auch für die Art der Darlegung unserer Probleme. Wir müssen die Sprache, mit der wir auf die Menschen zugehen, ändern – die herkömmliche Sprache ist tot!«[19]

Was für ihn auch damit zusammenhängt, dass sich das Kräftespiel in der Weltpolitik radikal verändert hat. Zwerenz sieht einen in vielen Dimensionen fatalen Geschichtsverlauf – von der Ökologie bis hin zum Erstarken fundamentalistischer Ideologien –, der nicht allein daraus erklärt werden kann, dass man einen guten Sozialismus gegen den bösen Kapitalismus stellt. »Außerhalb des Kapitalismus funktioniert es genauso wenig, nachdem wir einsehen mußten, daß wir keine Möglichkeit mehr dazu haben! Wir haben nur die Möglichkeit, *innerhalb* des Kapitalismus diesen Lauf aufzuhalten! *Das* ist die grundsätzliche Differenz zwischen Sahra Wagenknecht und mir!«[20] Zwerenz visiert damit zwei wesentliche Punkte an, die auch Sahra Wagenknecht in den kommenden Jahren beschäftigen werden: die prekär gewordene Weltenteilung in zwei feindliche Lager, die ausschließlich als Gegensätze begriffen werden. Und das Problem einer überkommenen politischen Sprache, wie sie nach wie vor in weiten Teilen der Partei praktiziert wird.

Schritt für Schritt entfernt der in Gang gekommene Veränderungsprozess Sahra Wagenknecht fortan von ihrer politischen Parteibasis, der Kommunistischen Plattform. Auch wenn sie heute sagt, es sei erst nach der Jahrtausendwende geschehen – bereits 1998 ist die Wahl einer medial vermittelbaren, nicht nur »nach innen«, das heißt in die Partei hinein wirkenden Sprache der Indikator einer wesentlichen Veränderung. Sahra Wagenknecht hat sich in dem fingierten Dialog von *Kapital, Crash, Krise ...* unauffällig, aber folgenreich von den Fesseln des marxistisch genormten Denkens befreit, indem sie den Widerspruch zur eigenen Position selber in die Hand nimmt. Was auf den ersten Blick als reines Stilmittel erscheinen mag, entpuppt sich auf den zweiten als implizite Hinterfragung der bislang schablonenhaft fixen Antworten. Indem sie sich sprachlich vom Überlegenheitsduktus der marxistischen Wahrheitslehre verabschiedet, sich vielmehr auf das Programm einer sachlichen Bestandsaufnahme der kapitalistischen Realität besinnt, verändert sich auch der dem Denken gesteckte Rahmen. Die unantastbare – und deshalb sterile – Fundamentalablehnung dessen, was im Nachwendedeutschland und dem Rest der kapitalistischen Welt wahrzunehmen ist, weicht erstmals einer Gegenwartsbeschreibung, die neue Möglichkeiten der Veränderung aufzeigt: Veränderungen, die nicht strikt auf die »proletarische Revolution« hinauslaufen, wie sie Marx als einziges Mittel einer grundlegenden Umgestaltung der Welt vorschwebte und wie sie Sahra Wagenknechts Leben bislang als realitätsbestimmende Utopie leitete.

Als sie ihren fiktionalen Gesprächspartner nach einer längeren Ausführung über die Ungerechtigkeit der Lage mit einer Frage zur Alternative zu Wort kommen lässt, ergibt sich Neues: »*PIERRE CURIEUX: Was ist die Alternative? Die Weltrevolution?*« Sahra Wagenknechts Antwort lautet: »Eine europäische würde auch schon reichen. Aber man kann natürlich nicht die Hände in den Schoß legen und auf den Tag X warten. Dann kommt der nie. Ehe man darüber nachdenkt, was linke Politik unter den gegenwärtigen Bedingungen tun kann und tun muß, sollte man sich allerdings mit der Frage beschäftigen, warum der Kapitalismus wieder so gnadenlos brutal agiert, wie er es tut …«[21]

Damit endet der erste Abschnitt des Buches – man bedenke, wir sind im Jahre 1998 – erstaunlich aktuell. Offensichtlich ist sich Sahra Wagenknecht mindestens in einem Punkt mit ihrem Gesprächspartner einig geworden. Sie lässt ihn sagen: »*Allein wird die PDS aber nur wenig verändern. Sie muß also versuchen, mit anderen Kräften gemeinsam zu kämpfen.*« Nicht ohne Ironie, dass Wagenknecht hier den Kontrahenten als Stichwortgeber benutzt. Und zugleich auch logisch, denn wenn sie nicht als Gegenposition erscheint, gewinnt ihre Antwort wesentlich an kommunikativem Charme und kann als eine Einladung an alle verstanden werden, die dem Gegebenen in irgendeiner Weise kritisch gegenüberstehen:

> »*Ja, mit allen, die wirklich kämpfen wollen! Dann ist es auch egal, ob es Sozialisten, Kommunisten, Sozialdemokraten, Gewerkschafter, Grüne oder einfach Menschen mit Verantwortungsbewußtsein und sozialem Gewissen sind. Um deren Akzeptanz müssen wir ringen. Aber wir haben es nicht nötig, um das Wohlwollen von Parteiführungen zu buhlen, die sich seit Jahren in debiler Anpasserei verschleißen. Die die Logik des Renditedenkens längst verinnerlicht haben. Deren Politik genauso visionslos, genauso gleichgeschaltet ist wie die der Bonner Koalition. Mit Schröder oder Fischer wird sich in diesem Land nichts ändern. Das geschieht nur, wenn die Friedhofsruhe auf den Straßen ein Ende hat.*«[22]

Diese, auch auf die Wahlkampferfahrungen in Dortmund gestützte Stellungnahme ist der Abschied von den denkeinschränkenden Illusionen der alten DDR-Orientierung. 20 Jahre vor der Bewegung »Aufstehen« lädt sie auch diejenigen zum Zusammenschluss ein, die nicht ihrer marxistischen Grundüberzeugung anhängen. Formuliert ist damit im Kern das Programm der Zukunft. In der dialogischen Struktur meldet sich diese Änderung des Revolutionskonzepts mit der schönen Pointe zu Wort, dass ihr bis dato eher widerspenstiger Gesprächspartner nun fast schon auf Konsens gepolt ist. Er ist zu diesem Zeitpunkt des Dialogs nicht mehr nur Widerpart, sondern einer, der in ihrem, Wagenknechts, Sinne mitdenkt.

Sahra Wagenknechts politischer Kurs wird von nun an durch unverminderte Härte in den sachlichen Urteilen geprägt sein, aber zugleich nicht mehr die beinahe religiös anmutende kompromisslose Haltung aufweisen, die allen weltanschaulichen Positionen eigen ist. Erstaunlich, wie dabei das Gespräch mit Zwerenz untergründig nachwirkt, in dem Wagenknecht noch äußerte:»Im Systemvergleich stehe ich natürlich zur DDR und ihrer Geschichte.«[23] Was Zwerenz mit Blick auf die verschiedenen Arten, sich nach dem Scheitern des historischen Sozialismusexperiments als »Marxist« zu erklären, zum Kommentar veranlasst:»Sie alle bezeugen das Scheitern des revolutionären Marxismus am Projekt Demokratie. Sahra Wagenknecht hat recht: Marx lebt. Aber seine Revolution ist so tot wie Jesus, der in den Kirchen mausetot am Kreuz hängt. Das einigende Band der Linken ist der zur bloßen Formel erstarrte Antikapitalismus.«[24]

Der von ihm empfohlene Weg ähnelt dem, was Sahra Wagenknecht in der Diskussion mit Pierre Curieux vorschlagen wird: jenseits der Parteipolitik auf Basisbewegungen zu setzen. In *Kapital, Crash, Krise …* heißt es in diesem Zusammenhang:»Selbstverständlich hat keine linke Partei die Macht, außerparlamentarische Widerstandsbewegungen *ins Leben* zu rufen. Das braucht sie auch nicht; sie entwickeln sich schon selbst.«[25] Das ist, gemessen an der aktuellen Diskussion, erstaunlich optimistisch. Aber im Vergleich zu der Position, die Wagenknecht noch in der Auseinandersetzung mit Zwerenz vertreten hatte, ein überraschender Blick über den Tellerrand einer proletarischen Revolution hinaus.

Genau dieses orthodoxe Beharren nimmt Zwerenz in seinem Postskriptum zur Debatte aufs Korn, wenn er schreibt:»Bei Ihnen, Frau Wagenknecht, geht die alte Lehre weiter, und wenn das der PDS-Kurs wäre oder einmal würde, wäre die Linke so banal, unaufgeklärt und unfähig zur Analyse der eigenen Fehler wie eh und je.«[26] Eine harsche Kritik. Die Zwerenz noch um eine bemerkenswerte psychologische Einschätzung ergänzt:»Ihre Energie, Frau Wagenknecht, erinnert mich an Ulrike Meinhof. […] Bleiben Sie energisch, aber seien Sie klüger, wenigstens so klug, wie Sie längst sind, wozu aber die praktische Einsichtsfähigkeit gehören müßte, daß revolutionäre Scheinwelten die notwendigen neuen Revolutionen nicht ersetzen, sondern nur verderben können.«[27] Die Position, die Zwerenz vor dem Hintergrund seiner satten geschichtlichen Erfahrung einnimmt, hat etwas Pompöses und nichtsdestotrotz einiges für sich. Seine Kritik zielt erstaunlich genau auf das Veränderungspotenzial seiner Gesprächspartnerin. So ist denn wohl auch sein Schlusswort zu der Kontroverse zu verstehen: »Liebe Frau Wagenknecht, wenn Sie so bleiben, wie Sie sind, werden Sie sich von der zunehmend realitätsbestimmten Programmatik der PDS immer weiter entfernen. Die möglichen Konsequenzen bedauerte sehr Ihr Nichtgenosse Gerhard Zwerenz«.[28]

Es wäre zu weit gegriffen, den Beginn eines Umdenkens bei Sahra Wagenknecht auf diese Kontroverse zurückzuführen. Tatsache ist indes, dass man die Konstruktion ihres direkt auf dieses Streitgespräch folgenden Buches als stillschweigend vollzogene Konsequenz verstehen könnte: Wo der reale Disput – nicht zuletzt wohl am Beharren auf ideologisch festgezurrten Positionen – scheitert, kann der fingierte Raum für neues Denken schaffen.

Im Westen viel Neues

Wohl jede und jeder, der auf sein eigenes Leben schaut, wird darin bestimmte markante Wendepunkte ausmachen können; Entscheidungen, die für den weiteren Verlauf bestimmend waren. Und ebenso Zufälle, die wichtiger sein können als die rationalen Pläne und wohlüberlegten Schritte. Ein drittes Element sind die »stillen« Veränderungen: Dinge, die weder geplant noch gewünscht sind, aber mitunter größten Einfluss auf die Lebensgestaltung haben können. Und dabei der rückblickenden Reflexion oft entgehen.

Die ursprünglich mangelnde Neugier, ja Abneigung gegenüber dem »Siegersystem« hat, zusammen mit ihrem Festhalten am DDR-Sozialismus, lange Zeit die Weltwahrnehmung Sahra Wagenknechts geprägt. Wie sie sich als Kind abkapselte, sich in den Kosmos ihrer Bücher zurückzog, so verharrte sie später in gewisser Weise im Osten und verweigerte sich der

»externen« Realität. Das verstörende Ende der DDR, des Sozialismus und damit ihrer Lebensutopie sollte nicht in ihre höchsteigene Welt dringen. Es dauert bis zum Jahr 1998, als ihr der Wahlkampf in Dortmund, wie sie sagt, »völliges Neuland« öffnet. Sie wird in der SPD-Hochburg Direktkandidatin der PDS. Helmut Manz hat die mittlerweile deutschlandweit bekannte Ostfrau überredet, im Westen anzutreten. Zum ersten Mal lernt sie dort Langzeitarbeitslose kennen, wie es sie in der DDR nicht gab und zu dem Zeitpunkt im Nachwende-Osten noch nicht gibt: Frauen, die ihr Leben lang von Sozialhilfe gelebt haben. Sie erfährt etwas über Schicksale wie das der aufgeweckten Tochter einer Sozialhilfeempfängerin, die aufgrund der prekären Verhältnisse die Sonderschule besucht, weil die alleinerziehende Mutter nicht mit ihr zurechtkommt. Eine schockierende Erkenntnis: »Dasselbe Kind, mit demselben Intelligenzquotienten, aber mit wohlhabenden Eltern wäre aufs Gymnasium gegangen.« Tatsächlich kommt die Marxistin Sahra Wagenknecht erstmalig in direkten Kontakt zum bislang nur aus Büchern bekannten Proletariat. Und sie begegnet der anderen Seite: Rotariern und dem Lions Club, die sie zu Vorträgen einladen. Sie ist überrascht, dass es so was gibt »und was für Typen da rumlaufen«. Dennoch: Glaubt man der *Welt*, so wollen die »Madonna des Kommunismus« und der »schmuddelige [ ] Versammlungsraum«, in dem so manche Veranstaltung stattfindet, nicht so recht zueinander passen: »In dieser Kulisse wirkt die Galionsfigur der Kommunistischen Plattform der PDS in ihrem eleganten grauen Kostüm mit weißen Perlmuttknöpfen und dem kunstvoll geknüpften rotweiß-schwarzen Schal so irritierend deplaziert wie eine Primaballerina auf dem Rummelplatz. Nicht nur die Studenten im Schlabberlook, sondern auch die Ehepaare und Rentner, das Damenkränzchen und die meist jungen Männer mustern diskret die makellose Erscheinung.«[29]

Ihre Eintrittskarte ist also einmal mehr ihre Sonderrolle als, wie sie es nennt, »exotischer Vogel«, als »merkwürdige junge Frau mit seltsamen Ansichten«, die sie für die unterschiedlichsten Menschen und Foren interessant macht. Es hagelt Einladungen von den verschiedensten Institutionen, und erstmalig – immerhin beinahe zehn Jahre nach der Wende – kann sich Sahra Wagenknecht ein Bild der Westgesellschaft machen, die ihr in vielen Facetten neu ist: »Im Osten gab es ja kaum diese völlig separierten Milieus.« Mit Erstaunen nimmt sie zur Kenntnis, dass die jeweiligen Welten im Westen – zum Beispiel Arbeitsloseninitiative und Lions Club – nicht die geringste Berührung miteinander haben. Im Osten sei das nicht vorgekommen. Sie habe die gesellschaftliche Realität der DDR als »stärker egalitäre Gesellschaft« empfunden. Mit Ausnahme der Welt des Politbüros. »Ob man nun Ingenieur war oder Hilfsarbeiter« – die Milieus hätten, auch in ihrer kulturellen Prägung, nicht so weit auseinandergelegen.

An dieser Stelle, 1998 in Dortmund, tritt mit Thomas Städtler ein Mensch in Sahra Wagenknechts Leben, den sie erst gar nicht einordnen kann, zu dem sie jedoch nach einiger »Eingewöhnungszeit« großes Vertrauen gewinnt. Der Psychologe Städtler, politisch eher konservativ-liberal, hatte kurz zuvor der PDS eine umfassende Konzeption für Wahlkampf und langfristige Strategie vorgelegt, für das, was er »Psychopolitik« nennt – ein Konzept mithin, um die PDS schon 1998 in eine direkte Koalition mit der SPD zu führen. Als Städtler – trotz guter Gespräche – die PDS von seinen Ideen nicht überzeugen kann, sei er darauf aufmerksam geworden, dass in Dortmund anscheinend ein mutigeres Geschöpf agiert, diese seltsame Sahra W., die sich als einzige Linke um ein Direktmandat in Westdeutschland bewirbt. Er habe sie kontaktiert und ihr in der für ihn eigenen Offenheit mitgeteilt, worin er ihr Potenzial sehe. Gleich am Anfang habe er ihr gesagt: »Wissen Sie, Sie erinnern mich irgendwie sehr an die Fotos der letzten Zarentöchter: so ein Wesen aus einer fremden Welt und Zeit. Glauben Sie bloß nicht, dass die Leute zu Ihren Veranstaltungen kommen, um Ihnen zuzuhören, nein, die starren Sie einfach an, denn: Im Geheimen lieben alle Linken Zarinnen!« – Und Sahra Wagenknecht habe herzlich gelacht, denn als humorlos, wie manche insinuieren, habe er, Städtler, sie nie erlebt. »Es gibt wenig Menschen, die mich so reizen, mich liebevoll über sie lustig zu machen, wie Sahra, in ihrer positiven Art von Weltfremdheit, welche gleichzeitig die Welt so gnadenlos realistisch sieht wie eine Greta Thunberg.« Städtler habe Wagenknecht aber auch geraten, sie als »präziser Geist« müsse »endlich weg von der Philosophie, hin in die Wissenschaft«. Und beiden sei schnell klar gewesen, welche Wissenschaft das werden solle: Ökonomie! Thomas Städtler hat Wagenknecht dann tatsächlich viele Jahre begleitet, nicht als *Berater*, wie er sagt, weil man eine Sahra Wagenknecht nicht im normalen Sinne beraten könne, aber als *Begleiter*, als wissenschaftlich-praktischer, manchmal auch lebenspraktischer Begleiter.

Den Sprung in den Bundestag übrigens, den schafft sie 1998 von Dortmund aus nicht. Aber sie staunt – und lernt. Ihr Blick verändert sich. Lange Zeit habe sie ja die »Grundhaltung« gehabt, wer Sozialist sei, müsse auch die DDR oder das ganze osteuropäische Modell verteidigen. »Denn es war ja der erste Versuch – so haben wir es damals genannt – und er ist halt gescheitert … Das ist dann so wie ein scheiternder Freund, den man immer noch verteidigt, auch wenn er am Ende Mist gebaut hat.« Es ist fast wörtlich dasselbe Statement, das sie als Entschuldigung für die »Ausrutscher« ihres ersten Mannes vorgetragen hat. Aber ihre damalige Haltung zur untergegangenen DDR sei »ideologischer« motiviert gewesen. Sie berichtet darüber wie über ein unumstößliches Moralgesetz: Für einen Linken – insbesondere jemanden, der sich als Kommunist begreift – war es Pflicht, diesen Ansatz zu verteidigen. »Das waren immer noch die Guten, auch wenn sie große Fehler gemacht haben.« Bei ihrer tastenden Westerkundung hat diese Anschauung für Sahra Wagenknecht als Vertreterin der Kommunistischen Plattform in der PDS nach wie vor Gültigkeit.

Das änderte sich erst, als sie sich ganz grundsätzlich die Frage stellt, ob denn die maßgeblichen Personen der DDR tatsächlich »die Guten« gewesen seien. Sie erzählt davon wie jemand, der aus einem langen Schlaf aufgewacht ist. Und zugleich wie von einem Schuldgefühl geplagt. Sahra Wagenknechts komplexe Kombination von Trotz und Treue wird ihr immer wieder eine Relativierung, einen Selbsteinspruch diktieren, wenn sie das, was über viele Jahre ihre Überzeugung war, in Frage stellt. Sie kann den aufkommenden Zweifel an ihren frühen Ansichten nicht äußern, ohne sofort hervorzuheben, was das unverrückbar Gute an diesem System gewesen sei. Klar, die Orientierung des Staates am Marx'schen Ansatz und selbstverständlich auch der Antifaschismus in der Anfangsphase seiner Gründung: »Das waren die Leute, die garantiert wollten, dass so was nie wieder passiert wie 1933. Aber es ist dann eben schon durch dieses sowjetische Modell in eine Richtung abgeglitten, die nichts mehr mit ›links‹ und Marx und Rosa Luxemburg zu tun hat.« Eine Meinung, die sie heute äußert. Im Jahre 1998 sieht sie noch überwiegend die positiven Seiten des untergegangenen Versuchs, einen sozialistischen Staat zu schaffen. Es sollte weitere fünf Jahre dauern, bis sie sich langsam von den in der Kommunistischen Plattform vertretenen Positionen löst. Entscheidend in diesem Abnabelungsprozess ist die Einsicht in das Unproduktive des Zwangs, um der eigenen Identität willen die Vergangenheit verteidigen zu müssen: »Die Vorstellung, dass man sonst seine eigene Geschichte, seine eigene Identität verrät, das hab ich dann nicht mehr nachvollzogen, weil ich mir auch gesagt habe: Wenn ›links‹ noch einmal eine Chance haben will, dann muss es völlig anders aussehen als das – und warum soll man sich immer wieder mit einem Modell beladen, das falsch konstruiert war. Das muss man sich ja einfach eingestehen.« Was Sahra Wagenknecht beschreibt, ist ein langer und schwieriger Prozess – inklusive der Erinnerung, dass sie zu DDR-Zeiten dem System kritischer gegenüberstand als danach. Im Rückblick sei es halt leichter, es zu idealisieren.

So seltsam es für manchen klingen mag: Die »Westerfahrung« Sahra Wagenknechts ist für sie der entscheidende Ausgangspunkt eines neuen Ansatzes, die Welt zu verstehen. Dafür, neue Blickweisen gewonnen zu haben, macht sie auch die Erweiterung ihres Freundeskreises durch ihre Ehe, sprich: durch Ralph Niemeyer, mit verantwortlich. Sie selbst habe die Welt ja eigentlich immer mehr als Theoretikerin betrachtet, nicht durch eigenes Erleben erfahren. Jetzt nimmt sie zum ersten Mal wahr, welche Sicht die »Wendeverlierer«, das heißt jene, die systemtreu schlagartig aus ihren gesettelten Leben herausgerissen wurden, auf den Prozess zwischen Ost und West haben. Jetzt lernt sie DDR-Flüchtlinge kennen, die sich schon vor der Wende mit ihrem östlichen Erfahrungshintergrund eine Existenz im Westen aufbauen mussten. Alles erscheint plötzlich viel komplizierter, nicht nach dem Reißbrettplan eines wunderbaren Theoriegebäudes angelegt.

Tatsächlich, es ist das Hinausgehen aus der abgeschlossenen, engen Welt der DDR, aus dem idealen Entwurf, den sie bei Marx studiert und in fast kindlicher Gläubigkeit ihrem sozialistischen Vaterland untergeschoben hatte, das Sahra Wagenknecht verändert. In Erinnerung an ihre Position nach der Wende sagt sie: »Ich hatte ja damals auch das Gefühl, mein Weltbild bricht mir nicht zusammen, aber es bricht die Grundlage dafür zusammen.« Ein Satz, der besser als lange Abhandlungen etwas über das Verhältnis von Theorie und Praxis bei Sahra Wagenknecht aussagt. Welt und Weltbild waren nicht identisch. Und das Entscheidende war eben Letzteres.

Das ist eine Erfahrung, die – fast – jeder machen kann, der sich einmal ein Weltbild, insbesondere wenn es theoretisch gut untermauert ist, zugelegt hat. Niemand sieht die Welt wirklich »naiv«. Es sind immer, wie bei einem Objektiv, die Einstellungen, die uns ihr Bild übermitteln. Wer nur durch die Kamera schaut, bekommt einen möglicherweise tiefenschärferen Einblick als der naive Betrachter. Aber in dem Moment, in dem er das so gewonnene Bild für das allein richtige hält, verliert er den Maßstab.

Europaparlament

Der Beginn des neuen Millenniums verläuft nicht glücklich für Sahra Wagenknechts Partei. Die PDS, die 1998 erstmals in Fraktionsstärke den Einzug in den Bundestag geschafft hat, erhält bei der ersten Wahl nach der Jahrtausendwende, 2002, gerade mal 4 Prozent der Stimmen. Für Sahra Wagenknecht nicht unbedingt die Katastrophe, denn ihre politischen Aspirationen gelten damals nicht in erster Linie parlamentarischen Erfolgen. Jedenfalls nicht, was ihr persönliches Engagement angeht. Obwohl mittlerweile eines der bekanntesten Gesichter der PDS, ist es für sie keine Option, sich um ein Mandat zu bewerben. Aus mindestens zwei Gründen. Der eine – und maßgebliche – ist ihre alte Abneigung gegen Strukturen, die ihr die Freiheit rauben, nach eigenem Fahrplan zu leben, das heißt, sich »geistig voranzubringen«, ihre intellektuelle Entwicklung fortzusetzen, neue theoretische Perspektiven einzunehmen und unbekannte Wissensgebiete zu erobern. Konsequent verfolgt sie ihr externes Ökonomiestudium am renommierten Potsdam Institute for Climate Impact Research (PIK). Sie sieht ihre berufliche Zukunft nun nicht mehr im Bereich der Philosophie, sondern am PIK oder einer anderen wirtschaftswissenschaftlichen Universitäts- oder Forschungseinrichtung. Für ihren Bildungsplan ist Autonomie, insbesondere die freie Verfügung über ihre Zeit unabdingbar. Denn Zeit war und ist für sie in erster Linie Studienzeit: Zeit zum Lesen, Exzerpieren, Nachdenken, Schreiben. Letztendlich sind es die selbst geschaffenen Gesetze ihres schon in jungen Jahren entstandenen intellektuellen Rückzugsorts, nach denen sich ihre Lebensentscheidungen richten. Jedenfalls bis zu diesem Zeitpunkt. Der andere Grund, sich nicht nach einem Sitz im Parlament zu drängen: In den Reihen des Berliner Landesverbands ist sie so sehr ein »rotes Tuch« für ihre Genossen, dass sie keine Chancen gehabt hätte, als Kandidatin aufgestellt zu werden. Sahra Wagenknecht spricht davon, dass ihr in ihrem politischen Umfeld mitunter regelrecht Hass entgegenschlug.

Immer noch gilt sie in der PDS als unkontrollierbarer und unberechenbarer Störfaktor gegen die »realpolitische« Entwicklung der Partei, die von ihren Frontleuten Gysi und Bisky betrieben wird. Immer noch wird sie als Exponentin der Kommunistischen Plattform gesehen, die so etwas wie der Pfahl im Fleisch einer Partei ist, die versucht, das Image einer sozialistischen, gar kommunistischen Organisation nach DDR-Vorbild abzustreifen. Für Sahra Wagenknechts kritischen, auf Fundamentalopposition eingeschworenen Kurs sind Regierungsbeteiligungen, wie es sie seit Ende der 1990er-Jahre auf Länderebene gab, ein klares Signal, dass die PDS dabei ist, den Anspruch auf eine sozialistische Neuorientierung der Gesellschaft endgültig zu begraben. Dass Gregor Gysi als Berliner Wirtschaftssenator Konzepte wie das der »progressiven Entstaatlichung«, sprich: der Privatisierung bestimmter Bereiche des öffentlichen Eigentums, diskutiert, zeigt ihr, welche Entwicklungen im Gang sind.

Schon 1999 hatte sie mit Blick auf das Jahr 2004 in einem kämpferischen Diskussionsbeitrag auf der ersten Tagung des 6. Bundesparteitags der PDS die Frage gestellt: »Werden wir, wenn wir so weitermachen, in fünf Jahren noch sein, was wir heute sind: eine glaubwürdige, sozial engagierte linke Partei mit sozialistischen Zielen?« Angesichts der Entwicklung der Grünen, die es gerade zur Regierungspartei gebracht hatten, formuliert sie ihre private Horrorvision: »Ich sage es ehrlich: Mir graut vor dem Tag, an dem auch die PDS ihren Schily oder ihren Fischer hervorgebracht haben könnte! Und dabei geht es nicht nur um politische Biographien mit gebrochenem Rückgrat. Es geht um verspielte Chancen, brüskierte Erwartungen und nicht wahrgenommene Verantwortung.«[30]

Zwei Jahre nach der krachenden Niederlage von 2002 werden die Wahlen zum Europaparlament für die PDS zur Nagelprobe, ob sie denn überhaupt noch eine politische Rolle jenseits ihrer ostdeutschen Stammlande spielen könne. Immerhin bleibt Wagenknecht der Partei insoweit treu, als sie weiter Veranstaltungen besucht und sich für öffentliche Auftritte zur Verfügung stellt. Die Stimmung ist angespannt, alles, was Popularität bringen kann, jedes TV-taugliche Gesicht gefragt. Trotzdem ist es nicht Sahra Wagenknechts Berliner Gruppe, sondern der niedersächsische Landesverband, der sie anfragt, ob sie sich eine Kandidatur für das Europäische Parlament vorstellen könne.

Sie kann. Wieder also ist es der Westen, der ihrer politischen Laufbahn neue Impulse, ja, eine neue Richtung gibt. Sie wird nominiert, und die PDS zieht zum Erstaunen vieler politischer Beobachter 2004 tatsächlich ins Europaparlament ein. Für Sahra Wagenknecht ein ambivalenter Erfolg. Schon der Wahlkampf ist für sie Horror: Auftritte in der gesamten Republik, permanentes Reisen, zerstückelte Zeit in Zügen und Hotels. Mit Entsetzen erinnert sie sich, dass es ihr in diesen anstrengenden vier Wochen unmöglich war, ein Buch zu lesen. Und dann der überraschende Mandatsgewinn: Wie soll es, diese neue Aufgabe im Rücken, mit ihren beruflichen Ambitionen, insbesondere dem Studium und der Doktorarbeit, weitergehen? Sahra Wagenknecht ist zu diesem Zeitpunkt 35 Jahre alt. Wenn sie die fünfjährige Legislaturperiode komplett absolviert, besteht keine reelle Chance mehr auf eine akademische Karriere.

Heute vergleicht Sahra Wagenknecht die Situation vor der Europawahl mit einem Münzwurf, einer 50:50-Chance: entweder – nur wenige erwarteten es – Einzug ins Parlament oder auch hier das gleiche Scheitern wie auf Bundesebene. Die Konsequenzen wären wahrscheinlich radikal gewesen. Hätte die PDS auf Europaebene ihr Ziel ebenfalls nicht erreicht, hätte Sahra Wagenknecht alles auf die Karte einer akademischen Karriere setzen müssen, die sie mit dem begonnenen Studium der Wirtschaftswissenschaften angesteuert hatte. Schließlich hatte ihr damaliger Doktorvater ihr Hoffnung auf eine Assistentenstelle am PIK gemacht. Das Jahr 2004 markiert insofern den bislang tiefsten Einschnitt in Sahra Wagenknechts beruflichem Werdegang, als jetzt eine endgültige

Weichenstellung erfolgt: entweder Wissenschaft oder Politik. Immerhin verhieße eine Laufbahn als Berufspolitikerin auch finanzielle Sicherheit. Zum ersten Mal in ihrem Leben. Sahra Wagenknecht wägt ab und entscheidet. Auch scheinbar nebensächliche Aspekte spielen dabei eine Rolle: So ist zum Beispiel die Flugverbindung von Brüssel nach Irland gut. Lässt sich vielleicht doch ein politisches Leben gestalten, in dem Auszeiten möglich sind, die ein »geistiges Vorankommen« trotz der Arbeit im Europaparlament erlauben?

Die Ernüchterung folgt auf dem Fuße: Beinahe alles, was sie in Brüssel und Straßburg erlebt, ist enttäuschend. Angefangen bei der Wohnsituation und den ständigen Reisen zwischen Brüssel und Straßburg, Berlin und Irland. Ihr Brüsseler Wohnsitz liegt inmitten des neu gebauten Europaviertels – und ist derart steril, dass sie es dort kaum aushält. Sie flieht, wann immer es geht, nach Berlin oder ins irische Paradies. Das idyllische Straßburg ist noch schlimmer. Ihr Hotel befindet sich am Stadtrand, abends ist kein Taxi zu kriegen, weil alle Welt in die Innenstadt strebt. Von der Schönheit der alten elsässischen Metropole, in der ihr geliebter Goethe viel Zeit verbracht hatte, bekommt sie nichts mit. Das Büro muss sie mit ihren Mitarbeiterinnen teilen, dauernd klingelt das Telefon, sich zu konzentrieren ist nicht möglich. Und der Gipfel des Elends ist die parlamentarische Arbeit selber. Es wird ohne Ende getagt, Sitzungen und Ausschüsse fressen die Zeit – und das, wie sie meint, ohne jedes brauchbare Ergebnis. Denn das Allermeiste, was hier beschlossen wird, sei, so sagt sie noch heute, »für die Katz«. Niemand nimmt die Beschlüsse des Europäischen Parlaments wirklich zur Kenntnis. Leerlauf auf hohem Niveau. Mit Grauen erinnert sie sich an ihre erste Rede.

»Das war eine einzige große Ernüchterung. Der Plenarsaal war gähnend leer. Das ist im Bundestag zwar auch oft der Fall, aber in Berlin gehört es immerhin zum Anstand, dass die, die in einer Debatte reden, dort die ganze Zeit bleiben und selbst bei schlecht besuchten Debatten mindestens noch drei, vier Leute aus jeder Fraktion da sind. Im Europaparlament kommen viele Abgeordnete erst, kurz bevor sie mit den Reden dran sind, und gehen dann eilig wieder. Es ist also noch viel öder. Zwischenrufe oder andere Reaktionen aus dem Plenarsaal gibt es allerdings nicht nur deshalb kaum, weil dieser Saal

leer ist, sondern sie machen auch wenig Sinn, weil die Übersetzung zu un-
terschiedlichen Zeiten ankommt. Relativ zeitnah könnten meistens nur die
reagieren, die eine Rede in englischer Übersetzung verfolgen. Oder wer den
Redner im Original versteht. Übrigens muss man beim Reden versuchen, kei-
ne allzu ungewöhnlichen Worte oder Satzkonstruktionen zu verwenden, da
sonst die Übersetzer keine Chance haben. Aber was noch frustrierender ist:
Kaum ein normaler Bürger schaut zu. Die meisten Reden werden von der Öf-
fentlichkeit überhaupt nicht wahrgenommen, auch von der Presse nicht. Aus-
nahmen sind die ganz großen Debatten, aber die sind selten.«[31]

Es ist die »Realpolitik«, deren Mechanismen Sahra Wagenknecht, nach wie
vor angetrieben von einer politischen Utopie, auf europäischer Ebene täglich erleben muss. Hier sind weniger die gesinnungsethisch Motivierten
am Zuge, sondern diejenigen, die die Politik als Beruf verstehen und betreiben. Vor allem von den Gesinnungsethikern wird ihnen hinter vorge-
haltener Hand oft unterstellt: »Sie tun es für Geld«, für ihr eigenes Fort-
kommen, ihre Karriere. Und oft genug mag es stimmen. Weniger oft wird
die Frage gestellt, was es mit gesinnungsethischen Politikern macht, wenn
sie sich dazu entschließen, ihre persönlichen politischen Überzeugungen
zu professionalisieren. Seit ihrem Eintritt in das Europäische Parlament gehört auch Sahra Wagenknecht zur Spezies der Berufspolitiker. Vorher habe
sie, so ihre Selbsteinschätzung, in der PDS kaum etwas anderes getan, denn
»als Intellektuelle herumzusitzen«, Reden zu halten und im Vorstand regelmäßig die einzige Gegenstimme zu den dort gefassten Beschlüssen zu
liefern. Als Europaabgeordnete lernt Wagenknecht nun den parlamentarischen Betrieb kennen: Ausschüsse, Sitzungen, Debatten, Eingaben – die
ganze eher bürokratische Routine der Politik. Sie lernt, wie ein Parlament
funktioniert, welche Wege und Schleichwege eingeschlagen werden müssen, um politische Ziele durchzusetzen. Und auch wenn sie die hier geleistete Arbeit negativ beurteilt, weil die meisten Beschlüsse so gut wie keine Wirkung zeigten, so ist doch die direkte Konfrontation mit politischen
Gegnern etwas anderes als der ewige Blues als befehdete Außenseiterin in
der eigenen Partei. Die sie im Übrigen zum damaligen Zeitpunkt – und
damit steht sie nicht allein – für eine »sterbende Partei« hält. Tatsächlich

ist die PDS im Westen Deutschlands kaum noch existent, und ihre Ostklientel reicht nicht, um ihr einen festen Platz als Fraktion im Bundestag zu sichern und damit gesamtdeutsche Gestaltungsmöglichkeiten zu schaffen. Angesichts der desolaten Situation ihrer Partei und der von ihr kritisierten Entwicklungen mag ihr der »Außenposten« im Europaparlament wenigstens den Vorteil verschafft haben, nicht direkt mit diesen Anpassungstendenzen konfrontiert und aus der innerparteilichen Berliner Schusslinie herausgenommen zu sein.

Wäre da nicht die Erfahrung einer »sinnlosen Zeit«, die Sahra Wagenknecht in dieser Institution macht. Sie hat das Gefühl steckenzubleiben, all das nicht mehr wahrnehmen zu können, was ihr wichtig ist. Und es gehört zu ihrem Ethos, die verlockenden Angebote auszuschlagen, die das internationale Parkett zu bieten hat. »Ein weiterer Unterschied zum Bundestag ist der massive Einfluss der Lobbyisten. Die Art, wie Abgeordnete in Brüssel umworben werden und wie man versucht, sie einzuwickeln, wäre in Berlin so nicht vorstellbar. Die vielen Empfänge und Einladungen, auch in Super-Restaurants, wo man sich, wenn man das will, von Banken oder der Chemieindustrie ausführen lassen kann, das gibt es so ungeniert in Berlin nicht.«[32] Wer das als Jammern auf hohem Niveau abtut, verkennt die Motivation hinter Sahra Wagenknechts Tun, diese innere Stahlfeder, die sie in eine scheinbar unendliche Spirale der Wissenserweiterung zwingt. Denn das »geistige Vorankommen« ist ja kein Selbstzweck. Sondern die Voraussetzung dafür, die gesellschaftlichen Strukturen, die Kraftlinien der Geschichte so zu verstehen, dass daraus Programm und Praxis einer grundlegenden Veränderung abgeleitet werden können.

Auch im Jahr 2004 ist Sahra Wagenknecht nach wie vor Marxistin. Selbst wenn sie sich zu diesem Zeitpunkt nicht mehr der Programmatik der Kommunistischen Plattform, der sie immer noch angehört, verpflichtet fühlt. Aber am Wahrheitsanspruch der marxistischen Analyse gibt es für sie nichts zu deuten. Mittlerweile verfügt sie über einschlägige politische Erfahrungen. Daran, dass ihre Auffassungen erheblichen Widerstand, ja, bis ins Persönliche reichende Angriffe und Kränkungen auslösen können, hat sie sich längst gewöhnt. Bisher ging es dabei aber immer um innerparteiliche Kämpfe, Auseinandersetzungen zwischen Genossen, die wenigstens bestimmte Grundüberzeugungen teilten. Jetzt ist sie erstmals direkt mit politischen Gegnern aus anderen Lagern konfrontiert, erlebt das kaum verhüllte Bestechungsunwesen der Industrielobbys und den parlamentarischen Leerlauf. Trotzdem – sie kann nicht anders – will sie sich engagieren. Als primäres Arbeitsfeld wählt sie den Ausschuss »Wirtschaft und Währung«. Hier versucht sie, ihr gewachsenes ökonomisches Wissen einzubringen. Eine schwierige bis paradoxe Situation für Sahra Wagenknecht, die gerade dabei ist, die Marx'sche Analyse der gegenwärtigen Situation anzupassen. Was können ihre Kenntnisse in einer Institution bewirken, die sich ihr vor allem als Vehikel darstellt, mit dem die Lobbys die Marktliberalisierung europaweit durchzusetzen versuchen? Einmal mehr müssen ihr hier die Sozialdemokraten als Hauptfeinde erschienen sein. Denn das 1999 von Gerhard Schröder und Tony Blair verfasste »Papier«, das der europäischen Sozialdemokratie »den Weg nach vorne« weisen sollte, lief auf eine stillschweigende Koalition mit den Marktradikalen konservativer und rechter Parteien hinaus. Infolgedessen war das Europaparlament eines der Foren, auf denen der Neoliberalismus sich programmatisch in Szene setzte. Wie immer man es beurteilt: Sahra Wagenknecht steht mit dem Eintritt ins Europäische Parlament nicht nur vor einer neuen Herausforderung, sondern vor der Notwendigkeit, den Zusammenhang ihrer theoretischen Prämissen mit den Möglichkeiten, praktische Politik in ihrem Sinne zu gestalten, neu zu überprüfen. Hier bewegt sie sich in einem politischen Fahrwasser, das mit ihren ursprünglichen Vorstellungen wenig gemein hat.

Politik als Beruf

Fragt man Sahra Wagenknecht heute, ob sie sich 2009 nach einer Legislaturperiode im Europaparlament endgültig als Berufspolitikerin verstanden habe, ist die Reaktion Kopfschütteln. Auf den ersten Blick verwunderlich, denn auch wenn ihr die Abläufe und Regularien, die penetranten Einflussnahmen der Lobbyisten und der Auftritt vieler ihrer Kollegen, die

Politik als lukrativen »Job« verstanden, unangenehm waren: Gelernt hat sie in den Jahren doch einiges, nämlich das Handwerk des Parlamentarischen. Ihre Jahre im Europäischen Parlament waren zudem nicht nur politische Lehrjahre, sondern auch der Übergang von einem finanziell frei und entsprechend riskant gestalteten Leben als Autorin, Vortragende und Talkshowgast zu einer für ihre parlamentarische Tätigkeit fest bezahlten Politikerin. Warum also sieht sie sich am Ende dieser Periode nicht als Berufspolitikerin?

Der große Soziologe Max Weber hat in seinem legendären Vortrag über »Politik als Beruf«[33] 1919 gewissermaßen den theoretischen Grundstein für die Rolle der politisch Handelnden in einer Demokratie gelegt und zwischen verschiedenen Typen des Politikers unterschieden. Eine grundlegende Differenz sah er zwischen Politikern, die *für* die Politik, und jenen, die *von* ihr leben. Was nicht leichtfertig als moralisches Diktum missverstanden werden darf. Denn das Für-eine-Sache-Leben muss nicht unbedingt im ethischen Sinne »gut« sein, sondern kann z. B. auch nur das unbedingte Streben nach Macht bedeuten.[34] Gleichzeitig ist Weber klar, dass für demokratische Politik auch der andere Aspekt wichtig ist: Nur der könne wirklich »für eine Sache« leben, der auch von ihr leben kann. Sonst wäre Politik letztlich ein Betätigungsfeld, das sich, wie in der Ständegesellschaft, nur die Wohlhabenden und insofern Unabhängigen leisten könnten.

Die Gestalt des von der Politik Lebenden ist eine Schlüsselfigur der modernen Demokratie: Mit dem Salär ist nicht nur die Unabhängigkeit der Politiker gesichert, sondern ein neues Feld für Aufstiegs- und Karrieremöglichkeiten eröffnet worden. Und damit ein zwiespältiges Bild des Politischen geschaffen. Dem Berufspolitiker haftet heute mehr denn je der Ruch der Käuflichkeit an. Gerade dann, wenn er sich über die Politik »hochgearbeitet« hat, klebt an ihm das Stigma des Strebers, ja des Opportunisten, der alles daransetzt, seinem ursprünglichen Milieu zu entkommen.

Dass das Versprechen, ihren Anhängern Aufstiegsmöglichkeiten zu verschaffen, nicht selten pervertiert wird, ist das Dilemma linker Parteien, zu deren klassischer Klientel die sozial Schwachen, abhängig Beschäftigten und Unterprivilegierten in Sachen Bildung und Einkommen zählen. Der soziale Aufstieg über die politische Schiene endet häufig genug in Existenzen, die ihre Herkunft vergessen machen wollen und die Haltungen, Gesten und Gewohnheiten derer kopieren, die für sie ursprünglich politische Feindbilder waren. Der berühmte Spruch »Wer hat uns verraten? Sozialdemokraten!« mag seinen Ursprung in der Zustimmung der damaligen SPD zu den Kriegskrediten 1914 haben. Längst ist er indes die Kurzversion der im eigenen politischen Entwurf angelegten »Dialektik« des Aufstiegsparadigmas der Partei. Mehr als peinlich, wenn linke Politaufsteiger, oben angekommen, nichts mehr mit denen zu tun haben wollen, für die sie angeblich kämpfen.

In dieser Perspektive ist der Berufspolitiker eine ambivalente Gestalt, seine politische Qualität durchaus auch eine Charakterfrage. Als positive Eigenschaften des Politikers nennt Max Weber die Verbindung von sachlicher Leidenschaft mit Verantwortungsgefühl und Augenmaß, was er in der klassischen Formulierung zusammenfasst: »Die Politik bedeutet ein starkes langsames Bohren von harten Brettern mit Leidenschaft und Augenmaß zugleich.«[35] Die seiner Meinung nach größte charakterliche Schwäche eines Politikers sei demgegenüber die Eitelkeit. Nicht zuletzt, weil sie anfällig für Opportunismus machte.

Der Vorwurf des »Opportunismus« gehört zum Standardrepertoire des politischen Jargons der traditionellen Linken. Nicht zuletzt in Sahra Wagenknechts politischer Karriere spielte er eine Rolle.[36] Eine Karriere, die sie mit der Wahl ins Europäische Parlament gewissermaßen ins Herz eines Opportunismus geführt hatte, den sie sich als innerparteiliche Kritikerin der PDS nicht hatte träumen lassen. Was sie in Brüssel und Straßburg erlebte, war ein Opportunismus ganz eigener Art: In ihren Augen gewissermaßen eine systematische Korruption des demokratischen Gedankens durch die Macht der Konzerne. Klar, dass sie dem nichts abgewinnen konnte.

Vielleicht kann man Sahra Wagenknechts politischen Weg nach dem Ende ihrer Zeit im Europaparlament am besten verstehen, wenn man sich anschaut, welche Ziele sie mit ihrem bundespolitischen Engagement verfolgte. Als die nach eigener Auskunft noch nicht zur Realpolitikerin gereifte Europaabgeordnete sich 2009 um ein Bundestagsmandat bewirbt, steht ihr, obwohl es für sie ein völlig neues Feld war, eins klar vor Augen: Sie will

Fraktionsvorsitzende werden. 2009 schafft sie es nicht. Was ihr indes sofort gelingt, obwohl manche ihrer Genossinnen sie immer noch verdächtigen, mit der Kommunistischen Plattform identifiziert zu sein, ist, wirtschaftspolitische Sprecherin zu werden. Ihr erklärtes Ziel aber ist der Fraktionsvorsitz. Zwei Jahre später, 2011, wäre es, so ihre Einschätzung, zu erreichen gewesen. Es scheitert jedoch am Widerstand ihres alten Feindes Gregor Gysi.

Gleichwohl sei die Stimmung in der Fraktion damals gut und die Zustimmung zu ihrer Person groß gewesen. Sahra Wagenknecht hat ihre erste Periode im Bundestag als die glücklichste in Erinnerung. Tatsächlich ist die Partei in jener Phase personell anders aufgestellt: Nicht zuletzt durch die Handschrift Oskar Lafontaines geprägt, bestimmen viele traditionelle Linke, alte Gewerkschafter der WASG und ehemalige Sozialdemokraten das Bild.

Nie mehr hat sich Sahra Wagenknecht so in der Linken auf- und angenommen gefühlt wie in dieser Zeit. Ein Umstand, der wichtig für sie ist, um sich selbst als Berufs- und Realpolitikerin begreifen zu können. In dieser Konstellation beginnt sie auf neue Weise Konzepte zu entwickeln, Kontakte zu knüpfen, Stimmungen auszuloten. Was sie als wirtschaftspolitische Sprecherin kundtut, wird – anders als im Europaparlament – zur Kenntnis genommen. Auch wenn die Linke nicht in der Lage ist, Gesetzesvorlagen zu initiieren, kann sie immerhin Themen auf die Tagesordnung setzen, die Debatten auslösen. Sahra Wagenknechts Image in der Öffentlichkeit und den Medien ändert sich. Ebenso ihr Selbstbild: Politik als Beruf ernst nehmen heißt nun, für das, was sie kritisch zu sagen hat, Bündnispartner außerhalb der eigenen Partei zu gewinnen, mögliche Mehrheiten im Bundestag vorzubereiten. Dazu ist es nötig, in der eigenen Partei eine Position zu erlangen, die ihr Gestaltungsspielraum gibt, um endlich die Partei auf den Weg zu führen, der ihren Vorstellungen von Politik entspricht. Ihre Hoffnung ist, mit der Übernahme des Fraktionsvorsitzes »die Linke besser hochzubringen«: Sie nicht nur für immer mehr Menschen wählbar, sondern sie regierungsfähig zu machen.

Sahra Wagenknecht, die sich viele Jahre darauf versteift hatte, linke Politik ausschließlich als Radikalopposition zuzulassen, schlägt ein neues Kapitel ihrer politischen Biografie auf. Die von Max Weber geforderte Leidenschaft im politischen Geschäft hat sie immer besessen, an ihrer gesinnungsethischen Überzeugung konnte es nie Zweifel geben – jetzt beginnt sie, ein neues »Augenmaß« zu entwickeln. Früher, in den 90er-Jahren, sagt sie heute im Gespräch, habe sie immer nur das Gefälle ihres theoretischen Wissens in Sachen Marxismus zu den anderen gesehen – und daraus die prinzipielle Überlegenheit ihrer politischen Vorstellungen abgeleitet: »Ich bin ja wirklich in die PDS gegangen – und die hatten ja alle Marx gelesen – mit der Meinung: *Ich* verstehe die Welt. Und die anderen nicht.« Mittlerweile sieht sie die Kehrseite, das Unproduktive dieser Überzeugung: »Und das merke ich jetzt, wenn ich mich mit anderen auseinandersetze und die mich kritisieren. Da ist genau dieser Gestus immer noch drin, also sie haben ihren Marx gelesen, und ich weiche davon ab. Und das noch oft mit der Unterstellung, wenn man davon abweicht, kann es ja nur der blanke Opportunismus sein, so tatsächlich moralisch gemeint: Jetzt passt sie sich der bürgerlichen Welt an und verlässt unsere gemeinsame Grundlage, die doch der Marxismus war. Und immer mit der Geste: Wir wissen's ja besser, weil wir unseren Marx verinnerlicht haben.«

Der Kommentar macht die Wegstrecke deutlich, die Sahra Wagenknecht in den letzten Jahren zurückgelegt hat. Sie kann ihre eigene frühere Position aus der Perspektive der anderen wahrnehmen, die Verbohrtheit, ja, auch die Lächerlichkeit ihrer alten Einstellung begreifen. Das »Augenmaß«, das sie in der politischen Praxis nach ihrem Einzug in den Bundestag erworben hat, ist nicht zuletzt ein historisches. Sie, die sich in ihrer Jugend gerne in andere Zeiten versetzte, mal mit Goethe, zeitgenössisch gewandet, durch Weimar streifte, mal Hegel gegen Marx antreten ließ und dabei die Schiedsrichterin spielte, hat tatsächlich in der ersten wirklichen politischen Welt ihres Lebens ein neues Verhältnis zum historischen Kern von Theorien und dem Zusammenhang von Theorie und Praxis gewonnen.

Nicht zuletzt ihr Studium der aktuellen Volkswirtschaftslehre hat ihr gezeigt, wie verfehlt geschlossene Systeme sind. Marx, sagt sie heute, habe keines gehabt. Das, was derzeit in orthodoxen Kreisen als Marxismus gehandelt wird, sei eine falsche Systematisierung: »Immer, wenn man versucht, eine Denkschule in ein geschlossenes System zu pressen, wird es einseitig – und falsch.« Die Übertragung dieser Erkenntnis in die Sphäre der Politik ist es, die Sahra Wagenknechts neues Augenmaß ausmacht.

Um es deutlich zu sagen: Sahra Wagenknecht hat die Maßstäbe ihrer jugendlichen Weltsicht kritisch geprüft und einer gründlichen Revision unterzogen. Was indes nicht heißt, sie hätte den Glauben daran verloren, dass ihr besonderes Wissen, ihre theoretische Fähigkeit und Einsicht, auch politisch auf den richtigen Pfad führen würde. Das Grundgefühl ihrer frühen Tage hat sich bis heute erhalten. Auch wenn sie sieht, wo sie sich verrannt, welche Fehler sie gemacht hat. Es gibt in ihr nach wie vor eine starke Überzeugung, die Welt besser als andere zu verstehen. Die Idee des »Besserdenkenkönnens« der Welt ist weiterhin Teil ihrer Identität. Aber sie hat gelernt, »das Andere« zuzulassen und ernst zu nehmen.

DAS RICHTIGE LEBEN
IM FALSCHEN?

Ein politisches Märchen

Politik ist kein Märchen. Und Märchen haben in der Politik nichts zu suchen. Denkt man. Manchmal aber kann sogar ein prosaischer Ort wie das Europaparlament, dem Sahra Wagenknecht seit 2004 angehört, zum Ausgangspunkt einer märchenhaften Begebenheit werden. Das Ereignis, um das es geht, wirkt auf den ersten Blick völlig unspektakulär. 2005 diskutiert man im Europäischen Parlament die sogenannte Dienstleistungsrichtlinie, die in verschiedenen Branchen dafür sorgen soll, den europaweit tätigen Unternehmen bessere Möglichkeiten beim Einsatz von Arbeitskräften aus Billiglohnländern zu verschaffen. Aus Sicht Sahra Wagenknechts ein klassisches kapitalistisches Ausbeutungsmanöver. Für das es aber, wie sie es von den Entscheidungen des Europaparlaments gewohnt ist, in Deutschland wenig Aufmerksamkeit gibt. Eine Pressekonferenz im Berliner Reichstag soll das ändern. In ihrem Büro kommt die Idee auf, das kaum öffentlichkeitswirksame Thema durch die Beteiligung eines prominenten Politikers aufzuwerten. Oskar Lafontaine wird angefragt. Er sagt zu. Und damit beginnt ein politisches Märchen eigener Art.

Wenn man mit ihm oder Sahra Wagenknecht über diesen nicht besonders spektakulären Termin spricht, verändert sich die Temperatur im Raum. Fast scheint es, als würde sich etwas vom alten Zauber erneuern, der Sahra Wagenknechts kindliche Welt bestimmt hatte: Eine Magie wird spürbar – in einer Szenerie, die kühl als politischer Schachzug geplant war. Zwei Menschen, die einander bis dato fast ausschließlich durch die Medien kannten, begegnen sich, um eine bürokratische Richtlinie zur Regulierung des europäischen Binnenmarkts als unzumutbaren politischen Akt kenntlich zu machen. Zwei Menschen zudem, deren bisheriges politisches Verhältnis nicht gerade freundschaftlicher Art war. Den ehemaligen SPD-Vorsitzenden und die radikale Sozialistin trennen politisch Welten. So jedenfalls die wechselseitige Wahrnehmung, die durchaus auch öffentlich Ausdruck gefunden hatte. Als Lafontaine noch Finanzminister der Regierung Schröder war, hatte Wagenknecht »Lafontaines Horrorplan« gegeißelt, »die Arbeitslosenversicherung abzuschaffen und damit jeden Arbeitslosen sofort in die Sozialhilfe zu schicken«.[1]

Im Mai 2005 war Lafontaine, der schon 1999 nach Differenzen mit Kanzler Schröder sein Amt als Finanzminister aufgegeben hatte, aus der SPD ausgetreten, um sich der WASG (Arbeit & soziale Gerechtigkeit – Die Wahlalternative), einer 2004 in den alten Bundesländern entstandenen Abspaltung der SPD, anzuschließen. Zu diesem Zeitpunkt hatte er darüber hinaus Kontakte zu Gregor Gysi geknüpft und ihn mit dem Plan konfrontiert, zur vorgezogenen Bundestagswahl 2005 WASG und PDS zu einem Wahlbündnis zu vereinigen: für die ostdeutsche Regionalpartei die Chance, auch im Westen zu punkten.

Als es im Juni 2005 auf dem Parteitag der PDS um diesen Zusammenschluss und eine Umbenennung der PDS ging, waren die Meinungen gespalten. Gregor Gysi erinnert sich in seiner Autobiografie an die damalige Debatte: »Ich hielt eine Rede für den Zusammenschluss mit der WASG und die Umbenennung der PDS. Auch andere sprachen in diesem Sinne. Die gewichtigste Gegenrede hielt Sahra Wagenknecht. Sie wehrte sich gegen die Umbenennung, gegen eine Vereinigung mit der WASG und gegen eine Zusammenarbeit mit Oskar Lafontaine – denn er werde die PDS sozialdemokratisieren.«[2] Tatsächlich musste die Vorstellung, der ehemalige SPD-Vorsitzende würde zur zentralen Gestalt einer neuen politischen Linken avancieren, die sich 2005 im Wahlbündnis von WASG und PDS andeutete und zwei Jahre später durch den Zusammenschluss beider Parteien realisierte, eine Horrorvorstellung für Wagenknecht sein: Dieser in der Wolle gefärbte Sozialdemokrat würde die Partei endgültig von einem sozialistischen Kurs abbringen und sie »nach rechts rücken«.

Ihren Standpunkt kommentiert ihr Parteifreund Gysi – nicht ohne untergründige Ironie – damals direkt im Anschluss an seine Darstellung von Sahra Wagenknechts Rede auf dem Parteitag folgendermaßen:»Es ist merkwürdig, wie die Angst vor Veränderungen Menschen besetzen kann. Als Sahra Wagenknecht noch weit jünger war, stemmte sie sich schon gegen die Umbenennung der Sozialistischen Einheitspartei Deutschlands (SED) in eine Partei des Demokratischen Sozialismus (PDS). Nach der Umbenennung wollte sie, dass wir eine kommunistische Partei werden. Beides hätte uns ruiniert. Und wenn wir uns 2005 der Vereinigung verweigert hätten, wären wir Schritt für Schritt als regionale ostdeutsche Partei untergegangen.«[3] Heute würde Sahra Wagenknecht dem, was die politische Prognose angeht, kaum widersprechen. Allerdings bestreitet sie entschieden, dass sie sich gegen die Namensänderung der SED gestellt und den Plan verfolgt hat, die Partei in eine »kommunistische« umzuwandeln. Aber war es damals wirklich die »Angst vor Veränderung«, die sie dazu gebracht hat, sich der Vereinigung und insbesondere dem dafür werbenden »Westmann« Lafontaine zu widersetzen?

Eine Frage, die von der politischen Realität zum Märchenteil der Beziehung Wagenknecht – Lafontaine überleitet. Die gemeinsame Pressekonferenz der beiden politischen Kontrahenten bewirkt nicht weniger als ein Wunder. Nicht, was die erwünschte Aufmerksamkeit für das Thema angeht. Das Wunder ist die spontane, überraschende, unerklärliche wechselseitige Anziehung, die irritierende emotionale Nähe, die die zwei Protagonisten der Veranstaltung spüren. Es war, so sagen es beide unabhängig voneinander, etwas völlig anderes als ein rational begründetes Interesse oder eine Korrektur der bisherigen Wahrnehmung des Gegenübers. Sondern die Folge einer untergründig wirkenden Anziehungskraft, so wie sie Goethe in den *Wahlverwandtschaften* in Analogie zu jenen chemischen Gesetzen beschrieben hat, die verschiedene Elemente einander suchen und finden lassen.

Eine Attraktion, die sich nicht leicht in Worte kleiden lässt. Als »interessant« habe er immer schon Sahras Gesicht empfunden, sagt Oskar Lafontaine. Das Passepartoutwort steht dabei offenkundig nicht für »schön« oder ähnliche ästhetische Urteile. »Interessant« heißt: In diesem Gesicht ist etwas zu lesen, das sich den üblichen Kategorisierungen entzieht. Etwas, das man nicht einordnen kann. Vielleicht am ehesten so zu übersetzen: In dieser »interessanten« Person steckt ein Geheimnis. Nicht von der Hand zu weisen, dass es dabei auch um den Reiz der »Abweichung« geht. Oskar Lafontaine vermutet hinter der faszinierenden Frau mit dem außergewöhnlichen Namen zunächst eine Jüdin. Für seine von der Geschichte des Nationalsozialismus politisch geprägte Generation zweifellos eine positiv besetzte Zuordnung. Die Attraktion der Opferperspektive ist für die 68er-Generation, der Lafontaine angehört, ein lebensbestimmender psychologischer Faktor.

Anders das Erleben Sahra Wagenknechts. Vom ersten Moment an seien starke Gefühle im Spiel gewesen. Die Hoffnung vielleicht, nun die Leerstelle zu füllen, die seit ihrer Kindheit schmerzte, ein Wunsch, der seinen genuinen Platz eigentlich nur in einem Märchen finden konnte. Einem Märchen, das ihrer Lebensgeschichte eingeschrieben war. Seltsam nur der Schauplatz: das Feld der Politik. Und auch wieder nicht, denn ein alternatives Terrain, in dem sich die Leidenschaften der beiden aus so verschiedenen Kontexten und Generationen stammenden Menschen punktgenauer treffen konnten, gab es nicht. Heute erinnert sich Sahra Wagenknecht, dass sie bereits 1990 während des Bundestagswahlkampfs, als Lafontaine Kanzlerkandidat der SPD war, zu ihrem eigenen Erstaunen am damaligen Studienort Jena nicht nur genau die Plakate zur Kenntnis nahm, die den sozialdemokratischen Spitzenkandidaten zeigten, sondern sich sogar die Orte merkte, an denen sie hingen. Und hatte nicht auch die 1995 in der Türkei im Fernsehen verfolgte Rede auf dem Mannheimer Parteitag einen besonderen Eindruck auf sie gemacht? Offenbar nicht nur die rhetorische Leistung, sondern auch der Redner. In beiden Fällen war es die Person – und in beiden Fällen eben auch der Politiker.

Die Geschichte von Sahra Wagenknecht und Oskar Lafontaine ist auf der einen Seite eine ungewöhnliche Liebesgeschichte. Und auf der anderen ein politisches Märchen sui generis: eine der raren Storys, die nicht für die Medien gefälscht und zurechtgebogen sind. Sie bietet Stoff für die Regenbogenpresse, ohne dadurch beschädigt zu werden. Natürlich, Lafontaine und Wagenknecht sind nicht die Einzigen, die sich über die Politik kennengelernt haben. Sicher aber gehören sie zu den wenigen, bei denen sich die persönliche Anziehung sogar über politische Differenzen hinwegsetzte – und zu einer doppelten Vereinigung führte. Die politische Geschichte der Linkspartei, die damals wesentlich aufgrund der Initiative Oskar Lafontaines aus dem Zusammenschluss von WASG und PDS entstand, ist untergründig begleitet von der privaten Vereinigung derer, die als Frontleute ihrer jeweiligen Parteien im Rampenlicht der Öffentlichkeit stehen. Und sich nun mit der schwierigen Situation konfrontiert sehen, ihre intime Verbundenheit zunächst geheim halten zu müssen, um wenigsten den gröbsten Nachstellungen, Anwürfen und dem unausweichlichen Grinsen zu entgehen, das nahezu automatisch von einer solchen ungewöhnlichen, ja für viele sicherlich »unmöglichen« Verbindung ausgelöst wird. Einer der Ersten, die von dem Liebesverhältnis erfahren, ist Gregor Gysi: 2006 lässt sich Oskar Lafontaine bei einer gemeinsamen Autofahrt vor dem Haus von Sahra Wagenknecht absetzen. Trotz aller Diskretion wird die Beziehung auch im inneren Zirkel der Partei schnell zum Thema, und es dauert nicht lange, bis erste Gerüchte unter Journalisten kursieren, die 2007 als Andeutungen in der Presse auftauchen. Die Geheimhaltung wird zum Spießrutenlauf und von verschiedener Seite torpediert. 2009 greift unter anderem *DER SPIEGEL* die Geschichte auf und spielt auf eine Affäre an.[4] Doch erst im November 2011 macht Oskar Lafontaine die Beziehung ganz offiziell publik: am Ende seiner Rede beim Landesparteitag der Linken in Saarbrücken.[5]

Es ist diese Verknüpfung einer Liebesgeschichte mit einem politischen Vereinigungsprozess, die die Geschichte von Sahra Wagenknecht und Oskar Lafontaine zu einem politischen Märchen macht. Es ist, wenn man so will, die ver-rückte Fortsetzung des west-östlichen Diwans, der am Anfang von Sahra Wagenknechts Leben stand. Die Ostfrau und der Westmann, eigentlich in politischer Konfrontation, treffen sich unverhofft auf einer ganz anderen Ebene, die sie beide nicht mehr verlassen werden, ebenso wenig wie die politische Arena. Nur, dass diese kein Ort der Konfrontation mehr sein wird. Sondern der Raum, in dem sich Öffentliches und Privates begegnen, mischen und verändern dürfen. Was hier geschieht, gleicht einem Wunder: Das »Politische« integriert ins private Leben, ohne dass das eine das andere ausschließt oder beschädigt.

Es ist eine gelebte Utopie. Über die gewiss mehr zu sagen wäre. Aber warum eigentlich? Es ist offenkundig, dass Sahra Wagenknecht in Oskar Lafontaine endlich den Dialogpartner gefunden hat, den sie ihr Leben lang suchte. Und selbstverständlich kann man dessen ebenso ironisch wie ernst gemeintes Statement, er sei ja wohl so etwas wie ein »Ersatzvater« für die 26 Jahre Jüngere, mit Gründen auf Sahra Wagenknechts Geschichte beziehen. Was, indes, fügt es hinzu?

Zweigestirn am Polit-Himmel

2004 hatte Sahra Wagenknecht mit ihrem Einzug ins Europaparlament eine zentrale Weichenstellung für ihr Berufs- und Politikerleben vollzogen. Ein Jahr später dann die große Veränderung in ihrem Privatleben: Aus der Begegnung mit Oskar Lafontaine entwickelt sich eine Liebe, die weit über das Private hinausreicht. Niemand hat seither größeren Einfluss auf Sahra Wagenknechts politisches Denken und Handeln als der ehemalige SPD- und Linksparteivorsitzende.

Mit seinem Eintritt in ihr Leben ist, wenn man so will, die Position neu besetzt, die durch den Tod von Peter Hacks im Jahr 2003 vakant geworden war: Obgleich sich die Beziehung zu diesem Zeitpunkt bereits merklich abgekühlt hatte, war Hacks doch über viele Jahre der wichtigste politische Ratgeber und Anreger für Sahra Wagenknecht. Er, der Einzige, den sie als Mentor anerkennen konnte, prägte bis tief in die 1990er-Jahre ihre politischen Anschauungen. Mit ihm starb für Sahra Wagenknecht auch ein Stück ihrer politischen Vergangenheit. Hacks steht symbolisch für die von Wagenknecht lange Zeit aufrechterhaltene Verteidigung der DDR. Heute begreift sie ihre damalige Haltung nicht nur als trotzigen Protest gegen die »Opportunisten«, sondern als eine Selbstblockade ihrer politischen Entwicklung. Um ihre einstige Positionierung verständlich zu machen, bedient sie sich eines bemerkenswerten Vergleichs: »Stellen Sie sich vor, Sie hatten einen Onkel, der ein ziemlich schwieriger und schwer erträglicher Mensch war. Dennoch haben Sie auf Familiengeburtstagen immer wieder erlebt, dass sämtliche Verwandten diesem Onkel mit schmeichelnder Unterwürfigkeit begegneten, vielleicht weil er ein reicher Mann war und ab und zu einen ausgab. Dann stirbt dieser Onkel. Und auf dem nächsten Familiengeburtstag ziehen alle die, die ihm vorher in den Allerwertesten gekrochen waren, aufs Bösartigste über ihn her: Was er doch für ein schlimmer, arroganter, böser Mensch gewesen sei, mit dem man es wirklich gar nicht aushalten konnte. Und angewidert von diesem charakterlosen Verhalten fangen Sie plötzlich an, den toten Onkel zu verteidigen, ja, in den höchsten Tönen zu loben, was Ihnen zu Lebzeiten nie in den Sinn gekommen wäre. So fühlte ich mich damals. Ich habe aus Wut und Trotz, um mich von den Karrieristen abzugrenzen, nicht nur das DDR-System, sondern sogar die Mauer verteidigt.«[6] Diesen Erklärungsversuch mithilfe eines familiären Bildes unternimmt sie erst 2017, schon Mitte der 2000er-Jahre jedoch ändern sich ihre politischen Anschauungen. In dieser Zeit wendet sich Sahra Wagenknecht von der Kommunistischen Plattform ab – und wird seither von einigen ihrer ehemaligen Gesinnungsgenossen ähnlich scharf des Opportunismus geziehen, wie sie es Anfang der 1990er-Jahre den »Karrieristen« in der Partei um die Ohren geschlagen hatte. 2010, als sie zur stellvertenden Parteivorsitzenden gewählt wird, ist das Kapitel KPF dann auch offiziell beendet: Das Parteistatut wird geändert und verbietet es nun, in dieser Position einem der parteiinternen Flügel anzugehören. Seither »ruht« ihre Mitgliedschaft bei der Kommunistischen Plattform.[7] Die Prognose, dass sie nie wieder aufgenommen werden wird, ist nicht gewagt.

Was die Politikerin Sahra Wagenknecht heute ausmacht, resultiert aus einem kontinuierlichen Lernprozess, für den – neben ihrem »Ankommen im Westen« seit dem Wahlkampf 1998 in Dortmund – ihre Begegnung mit Lafontaine entscheidende Impulse geliefert hat. Ist die Gründung der Linkspartei also eine Art Neustart ihres politischen Lebens? Es gibt gute Argumente dafür. Ihr Auftritt bei den Beratungen über ein Bündnis zwischen WASG und PDS im Juni 2005, bei dem sie sich noch gegen eine Umbenennung der Partei in »Demokratische Linke – PDS« ausspricht, wird ihr letztes von ostdeutscher Orientierung getragenes Statement sein. Mit der Öffnung der PDS für den westlichen Partner tut sich für Sahra Wagenknecht ein Politikfeld auf, das erstmals nicht von den permanenten innerparteilichen Anfeindungen dominiert wird. An diesem Punkt überschneiden sich die beginnende private Partnerschaft mit Oskar Lafontaine und der Aufbau der neuen Partei. Die Partei Die Linke ist nicht zuletzt auch ein Kind des sich damals findenden Paares, in dem sich West- und Ost-Perspektive zu etwas Neuem verbinden. Für die heutige Linke freilich gelte dies, meint Sahra Wagenknecht, nur noch begrenzt: Unter den Vorsitzenden Kipping und Riexinger habe sich die Partei in den letzten Jahren in eine andere Richtung entwickelt und werde von vielen einstigen Wählern deshalb aktuell nicht mehr gewählt.

Oskar Lafontaines Rolle als Diskussionspartner, Ideenproduzent und Unterstützer für Sahra Wagenknecht seit nunmehr bald 15 Jahren ist gar nicht hoch genug zu bewerten. Bringt er doch all das in das politische Zweigestirn ein, was ihr abgeht. Denn, so formuliert es selbst ihre Mutter mit Nachdruck: »Eigentlich« sei Sahra gar keine Politikerin. Eine Meinung, die auch Oskar Lafontaine in mancher Hinsicht teilt. Für ihn ist sie, das klassische Einzelkind mit der hohen Intelligenz und den vielfältigen intellektuellen Begabungen, »keine Rudelführerin« – eine Fähigkeit, die für ihn unverzichtbar im politischen Geschäft ist. Und die er, der ebenfalls vaterlos aufwuchs – sein Vater fiel im Zweiten Weltkrieg, als Oskar zwei Jahre alt war –, von der Pike auf erlernt habe: nicht zuletzt dadurch, dass er praktisch seine ganze Kindheit und Jugend in Gruppen, in, wie er es formuliert, »Rudeln« verbrachte. Wozu für ihn auch die Zeit im bischöflichen Konvikt, einem katholischen Internat, zählt: Auch hier musste er sich in der Peergroup durchsetzen. Für Oskar Lafontaine eindeutig eine »Grundlage seines politischen Arbeitens und Erfolgs«. Sahra Wagenknecht gehe diese Qualität vollständig ab, sie sei »eine charismatische Einzelfigur«, geprägt durch ihre spezielle Kindheit, insbesondere durch das Drama des Vaterverlusts. Jenseits der nicht vorhandenen Fähigkeit, ein Rudel zu führen, erkennt Oskar Lafontaine noch ein anderes Manko in der charakterlichen Ausstattung Sahra Wagenknechts, das im politischen Geschäft gleichfalls Probleme schaffe: die völlige Abwesenheit von Falschheit sowie der Fähigkeit zur Verstellung und Intriganz. Nicht, dass er dem das Wort reden wolle. Aber der alte Politfuchs weiß, was es bedeutet, wenn man nicht dazu in der Lage ist, in bestimmten Situationen ohne Naivität und – ja, manchmal auch ohne Skrupel seine Interessen durchzusetzen. Wagenknechts langjähriger Weggefährte Thomas Städtler bestätigt dies. Sie sei »ein sehr ehrlicher Mensch«, meint er. »Sie kann und will sich nicht verstellen. Und ich kann mir vorstellen, dass die Menschen das merken. Sie merken: Die schaut mich an.« Was Sahra Wagenknechts Charakter betrifft, kommt der erfahrene politische Fighter Lafontaine offenbar immer noch ins Staunen über ihren Mangel an strategischer Lüge und Aggressivität – selbst wenn sie heftig herausgefordert und scharf angegangen wird.

Ihre Gegner würden das wohl kaum unterschreiben, denn sie kennen Sahra Wagenknecht als eine messerscharf argumentierende und hart widerständige Kontrahentin. Und das ist sie zweifellos auch. Allein, was sie auf ihre Widersacher aggressiv wirken lässt, ist in erster Linie das, was ihr heutiger Ehemann als ihre »Präzision« bezeichnet: Präzision in der Argumentation – eben auch im Aufdecken von Denkfehlern und zweifelhaften Schlüssen. Da, wo er selbst, aggressiv herausgefordert, tatsächlich auch aggressiv reagiere, versuche sie immer noch mit rationalen Mitteln weiterzukommen. Wer sich an Szenen wie die berühmte Attacke von Markus Lanz in seiner Talkshow 2014 oder an die hoch emotional aufgeladene Kritik ihrer innerparteilichen Gegner auf dem Leipziger Parteitag 2018 erinnert, wird sich dieser Interpretation nur anschließen können.

Ohne Oskar Lafontaine, so viel ist sicher, wäre die politische Entwicklung Sahra Wagenknechts zweifellos anders verlaufen. Seine jahrzehntelange politische Erfahrung in der Bundesrepublik ist für Sahra Wagenknecht eine wichtige und willkommene Quelle der Orientierung. Fraglos eröffnet dieser intensive Austausch ihr neue Sichtweisen. Erstaunlich nur, dass Sahra Wagenknecht die Konvergenzpunkte mit dem Lafontaine'schen Politikansatz so lange übersehen hat. Bereits als Bundesfinanzminister, insbesondere aber nach seinem Rücktritt hatte er sich als scharfer Kritiker des Neoliberalismus profiliert, der unter Kanzler Schröder geradezu zum Markenkern der neuen Sozialdemokratie geworden war. 1999 legte er in seinem Buch *Das Herz schlägt links* – das nicht völlig zu Unrecht als eine Abrechnung mit der Schröder-SPD verstanden wurde – seine Vorstellungen von Finanzpolitik vor, um seinen überraschenden Rücktritt von Ministeramt, Parteivorsitz und Bundestagsmandat zu rechtfertigen: eine klare Kritik des »Dritten Wegs«, wie er im Schröder-Blair-Papier als das ökonomische Leitbild der neuen sozialdemokratischen Parteien Europas verkündet worden war.[8] Vergleicht man diese Kritik der sozialdemokratischen »Modernisierer« mit den Positionen, die Sahra Wagenknecht im anderthalb Jahre später erscheinenden Buch *Die Mythen der Modernisierer*[9] bezieht, ist eine weitgehende Übereinstimmung festzustellen. Und hätte sie die kurz vor den Vereinigungsgesprächen zwischen WASG und PDS publizierte Streitschrift Lafontaines, *Politik für alle*[10], gelesen, wäre sie kaum auf den Gedanken verfallen, der Autor wolle die Partei nach rechts rücken. Lafontaines Forderungen reichen hier von der Einführung der Tobin-Steuer zur Regulierung des kurzfristigen Kapitalverkehrs über die Reform des Steuer- und Abgabenstaats, die Angleichung von Vermögen- und Erbschaftsteuer an den angelsächsischen Standard, die Einführung von Mindestlöhnen und Ausbildungsplatzabgabe bis hin zum Verbot der Aktienoptionen zur Managerentlohnung und der Einführung von Managerhaftung. Ganz zu schweigen von den bekannten Forderungen nach Mitbestimmung und Beteiligung der Arbeitnehmer am Produktivvermögen.

Spannend ist die politische Begegnung des Paares Lafontaine-Wagenknecht insbesondere deshalb, weil hier zwei unterschiedliche Zugangsweisen zur Realität aufeinandertreffen: auf der einen Seite die gelernte Marxistin, die gerade dabei ist, die umfassende ökonomische Analyse des Marxismus durch die Aneignung der aktuellen volkswirtschaftlichen Ansätze auf einen neuen Stand zu bringen. Und auf der anderen der Politprofi, der schon in seiner Zeit als saarländischer Ministerpräsident mit der Übernahme und Neustrukturierung der ARBED Saarstahl durch das Land und den Versuch, den Betrieb auf Stiftungseigentum umzustellen, seine Initiative zur nachhaltigen Umgestaltung von Produktions- und Eigentumsverhältnissen bewiesen hatte. Mit Lafontaine begegnet Wagenknecht zum ersten Mal einem politischen Praktiker, der die analytisch interessanten, aber eher praxisblinden marxistischen Vorstellungen eines gesellschaftlichen Umbaus durch seine langjährige Regierungserfahrung konterkarieren kann.

Verfolgt man Sahra Wagenknechts Veröffentlichungen, die seit Beginn der Partnerschaft entstanden sind, so imponiert, was man als »Bewegung der Konkretion« bezeichnen könnte. Sie entspringt der Fähigkeit, jene erstmals 1998 mit *Kapital, Crash, Krise …* explizit erprobte Kunst des Dialogs in die Darstellung ihrer Gedanken einfließen zu lassen. Seit Mitte der

2000er-Jahre hat, was mit dem nach außen verlegten inneren Zwiegespräch, einem fiktiven Dialog mit einem fiktiven Partner, seinen Anfang nahm, an Dynamik gewonnen. Und dafür ist nicht nur das im Ökonomiestudium angesammelte Wissen verantwortlich. Was seinerzeit als Testballon gestartet wurde, ist ihr – und das ist ohne die Beziehung zu Oskar Lafontaine in dieser Form nicht vorstellbar – mittlerweile in Fleisch und Blut übergegangen. Wobei es weniger um die konkreten Diskurse mit ihrem Lebenspartner geht als seine permanente virtuelle Präsenz in ihrem Denken. Die dafür Sorge trägt, dass sie sich nicht in abstrakten Modellen und Utopien verliert, sondern ihre Gedanken so formuliert, dass sie immer mehr auch der Frage nach der praktischen Umsetzung gerecht werden. In doppeltem Sinn: zum einen als realitätsfähiges Modell, das sich auf dem Prüfstand des State-of-the-Art-Denkens ihrer Disziplin behaupten kann. Und – für sie wichtiger – als Projektentwurf einer anderen realen Ökonomie.

Sahra Wagenknechts aktuelle Bücher: *Freiheit statt Kapitalismus*[11] und *Reichtum ohne Gier*[12] sind Beispiele dafür, wie eine politische Utopie nicht im Reich des »schöner Denkens« verweilt, sondern sich selber dazu nötigt, »Praxistauglichkeit« unter Beweis zu stellen. Sie sind, wie Thomas Städtler es ausdrückt, eine »gute Mischung von Wissenschaftlichkeit und Verständlichkeit, mit dem Effekt, dass ihr die Menschen zuhören«. Mit den darin formulierten Überlegungen hat sie endgültig ihren Elfenbeinturm verlassen und die über viele Jahre theoretisch begründete Gewissheit einer anderen Welt ins Konkrete gebracht: als Konzept einer neuen Ökonomie und damit einer alternativ funktionierenden Gesellschaft. Es ist tatsächlich nicht weniger als der Grundriss eines marxistisch basierten Entwurfs für eine Wirtschaftsform, die weder auf den planwirtschaftlichen Vorstellungen des »realen Sozialismus« noch auf den privaten Gewinnerwartungen des Raubtierkapitalismus und insbesondere der rein spekulativen Finanzwirtschaft beruht, die sich längst von der im deutschen Grundgesetz verankerten Idee einer Sozialbindung des Eigentums verabschiedet hat.

Alle diese Konzepte sind in jahrelanger Arbeit auf dem Hintergrund der Politikvorstellungen entstanden, die Sahra Wagenknecht maßgeblich auf den Dialog mit ihrem Partner zurückführt. Er habe, sagt sie, die rechtssozialdemokratische PDS im Konstitutionsprozess der Linken zu einer linkssozialdemokratischen Partei gemacht und – für Sahra Wagenknecht ist es mehr als ein nebensächliches Detail – sie selbst aus ihrer »kompletten Außenseiterrolle herausgeholt«, die sie bis dato innehatte. In der Linken spürt sie zum ersten Mal auf breiterer Basis Akzeptanz und die Möglichkeit, für ihre bislang recht allein vertretenen Positionen Zustimmung zu gewinnen. Die marxistisch kompromisslose »Ostfrau« Sahra Wagenknecht mutiert mit dem Prozess der Parteigründung an der Seite ihres neuen Lebenspartners zu einer modernen linken Politikerin, die einerseits im ungeliebten Europaparlament gerade erst dabei ist, sich das Handwerkszeug einer Parlamentarierin anzueignen, gleichzeitig aber in jungen Jahren eine Fähigkeit gewinnt, die viele ihrer Kollegen selbst am Ende ihrer Karriere vermissen lassen: die Fähigkeit, von sich selbst Abstand zu nehmen, die eigene Geschichte neu zu reflektieren und zu kritisieren.

Zurück nach Berlin

Wie sehr sie ihre bisherigen politischen Vorstellungen revidiert hat, zeigt ein für ihre Karriere richtungweisender Entschluss: 2008 gibt Sahra Wagenknecht bekannt, ihre Präsenz im Europaparlament nach einer Wahlperiode zu beenden, und erklärt ihr Interesse an einer Kandidatur für den Deutschen Bundestag. Politische Entscheidungen von Gewicht könnten, so meint sie, nur in Berlin getroffen werden. »Das europäische Parlament ist etwas für Leute, die Geld verdienen wollen und nichts bewirken. Im Bundestag entstehen Gesetze und dort entstehen Papiere …« Die nächsten Europawahlen finden im Juni 2009 statt, die Bundestagswahl ist für den Herbst desselben Jahres angesetzt. Diesmal müsste sie nicht um einen guten Listenplatz für das Europäische Parlament kämpfen: Er wird ihr vom Parteivorstand explizit angeboten. Einige ihrer Genossen legen ihr wortreich nahe, doch das europäische Engagement zu verlängern. Immer noch gibt es in der Linken eine mächtige Fraktion, die sie lieber in

Brüssel und Straßburg als in Berlin sähe. Aber Sahra Wagenknecht lässt sich nicht beirren, und was folgt, ist ein Hickhack um Wahlkreise und Listenplätze: Zunächst wird der Wahlkreis Mettmann ins Spiel gebracht, wo sie gegen den Bundesfinanzminister Peer Steinbrück antreten könnte, zu dem sie »absolut gegensätzliche Positionen« vertritt: »eine ausgesprochen interessante Konstellation«, wie sie der *Berliner Zeitung* selbstbewusst mitteilt.[13] Doch daraus wird nichts. Die Ortsvereine sind nicht eingebunden und fürchten, Wagenknecht könnte zu sehr polarisieren. Als die Überlegungen bekannt werden, titelt die *Westdeutsche Zeitung* gar: »Bundestagswahl 2009 in Mettmann: Ein Hauch von Stalinismus«.[14] Ihr altes Image klebt wie Pech an Sahra Wagenknecht. Auch Essen als möglicher Ort einer Kandidatur zerschlägt sich. Schließlich wird sie von der Linken auf Listenplatz 9 der Landesliste Nordrhein-Westfalen eingeplant, was nach Lage der Dinge wahrscheinlich den Einzug in den Bundestag verhindern würde. Sahra Wagenknecht gibt sich damit nicht zufrieden, längst hat sie gelernt zu kämpfen: Sie bewirbt sich um Platz 5 – und setzt sich durch. Nicht zuletzt, so vermutet sie, weil sie eines der wenigen bekannten Gesichter der Partei ist.

Der Wahlabend bringt ein überraschendes Ergebnis: Die SPD, die sich vier Jahre vorher noch ein Kopf-an-Kopf-Rennen mit der CDU geliefert hatte, erlebt den größten Einbruch in ihrer Geschichte: 23 Prozent. Damals ein Desaster, derzeit beinahe schon ein Wunschergebnis. Die Linkspartei erzielt mit 11,9 Prozent das – bis heute – beste Ergebnis auf Bundesebene. Von den errungenen 76 Sitzen sind bemerkenswerterweise 16 Direktmandate – alle in den neuen Bundesländern. Das gute Gesamtergebnis aber geht aufs Konto der »Westerweiterung« der Partei. Sahra Wagenknecht zieht, noch unter dem Namen »Wagenknecht-Niemeyer, Sahra«, Beruf: »Autorin«, für den Wahlkreis 108: Düsseldorf II in den Bundestag ein.[15]

Im Hause Wagenknecht-Lafontaine wird die Freude über den politischen Erfolg jedoch stark getrübt: Noch im Oktober gibt Oskar Lafontaine bekannt, dass er nicht wieder für den Fraktionsvorsitz kandidieren werde. Im November, dass er an Prostatakrebs leide und sich einer Operation unterziehen müsse, von deren Erfolg auch sein weiteres politisches Engagement abhänge. Es ist eine schwierige Phase, nicht nur, was die private Sphäre anbelangt. Etwa zur selben Zeit berichten Medien von einer groß angelegten Bespitzelungsaktion auf den bekannten Politiker. Von mehreren Detekteien ist die Rede, die Lafontaine und in der Folge auch Wagenknecht 2007 ins Visier genommen haben sollen. Auftraggeber unbekannt.[16] Hinzu kommt, dass seit der Parteigründung die Bundestagsfraktion der Linken sowie zahlreiche Mitglieder vom Verfassungsschutz beobachtet werden. Sahra Wagenknecht ist eine derjenigen, die nicht zuletzt in ihrer Funktion als Wortführerin der Kommunistischen Plattform auf der Liste stehen; erst 2014 wird die Beobachtung enden.[17] Was jedoch Ende 2009 für das Paar Priorität hat, ist Oskar Lafontaines Genesung. Im folgenden Jahr tritt er vom Parteivorsitz der Linken zurück, den er seit der Gründung gemeinsam mit Lothar Bisky innehatte, und legt sein Bundestagsmandat nieder. Seither ist Oskar Lafontaine zwar immer noch auf Landesebene politisch tätig: als Fraktionsvorsitzender der saarländischen Linken und Oppositionsführer im Saarbrücker Landtag. Aber zu einer gemeinsamen Zeit im Bundestag ist es für das Paar Wagenknecht-Lafontaine nicht gekommen.

Eine der Folgen von Lafontaines Ausscheiden ist, dass Gregor Gysis Stellung in Partei und Fraktion zwangsläufig stärker wird. Der Charme der west-östlichen Parteineugründung war in ihrer Anfangsphase nicht zuletzt der Fraktions-Doppelspitze Gysi/Lafontaine geschuldet: eine Konstellation, in der sich zwei geschickte, rhetorisch begabte Politiker völlig anderer Herkunft und Ausrichtung als gleichrangige Partner präsentieren konnten, die, solange sie einträchtig agierten, für die unterschiedlichen Flügel der Partei Ansprechpartner und Identifikationsfiguren waren. Eine Zeit lang sorgte dieses Arrangement tatsächlich dafür, dass die Meinungsverschiedenheiten nicht allzu deutlich wurden. Jedenfalls nach außen. Die Werbewirkung des – letztlich sehr ungleichen – Duos ist gerade im Wahlkampf 2009 nicht zu unterschätzen. Zugleich ist es, nicht nur politische Positionen betreffend, eine fragile Konstellation. Was nicht zuletzt mit Sahra Wagenknecht zusammenhängt. Dass sie nun mit dem Partei- und Fraktionsvorsitzenden liiert ist, lässt sich innerparteilich nicht geheim halten. Und Sahra Wagenknecht ist in mindestens zweierlei Hinsicht für Gregor Gysi, den starken Mann der Linken, ein

Problem. Zum einen verbindet die beiden die ungute langjährige Erfahrung ihrer innerparteilichen Differenzen, die schon recht früh eine starke persönliche Note bekommen hatten. Zum anderen ist dadurch, dass Gregor Gysi bei jeder Auseinandersetzung mit Wagenknecht Lafontaine als Einflüsterer im Hintergrund vermuten muss, eine neue Konfliktlinie entstanden. Hinzu kommt die Dimension der öffentlichen Wirkung. Gysi war über viele Jahre *der* Ostpolitiker, der für die Transformation des alten DDR-Sozialismus in eine gesamtdeutsche linke Partei stand: Schließlich war er Mitglied und Vorsitzender der SED, deren Umwandlung er maßgeblich mitbestimmt hatte, sowie der PDS und hatte als Fraktionsvorsitzender später auch in der Linken eine Führungsrolle inne. Diese außergewöhnliche Karriere sicherte ihm, zusammen mit seinem Witz und einer medienwirksamen Schlagfertigkeit, einen festen Platz auf der Bühne, die trotz des großen Einflusses der sozialen Medien immer noch maßgeblich über Erfolg oder Misserfolg von Politikern und Parteien bestimmt: den TV-Foren.

Dass ausgerechnet seine innerparteiliche Gegenspielerin, Sahra Wagenknecht, immer stärker im Medium Fernsehen wahrgenommen und gefeiert wurde, machte das Verhältnis nicht besser und färbte wiederum auf seine Beziehung zu Oskar Lafontaine ab – auch wenn Gregor Gysi in seiner Autobiografie hervorhebt: »Oskar Lafontaine und ich arbeiteten gut zusammen.« Dies lag nicht zuletzt an einer Arbeitsteilung, die auch die öffentliche Präsenz berücksichtigte. »Bei den sogenannten Elefantenrunden im Bundestag – Debatten mit Bundeskanzlerin und Fraktionsvorsitzenden – wechselten wir einander ab.«[18] Was die politischen Inhalte anging, hatte Lafontaine vorgeschlagen, so stellt es Gysi in seiner Autobiografie dar, dass er vornehmlich die Zuständigkeit für Außenpolitik innehaben sollte, während Lafontaine sich um das Ressort Wirtschafts- und Steuerpolitik kümmern wollte. Darauf angesprochen, beginnt Oskar Lafontaine zu lachen. Niemals hätte er Gregor Gysi die Außenpolitik überlassen, »einem Mann, der schon in der PDS für UN-mandatierte Interventionskriege war, unmöglich«. Dass Gysi später für Waffenlieferungen an die Kurden plädierte, passe ins Bild. Gysi dagegen hält fest:

»Es funktionierte. Erstaunlich, wie sehr man sich im Dienste eines wichti-
gen Vertrauensverhältnisses zurücknehmen kann. [...] Wir fanden eine gute,
funktionierende Arbeitsteilung – wenngleich die Widersprüche in der Frak-
tion zunahmen. Es gab Widersprüche zwischen Ost und West; wer aus Ge-
werkschaftsfunktionen kam, brachte ebenfalls eine eigene Denkweise mit, die
nicht von allen geteilt wurde. Und dann gab es jene, die Linkssein an eine ge-
wisse Radikalität binden, die mitunter einfach nur Enge bedeutete – diese ge-
setzt gegen die sogenannten Reformer.«[19]

Mit Oskar Lafontaines Rückzug aus der Bundestagsfraktion verändert
sich die Lage. Zeitgleich mit seinem Abschied von Berlin tritt Sahra
Wagenknecht – zweifellos eine von denen, die in Gysis Augen »Linkssein
an eine gewisse Radikalität binden« – erstmals bundespolitisch auf und
verschafft sich schnell einen wichtigen Platz in der Partei. 2010 wird sie
zur stellvertretenden Parteivorsitzenden gewählt – ein Posten, mit dem
Gregor Gysi leben kann. Ist er doch nach dem Verzicht Lafontaines seit
2009 alleiniger Fraktionsvorsitzender und hat persönlich verhindert,
dass das bewährte Modell der Doppelspitze neu aufgelegt wird. Wahrscheinlich wäre für ihn die Vorstellung geradezu unheimlich, nicht nur
seine alte Kontrahentin Wagenknecht als gleichberechtigte Partnerin neben sich zu wissen, sondern mit ihr auch noch die Lebensgefährtin seines ehemaligen Co-Vorsitzenden – besonders, da zu diesem Zeitpunkt
klar wird, dass das »gute Vertrauensverhältnis« in zentralen Punkten
brüchig geworden ist.

Sahra Wagenknecht aber hat nun mit dem Bundestag die Bühne,
auf der sie sich erstmals als handelnde Politikerin in Szene setzen kann,
zumal sie seit ihrem Mandatsgewinn auch als wirtschaftspolitische
Sprecherin ihrer Partei fungiert. War es bis dahin ihre mit den Jahren
erworbene persönliche Prominenz als druckreif redende und vom politischen Mainstream abweichende attraktive Ausnahme-Linke, die sie
in die Talkrunden und Magazine brachte, so ist es jetzt ihre Rolle als
kämpferische Parlamentarierin. Im folgenden Jahr, 2011, wird sie sogar
zur Ersten stellvertretenden Fraktionsvorsitzenden gewählt: ein klares
Zeichen dafür, dass ihr Rückhalt in der Linkspartei größer ist als je-

mals in der PDS. Doch nicht alle Genossen sind begeistert von ihrem Aufstieg.

In der Partei verschärfen sich nach dem unerwartet guten Wahlergebnis die Fronten, bislang unter dem Deckel gehaltene Differenzen treten offen zutage. Der damalige Fraktionsvorsitzende notiert: »In der Fraktion [...] wuchs die verbale Schärfe, es wurde mehr und mehr auch gebrüllt. Unterschwellig spürten alle, dass sich Grundsatzfragen der Partei angestaut hatten und ein landläufiger Reflex eingetreten war. Man stritt über Richtungen und Prinzipien, kleidete das aber mit gesteigerter Häufigkeit, bis hin zur Verbitterung, in eine Diskussion auch um Personalfragen.«[20]

Ob es nun tatsächlich die Sachfragen sind, die hier verhandelt werden, oder nicht vielmehr doch »Personalfragen«, nämlich persönliche Zu- und Abneigungen dominieren, sei dahingestellt. Unstreitig ist jedoch, dass sich in der ersten Legislaturperiode der neu gegründeten Linkspartei auch die innerparteilichen Lager neu – und zwar nicht nur »sachbezogen« – sortieren. Auswirkungen hat dieses veränderte Klima auch auf das Verhältnis der beiden alten Parteigranden, ungeachtet des Rückzugs Oskar Lafontaines aus der Bundespolitik und weitgehend auch aus den parteiinternen Auseinandersetzungen. Anlass und Grund für die zunehmende Spannung zwischen den beiden: Sahra Wagenknecht. Gregor Gysi hat es so dargestellt:

»Auf dem Göttinger Parteitag 2012 versuchte Oskar Lafontaine mich davon zu überzeugen, ab Herbst 2012 den Fraktionsvorsitz mit Sahra Wagenknecht zu teilen. Dazu war ich nicht bereit, was ihn erneut enttäuschte. Aber dem Vorschlag konnte ich nicht zustimmen. Keinerlei Lust verspürte ich, die ohnehin belasteten Auseinandersetzungen in der Partei nun auch noch direkt in die Spitze der Fraktion zu holen. Außerdem befürchtete ich aus Erfahrungen mit Sahra Wagenknecht, dass sie für die sogenannte Kärrnerarbeit in der Fraktion kaum zur Verfügung stehen würde, seien es nun Arbeitskreise, Vorlagen, Vorstandssitzungen oder Fraktionsversammlungen. Eine Erleichterung in der Alltagsarbeit hatte ich also nicht zu erwarten, Oskar Lafontaine gab sich gar nicht erst die Mühe, das zu entkräften. Aber er verwies auf die*

*wichtige, unverwechselbare Außenwirkung ›seiner‹ Kandidatin. Mein Ein-
wand, diese Qualität Sahra Wagenknechts könne sich auch weiterhin in den
zunehmenden Medienauftritten und den stark akzentuierten Reden im Bundestag offenbaren, wollte er nicht akzeptieren. Die Spannungen zwischen uns
stiegen also.«[21]*

Damit konfrontiert, sagt Oskar Lafontaine, er habe bei seinem Votum für
Sahra Wagenknecht als Spitzenkandidatin vor allem die Bundestagswahl
2013 im Blick gehabt, und sieht sich nachträglich bestätigt: »Das Ergebnis
war entsprechend. Die Linke stürzte von 11,9 auf 8,6 Prozent ab.« Unklar,
ob es der entscheidende Faktor war. Interessant jedoch das Bild, das Gregor
Gysi benutzt, um seine innerparteiliche Konkurrentin zu diskreditieren. In
seiner Einschätzung Sahra Wagenknechts schwingt ein Ressentiment mit,
das sie ihr ganzes politisches Leben begleitet: das Vorurteil gegenüber Intellektuellen, die sich ins Feld der politischen »Kärrnerarbeit« wagen. Dabei geht es weniger darum, welche Leistungen im Rahmen der geforderten
Arbeit tatsächlich erbracht, sondern wie sie wahrgenommen und interpretiert werden. Sahra Wagenknecht, das machen Gregor Gysis Bemerkun-
gen deutlich, erfüllt für ihn das Bild der tatenarmen Theoretikerin, die sich
nicht an der Basisarbeit beteiligt, dafür aber bei ihren Auftritten öffentlich
feiern lässt.

Hinter den Kulissen

Wir alle kennen die Szene: Talkshow zu einem politischen Thema, die Runde der Teilnehmer wird vorgestellt. Unter ihnen Sahra Wagenknecht: Sie
sitzt aufrecht, mit geradem Rücken, das rechte Bein über das linke geschlagen, die Hände locker im Schoß liegend, und blickt aufmerksam und zu-
rückhaltend freundlich in die Kamera. Sie trägt eines ihrer typischen Kostüme, selbst die Ohrringe könnte man aus dem Gedächtnis zeichnen. Als
Frage bleibt: mit oder ohne Halskette?

Während der Sendezeit wird sie ihre Haltung kaum verändern, vielleicht ein Beinwechsel, und natürlich kommen die Hände beim Reden ins Spiel. Überraschenderweise bleiben selbst Blick und Mimik fast immer gleich: Der sichtbare Affekt bei den Statements ihrer Gesprächspartner, die ihr nicht nur furchtbar falsch, sondern verwerflich erscheinen müssen, reicht meist über ein Kopfschütteln und eine etwas tiefere Faltenbildung über der Nasenwurzel nicht hinaus.

Natürlich denken viele, was Konflikte in solchen Situationen angeht, sofort an Wagenknechts absolute Spitzenleistung in Sachen Selbstdisziplin. Das Stillhalten bei der grotesken Attacke von Markus Lanz im Jahre 2014. Assistiert vom Journalisten Hans-Ulrich Jörges gebärdete sich der Gastgeber seiner gleichnamigen Talkrunde als »wildgewordener Kleinbürger«, »grenzüberschreitend«, »unhöflich, aufdringlich und laut«.[22] Aber: Ist, was Sahra Wagenknecht hier an den Tag legt, wirklich Selbstdisziplin? Die lexikalische Auskunft bezeichnet diese umständlich als »Selbststeuerungskompetenz, die eine konsequente Zielverfolgung unterstützt, wenn diese durch konkurrierende Ziele oder andere Bedürfnisse gefährdet erscheint«.[23] Es geht demnach darum, sein Verhalten um des Zieles willen so zu zügeln, dass dieses nicht beschädigt wird, mithin ein instrumentelles, kontrolliertes Verhalten. Man könnte es auch so formulieren: Die Mittel sollen dem Zweck untergeordnet werden. Wenn Sahra Wagenknecht bei den Angriffen ausgerastet wäre, geschrien oder gar die Runde verlassen hätte, wäre es ihr Schaden gewesen. Obwohl ihre Empörung, ihre Wut über die Unverschämtheit der Attacken groß war – am liebsten hätte sie Lanz geohrfeigt, gibt sie später zu[24] –, hat sie sich beherrscht. Der Affekt war also da – und offenbar mächtig. Aber er wurde nicht »hinausgelassen«. Er blieb eingesperrt. Für das, was sie in der Talkshow erlebte, erfährt sie viel Solidarität, für die Haltung, mit der sie die Situation meisterte, heftigen Zuspruch: Sie erhält mehr als 3 000 Mails, die meisten voller Bewunderung. Dabei hat Sahra Wagenknecht weniger ein strategisches Verhalten an den Tag gelegt, keine Zweck-Mittel-Abwägung. Sondern was bei *Markus Lanz* offenbar wird, ist die genuine psychische Ökonomie ihres Lebens. Es braucht mehr und anderes, um den in ihr sitzenden Affekt zu entbinden.

Wo möchten Sie leben?	*In Silwingen, dem kleinen saarländischen Dorf, in dem ich wohne.*
Was ist für Sie das vollkommene irdische Glück?	*Eine erfüllte große Liebe.*
Welche Fehler entschuldigen Sie am ehesten?	*Naivität, Unreife, Übereifer.*
Was ist für Sie das größte Unglück?	*Einsamkeit.*
Ihre liebsten Romanhelden?	*Anna Karenina, Adrian Leverkühn.*
Ihre Lieblingsgestalt in der Geschichte?	*Richelieu.*
Ihre Lieblingsheldinnen/-helden in der Wirklichkeit?	*Unsere Zeit kennt Helden nur noch unter den Namenlosen.*
Ihr Lieblingsmaler?	*Michael Triegel.*
Ihr Lieblingsautor?	*Goethe.*
Ihr Lieblingskomponist?	*Beethoven.*
Welche Eigenschaften schätzen Sie bei einer Frau am meisten?	*Anstand und Verlässlichkeit.*
Welche Eigenschaften schätzen Sie bei einem Mann am meisten?	*Anstand und Verlässlichkeit.*
Ihre Lieblingstugend?	*Beharrlichkeit.*
Ihre Lieblingsbeschäftigung?	*Lesen, Schreiben, Radfahren, Träumen, Genießen.*
Wer oder was hätten Sie gern sein mögen?	*Jemand, der sich nie aus der Bahn werfen lässt.*
Ihr Hauptcharakterzug?	*Zielstrebigkeit.*
Was schätzen bei Ihren Freunden am meisten?	*Ehrlichkeit.*
Ihr größter Fehler?	*Gutgläubigkeit.*

Ihr Traum vom Glück?	*In Zweisamkeit und Geborgenheit leben, ungestört lesen, nachdenken und schreiben können, jeden Tag ausgeschlafen sein.*
Was wäre für Sie das größte Unglück?	*Meine große Liebe zu verlieren.*
Was möchten Sie sein?	*Eine Schriftstellerin, deren Bücher gesellschaftliche Debatten auslösen.*
Ihre Lieblingsfarbe?	*Blau.*
Ihre Lieblingsblume?	*Schneeglöckchen.*
Ihr Lieblingsvogel?	*Die Blaumeise.*
Ihr Lieblingsschriftsteller?	*Thomas Mann.*
Ihr Lieblingslyriker?	*Heine.*
Ihre Helden der Wirklichkeit?	*Menschen, die sich treu bleiben und sich auch von widrigen Umständen nicht brechen lassen.*
Ihre Heldinnen in der Geschichte?	*Rosa Luxemburg, Frida Kahlo.*
Ihre Lieblingsnamen?	*Laura, Moritz.*
Was verabscheuen sie am meisten?	*Hinterhältigkeit, Falschheit, Intrigantentum.*
Welche geschichtlichen Gestalten verabscheuen Sie am meisten?	*Talleyrand, Diederich Heßling, Geheimdienstspitzel.*
Welche Reform bewundern Sie am meisten?	*Die Entstehung des Sozialstaats.*
Welche natürliche Gabe möchten Sie besitzen?	*Die Fähigkeit, virtuos Klavier oder Violine zu spielen.*
Wie möchten Sie gern sterben?	*Im Schlaf, ohne Vorwarnung.*
Ihre gegenwärtige Geistesverfassung?	*Endlich wieder bei mir.*
Ihr Motto?	*Es gibt kein richtiges Leben im falschen.*

Sahra Wagenknechts Antworten im berühmten Proust-Fragebogen, 2019

»Sie kann nicht aus sich hinausgehen« lautet die Standardformulierung für solches Verhalten. Das Image der Gefühlsarmen, ja, Kalten haftet an ihr, seit sie eine öffentliche Person ist. Und ihre Talkshow-Auftritte scheinen das zu bestätigen. Dass Sahra Wagenknecht in Wirklichkeit eine andere ist, wissen ihre Freunde. Hinter der scheinbar bis ins Letzte kontrollierten Fassade schlummern starke Emotionen. Nicht umsonst gibt sie in dem berühmten Proust-Fragebogen an, die Eigenschaften »Anstand und Verlässlichkeit« bei ihren Mitmenschen am höchsten zu schätzen – und legt selbst genau diese Charakterzüge bei ihrem emotionalen Engagement an den Tag. Man kann sich nicht nur auf das verlassen, was sie verspricht, sondern auch auf die Konstanz ihrer Gefühle. Nur wirkt sie auf den ersten Blick eben nicht wie ein »Vulkan«. Immer wieder muss ich in unseren Gesprächen an das denken, was ihre Lehrerin gegenüber Sahra Wagenknechts Mutter geäußert hat: Sahra säße zwischen den gleichaltrigen Mitschülern wie eine Alte unter Kindern. Heute mutet es manchmal fast umgekehrt an. Auch wenn die starke Zurückhaltung nach wie vor vorhanden ist, von der ihre Lehrerin sprach: Bei genauerem Hinschauen bemerkt man selbst in vielen öffentlichen Situationen eine kindliche Erstauntheit. Ihr alter Freund und Berater Thomas Städtler hat als »einen der ersten Eindrücke bei unserem ersten Treffen […] eine Mischung aus Naivität und ganz klarem, tiefem Wissen« in Erinnerung behalten. Und er konkretisiert sein über viele Jahre der Freundschaft gewonnenes Bild der Person so: »Sie ist ein Mensch, der sehr erwachsen wirkt und gleichzeitig noch etwas Kindliches hat. Darin sehe ich jetzt etwas Konflikthaftes oder Paradoxales angelegt. Aber ich glaube, die erwachsene Person geht sehr bestimmt nach vorne, kann sehr bestimmt formulieren und weiß auch auf der ersten Ebene, was sie will. Aber das Kind in ihr eilt hinterher und schaut links und rechts. Und beide hoffen, dass sie sich irgendwo dann treffen und längere Zeit mal unterhalten können.«

Es ist diese Mischung aus erwachsener, geschliffener intellektueller Rationalität und kindlich-naivem Staunen, die Sahra Wagenknecht ausmacht – und die meist übersehen wird. Oder falsch beurteilt. Für viele Menschen sind diese beiden Seiten nicht zusammenzubringen. Dabei ist die Verbindung des Konträren bei ihr sogar hörbar. Ihre engen Freunde und Vertrauten wissen davon, und wer jemals der »privaten« Sahra Wagenknecht nahekommt, wird es ebenfalls bemerken: Sie verfügt – je nach Situation – über zwei ganz unterschiedliche Stimmen und lässt im Privaten einen Tonfall zu, den man nur schwer mit der öffentlichen Person in Verbindung bringen kann. Thomas Städtler hört und kennt ihre »andere Stimme« seit vielen Jahren: »Die eine ist die in offiziellen Zusammenhängen sich artikulierende Stimme, die im Fernsehen, die andere, die ich privat öfters erlebt habe, eine sehr mädchenhaft Stimme, während die offizielle Stimme deutlich dunkler, tiefer ist. Also, in gewisser Weise zeigt sich auch in diesen zwei Stimmen diese Spannung zwischen einer gewissen Kühle in der Argumentation und einer Herzlichkeit im menschlichen Umgang. Insbesondere dann, wenn sie das Gefühl hat, sich offen geben zu können und sich nicht schützen zu müssen.«

Und das ist selten genug der Fall. Nicht zuletzt aufgrund der immensen öffentlichen Aufmerksamkeit, die ihr zuteil wird und die sie selbst auch sucht. Wenn es etwas gibt, das in den letzten Jahren ein zentrales Element für Sahra Wagenknecht geworden ist, dann das Bedürfnis, sich und ihre Privatsphäre zu schützen. Ein Verlangen, das sie bereits aus ihrer Kindheit kennt. Spätestens mit Beginn ihrer Beziehung zu Oskar Lafontaine ist es wieder aufgetaucht und stärker denn je. Nur wenige Menschen werden in den inneren Kreis vorgelassen. In diesem Rahmen bespricht sie Themen, zu denen sie nicht im TV gefragt wird, die sie bewusst aus dem öffentlichen Diskurs heraushält. Dann öffnet sich eine Tür, wie diejenigen bestätigen, die mit ihr regelmäßig zu tun haben.

Die von Städtler ausgemachte »Mischung« Sahra Wagenknechts hat sich indes in der Vergangenheit gewandelt. Unverkennbar ist ihre ursprüngliche Tendenz zum Monumentalen zurückgegangen. Sind es nicht immer die »Größten«, die für sie den Maßstab in Kunst und Philosophie setzen? Goethe, Beethoven, Hegel. Malerei, sagt sie, solle »überwältigen« – und hat dabei die Renaissancekünstler vor Augen, die sie als junge Frau vor allem in der St. Petersburger Eremitage bewunderte. Es ist wohl nicht zuletzt einmal mehr die Beziehung zu Oskar Lafontaine, die dieses Raster verschoben hat.

Sahra Wagenknechts Kindheitsfreundin Beate hegt, die Sachlage von außen betrachtend, aber mit dem guten Blick der Altvertrauten, die Vermutung, die Beziehung zu Oskar Lafontaine, »vermenschliche« Sahra. Obwohl sie vor allem seine politische Bedeutung und Intellektualität wahrnimmt und ihn von Aussehen und Auftritt gar dem »Typ Goethe« zurechnet, ist sie der Meinung, er habe Wesentliches an ihrer Kindheitsfreundin verändert. Tatsächlich kann man bei Sahra Wagenknecht eine größere emotionale Freiheit spüren, wenn die beiden als Paar auftreten. Lafontaines Gelassenheit und Spontaneität geben ihr Sicherheit und färben ab. Schon wenn sie gemeinsam öffentlich Termine absolvieren, ist es zu bemerken. Und wer die Chance hat, das Paar zu Hause in Silwingen zu erleben, kann sich der emotionalen Dichte dieser Beziehung nicht entziehen.

Mit Oskar Lafontaine haben sich – eine letzte »westliche Wendung« in Sahra Wagenknechts neuem Leben – auch ihre Gewohnheiten und Vorlieben verändert. Französische Chansons zum Abendessen sind für sie so neu wie die Entdeckung des portugiesischen Fado oder – das Kochen. Die ehemalige Meisterin in Sachen Tütensuppen und Haferflocken hat an der Seite ihres Mannes Lust daran gefunden, mit dem Kochlöffel in der Hand kulinarisches Neuland zu betreten. »Spaghetti à la Oskar«, mittlerweile deutschlandweit bekannt, ist aber immer noch ihre Lieblingsspeise, eine Soße »mit frischen Tomaten und spannenden Gewürzen«[25]. Wer im Leben Sicherheit spürt, kann sich auf Entdeckungsreise begeben. Und sogar versuchen, sich im Tanzen zu üben. Das, was ihr früher ähnlich problematisch erschien wie der militärische Gleichschritt, hat sich ihr in der Liebesbeziehung neu erschlossen.

Bei keinem Politiker Deutschlands spielt die vermeintliche Differenz zwischen Öffentlichem und Privatem wohl eine größere Rolle als bei ihr. Und wer weiß: Ist es nicht genau diese Differenz, die politisch sexy ist? Denn sie erlaubt, sich nicht nur ein Bild, sondern zwei Bilder von der Person zu machen.

Einer, der täglich beide Facetten zu sehen bekommt, ist Dietmar Fischer, ihr Fahrer, der vorher allen Parteigranden: Brie, Gysi, Bisky, Zimmer und ja, auch Oskar Lafontaine als, wie er sagt, »Kutscher« gedient hat. Als er 2012 vom neuen Auftrag erfuhr, nun auch die stellvertretenden Parteivorsitzenden – und also auch Sahra Wagenknecht – zu chauffieren, war ihm dies zunächst alles andere als recht. Zwar hat er, selbstverständlich selber langjähriges Mitglied der Partei, von Anfang an den Mut bewundert, mit dem die junge, kompromisslose Frau die politische Bühne enterte. Aber ihre radikale Position hat er nie geteilt. Ausgestattet mit dem von vielen in der Partei gehegten Bild, war er nicht glücklich, nun fast täglich und viele Stunden mit der vermeintlich schwierigen Person verbringen zu müssen. Die Lage hat sich schnell geändert, insbesondere seitdem er, nach ihrer Wahl zur Fraktionsvorsitzenden im Oktober 2015, ihr exklusiver Kutscher ist. Der waschechte Berliner, der jede der Veranstaltungen besucht, zu der er Sahra Wagenknecht fährt, lässt es sich nicht nehmen, auf der Rückfahrt auch seine persönlichen Eindrücke und Kritiken zum jeweiligen Termin zu äußern. Und schnell merkt er, wie aufgeschlossen sein Fahrgast darauf reagiert. Auf den gemeinsamen Fahrten entspinnen sich lebhafte Diskussionen über ihre Auftritte – nicht immer einvernehmlich, aber stets »auf Augenhöhe«. Und etwas, für einen Fahrer keine Marginalie, unterscheide sie von allen anderen, die er bislang fahren durfte: Sie bezahlt persönlich die Strafzettel und Bußgelder, die oft dadurch entstehen, dass sie zu spät von ihren Terminen kommt.

Wenn sie nicht miteinander reden, arbeitet seine Chefin im Fond des Wagens. Dietmar Fischer bewundert, wie intensiv sie vor allem ihre E-Mail-Post beantwortet. Und er verrät ein Geheimnis: Jahre vorher, als er Oskar Lafontaine im Wahlkampf 2005 fuhr, war er überrascht, dass er von ihm als Erstem und Einzigem seiner Fahrgäste nicht die übliche Suada der Kritik an Wagenknecht zu hören bekam, die alle seine vorherigen Passagiere geäußert hatten. »Die muss man gewinnen. Das ist ein politisches Talent. Und da habt ihr nicht viele!« Nach Fischers Erinnerung Sätze, die noch vor der gemeinsamen Pressekonferenz 2005 gefallen sind, in der sich Lafontaine und Wagenknecht persönlich kennenlernten.

Beeindruckend findet Fischer insbesondere Wagenknechts Veranstaltungen zu Goethe. Er schwärmt geradezu von ihrer Art, die Botschaft seiner Sprache und Poesie auch an ein Publikum zu vermitteln, das keineswegs mit der Politikerin Wagenknecht sympathisiert – und bezeichnet damit wohl eine der Besonderheiten Sahra Wagenknechts: die Fähigkeit, Grenzen zu überwinden. Sie, die lange Zeit die Grenzen verteidigte, die ihr notwendig schienen, das politische Programm des Marxismus zu verwirklichen – die reale Mauer zwischen Ost und West inbegriffen –, lebt und verkörpert die grenzüberschreitende Macht der Sprache und der Vision Goethes als Teil ihrer eigenen Lebenserfahrung. Dank ihrer Ausstrahlung auch jenseits ihrer umstrittenen politischen Position. Sie kann immer dann das Publikum gewinnen und in ihren Bann ziehen, wenn ihre emotionale Zuwendung zum Thema deutlich wird. Klar, dass hier Goethe eine Sonderrolle zukommt.

Fischers Wahrnehmung dieser Veranstaltungen trifft womöglich den Kern des Problems. Über die polarisierende Qualität Wagenknechts ist viel gesagt worden. Aber was macht ihre verbindende, zusammenführende Wirkung aus? Eine Hypothese galt dem Zusammenspiel von Wortgewalt und Schüchternheit. Die Beobachtungen ihres Fahrers bringen noch eine andere Komponente ins Spiel. Ist es möglicherweise das situative Aufblitzen von tiefen Emotionen im Rahmen einer forciert vorgetragenen Rationalität? Und ist es nicht genau das, was wir uns von »Politik« erhoffen: mit den Mitteln rationalen Handelns den Weg für unsere Wünsche, für das freizumachen, was nicht in exakt durchgerechnetem Planungskalkül aufgeht, sondern ein menschenwürdiges, man verzeihe das Wort: ein glückliches Leben ermöglicht? Die amerikanische Verfassung macht den »pursuit of happyness« zum grundlegenden politischen Ziel. Die Vermutung ist nicht von der Hand zu weisen, dass Menschen das politikferne Glück berührt, das sie bei einer Politikerin wie Sahra Wagenknecht in ihrem lebenslangen Umgang mit Goethe miterleben.

Sahra Wagenknecht hat in jeder Hinsicht eine *Grand Tour* hinter sich gebracht. Viele Menschen nehmen daran Anteil – man mag es als mediale Selbstvermarktung wahrnehmen und kritisieren, etwa wenn sie ihre frisch erworbenen kulinarischen Fertigkeiten wie 2018 in einer TV-Kochshow zu Markte trägt. Aber die Wahrheit ist, dass sie genau darauf achtet, wo die Grenzen liegen. Nicht wenige ihrer Parteifreunde stoßen sich an der – auch da ist Naivität im Spiel – Freude, die eigene Veränderung und Veränderbarkeit mit anderen zu teilen. Unverkennbar spielt Neid eine Rolle. Veränderung ist für alle, die sich an ein Identitätsschema klammern, eine Vorform des Verrats. Ist es ein Risiko, zu veröffentlichen, dass Sahra Wagenknecht als Lieblingsfarbe »Blau« nennt? Wahrscheinlich.

Es ist eine große Bewegung, die Sahra Wagenknecht in den fünf Jahrzehnten ihres Lebens vollzogen hat. Vom vaterlosen Kind zur gemobbten »Chinesin« zur Geliebten Goethes in Originalkluft; von der radikalen Verteidigerin des »realen Sozialismus«, dem »roten Tuch« in der PDS zur radikaldemokratischen Erneuerin des linken Spektrums; von der Philosophin zur Ökonomin; von der Aussätzigen zur Hoffnungsträgerin. Und: von der Sekretärin zu einer der prominentesten öffentlichen Personen des Landes. Wobei sie selbst im Gespräch mit mir über diesen Abschnitt ihrer Geschichte anmerkt:»Ich eigne mich halt nicht zur Sekretärin«, und man meint den Schauder zu spüren, der ihr bei der Erinnerung an diese Erfahrung eines für sie durch und durch falschen Lebens über den Rücken läuft. »Aber zur Generalsekretärin«, antworte ich – und Sahra Wagenknecht lacht und lacht …

Goethe und die Lust, eine andere zu sein

2012 geht zur Faschingszeit ein Bild durch die Presse: Joséphine alias Sahra Wagenknecht an der Seite von Napoleon Bonaparte (aka Oskar Lafontaine). Entspannt, gut gelaunt und mit offenen Haaren präsentiert sie sich bei der Fernsehsitzung der Saarbrücker Karnevalsgesellschaft als große Liebe des kleinen französischen Generals. Drei Jahre später überrascht die Politikerin bei der Verleihung des »Ordens wider den tierischen Ernst« als perfektes Double von Prinzessin Leia aus *Star Wars*. Gehüllt in ein weißes Gewand und mit stilecht geflochtenem Haar eröffnet sie die Festsitzung und trotzt einem eher kühlen Empfang, wobei sie selbstironisch hervorhebt, dass »der eine oder andere im Saal sie lieber in einer anderen Galaxie sähe«.[26] Schon 2013 wiederum lässt sie sich, nach langem Zögern, von der Illustrierten *Gala* zu einem Fotoshooting der besonderen Art überreden: In opulenter Kulisse und mit prächtigen Kostümen inszeniert man sie als Malerin Frida Kahlo. Eine sicherlich reizvolle Verwandlung für eine wie Wagenknecht, gilt die Mexikanerin doch als ein *role model* gerade jener Linken, die Feminismus, Kunst und

Eigensinn positiv besetzen und zudem Exotismus und Leiden attraktiv finden.

Scheinbar unberührt von unvermeidlicher Häme, dem Belächeltwerden und der Kritik, sich an die »kapitalistische Presse« zu verkaufen, frönt Sahra Wagenknecht ihrer Lust am Verkleiden und Rollentausch, setzt ein Spiel mit verschiedenen Realitäten fort, das früh schon in ihrem Leben seinen Anfang nahm: Bereits als Kind lässt sich Sahra – eine Reminiszenz an den verlorenen Vater – von der Mutter orientalisch wirkende weiße Gewänder nähen, schreibt darauf in Goldschrift und auf Persisch Verse des Dichters Hafis und posiert vor dem Spiegel. Später testet sie mit ihren Verkleidungen andere Bereiche aus: Zunächst, im Bemühen, sich der Außenwelt zu nähern, versucht sie sich in einer Etüde der »Normalität«: brave Zöpfe – nachdem sie sich im Spiegel für zu dick empfunden und daraufhin gezielt und diszipliniert abgenommen hatte. Vielleicht auch dies ein Spiel, sicher aber nur eine Phase, die schnell von einer radikal anderen abgelöst wird. Sahra in Punkfrisur und passendem Outfit. Letztlich auch eine Zeit der Verkleidung, das Ausprobieren einer neuen Rolle, mit den einschlägigen Accessoires als Eintrittsbillet. Gerade diese Zeit, ein bewusst gewähltes, intentionales Außenseitertum, macht das »Spielerische«, das Inszenierte ihrer Verwandlungen augenfällig. Weder Lebensgefühl noch Musik hat sie zur neuen Clique gezogen: Sie ist kein Punk. Es zeigt die »Künstlichkeit« dieser Periode, wenn sie sich heute an wenig mehr als eine ihr im Nachhinein unverständliche Leere ihres damaligen Lebens erinnert. Was auf den ersten Blick wie ein radikales Abenteuer, ein typisches adoleszentes Aufbegehren wirkt, ist letztlich erfahrungsleer: der »Nachbau« einer Lebenswelt.

Die erste Verkleidung indes, die ihr ein wirkliches alternatives Leben ermöglicht, das ihren Wünschen und Interessen entspricht, verdankt sie – Goethe. Als er in ihr Leben tritt, vollzieht sich eine Verwandlung, die sich nicht auf Äußerlichkeiten beschränkt. Aber trotzdem auf sie nicht verzichtet. Kaum, dass sie sich in den *Faust* verliebt hat, sucht Sahra Wagenknecht nach Möglichkeiten, seinem Schöpfer näherzukommen. Zu groß ist die Versuchung, einen bewunderten Kosmos nicht nur intellektuell nachzuvollziehen, sondern im Wortsinn erlebbar zu machen. Sahra Wagenknecht kriecht buchstäblich in das Leben am Weimarer Hof hinein. Wieder spielt die Kleidung eine zentrale Rolle: Mit einer Ausstattung, die der Mode jener Zeit nachempfunden ist, lebt sie sich in den Kreis des verehrten Dichters und Denkers ein. Es trifft sich gut, dass Goethes Geburtstag im August, der Zeit der Sommerferien, liegt. Zu diesem Ehrentag herrscht in seinem Weimarer Domizil touristischer Hochbetrieb. 1986 bewirbt sie sich um eine Stelle als Aufseherin im Goethe-Haus. Es ist ein Ferienjob ohne große Ansprüche: Sie muss darauf achten, dass sich die Besucher an die Regeln halten, keine Gegenstände berühren und nicht laut sind. Aber sie macht mehr daraus. Wenn sie angesprochen wird, bietet sie kleine Führungen durch das Haus an. Nicht ohne Witz die Episode, dass sie, die doch mit ihrem Äußeren gerade die Lebendigkeit ihrer Identifizierung zur Schau trägt, von Besuchern einmal, als sie still in einer Ecke steht, für eine historisch gewandete Puppe gehalten wird. Zur Feier des Geburtstags am 28. August gibt es jedes Jahr ein Gartenfest, ein Orchester spielt auf. Sahra wird dafür ausgewählt, dem Dirigenten einen Blumenstrauß zu überreichen. Sie wohnt in den drei Jahren, in denen sie dieser Tätigkeit nachgeht, bei ihrer Weimarer Großtante Erna, aber eigentlich lebt sie in Goethes Zeit. Es ist ein weiterer »Nachbau der Realität«, in diesem Fall beinahe erschreckend nahe an der historischen Wende angesiedelt, die sie als Katastrophe erleben wird. Zwischen Goethes 149. Geburtstag und der Maueröffnung liegen keine 15 Monate.

In der Identifizierung mit Goethe, seinem Kreis und seiner Epoche eignet sich Sahra Wagenknecht als junge Frau das letzte Mal eine Lebenswelt an, die ihr Orientierung und Sinn verschaffen soll. Zugleich taucht hier auch erstmals eine Art Programm auf, das ihr weiteres Leben bestimmen wird. Goethe, das wissen wir aus vielen Äußerungen, hatte initiale Bedeutung für ihre antikapitalistische Haltung. Ob es allerdings diese im zweiten Teil des *Faust* tatsächlich identifizierbare Einstellung war, die sie zur mimetischen Nachahmung des Zeitkolorits veranlasste, sei dahingestellt. Sicher ist: Ihre vielfältigen Einlassungen zum großen Lehrmeister ihrer Jugend belegen, dass Goethe der Erste ist, der so zu ihr gesprochen hat, dass ein neuer Ton in ihre Welt kam. Er hat es geschafft, sie aus der Sphäre ihres Vaters, in der sie sich verfangen hatte, herauszuholen: »Ich hab' damals ja persische Musik gehört, dann auch Persisch gelernt … Ich hatte ja zu der Zeit mit deutscher Literatur nichts im Sinn, kannte sie auch kaum.« Oft hat sie es selbst in Interviews erwähnt, und es ist keine leere Floskel: Goethes Bedeutung für Sahra Wagenknecht ist kaum zu überschätzen. Gleichzeitig fällt es auch schwer, sie einzuschätzen. Denn so oft sie über ihn redet, die Vokabel »Faszination« bemüht, um ihren ursprünglichen Eindruck darzustellen, und darauf vertraut, dass es im Grunde jedem ihrer Gesprächspartner genauso gegangen sein müsste: Sie äußert sich nie explizit zu den Gründen dieser Faszination. Ganz typisch in *Couragiert gegen den Strom*, in dem Goethe sogar im Untertitel auftaucht: *Über Goethe, die Macht und die Zukunft*. Hier beschreibt sie die intensive Lesephase, die mit 16 Jahren begonnen habe, so:

»Das hat mit Goethes *Faust* angefangen. Er hat mich so fasziniert, dass ich dann nahezu alles von Goethe gelesen habe, danach auch von Schiller, von Shakespeare, von den alten Griechen, schließlich sogar die französischen Dramatiker Corneille und Racine. Und von Goethe kommt man dann eben auch zur Philosophie. In Goethes Werken, noch mehr in seinen Briefen, ist die damalige Philosophie ja überall präsent, also Kant, Fichte und Hegel.«[27] Goethe wird für sie zum Türöffner für weitere Lektüren.

Um einen Eindruck von der Wucht dieser Lektüreerfahrung zu erhalten, ist eine Briefpassage an Peter Hacks aufschlussreich – inklusive all der Schwärmerei und stilistischen Anverwandlung, zu der eine 17-Jährige fähig ist: »Das bisher bedeutungsvollste aller meiner Erlebnisse, das gleichsam den Ausgangspunkt meiner jeglichen Weiterentwicklung bildete, begegnete mir vor knapp zwei Jahren, an der Schwelle des Jahres 1986: – Ich las den *Faust*! Ich war begeistert, ergriffen – welch großes, geniales Werk.«[28] Und dies, obwohl *Faust I* Schullektüre ist, was anfangs keine große Begeisterung auslöst. Dramen, so Wagenknecht, habe sie bis dahin kaum gelesen. »Der *Faust* hat mich dann aber unglaublich gefesselt. Die zynische, schillernde und trotzdem irgendwie anziehende Figur des Mephisto. Und auch Faust in seinem Wissensdrang, aber auch in seinem Leiden daran.«[29] Nach dem ersten verschlingt die 16-Jährige sofort den zweiten Teil der Tragödie, den sie – kein Wunder – »zunächst nur zur Hälfte« versteht. Doch die Lektüre sei »der Auslöser« für ihre ersten gesellschaftlichen Fragen gewesen: »Warum sind die Verhältnisse so, wie sie sind? Warum haben sich die Menschen bestimmte Institutionen gegeben, die eigentlich für viele eher nachteilig sind? Die von nicht wenigen auch gar nicht gewollt werden? Was kann man ändern und wie kann man es ändern? Das war für mich der Zugang auch zum politischen Denken. Der *Faust* ist ja ein hochpolitisches Werk.«[30] Ein Topos, der in jedem literaturwissenschaftlichen oder philosophischen Seminar wiederholt wird. Allein, geht davon für einen Teenager tatsächlich »Faszination« aus? Sahra Wagenknecht versucht es anhand der Hauptfiguren zu erläutern: Mephisto stehe im Grunde für eine pessimistische Weltsicht, aus seiner Perspektive bekämpfen und zerstören sich die Menschen permanent gegenseitig. Dass ihn eine junge Frau, die ihre Punkphase schon Jahre hinter sich hat, trotzdem als »faszinierende Gestalt« empfindet, ist vielleicht kein Wunder. Auch wenn sie den Negativismus nicht gutheißt als eine Haltung, mit der man »sich aus der Verantwortung stehlen« könne.[31]

Ganz anders die Figur des Faust. Er ist »derjenige, der wirklich etwas will, der wissen will, was die Welt im Innersten zusammenhält, der eingreifen, tätig werden, verändern will. Damit konnte ich mich sofort identifizieren. Schon der erste Monolog von Faust lebt von Gefühlen, die mir trotz der fremden, mittelalterlichen Umgebung völlig vertraut waren: Wie da einer nachts über Büchern sitzt, und der Mond scheint durchs Fenster, und er grübelt über den Sinn des Lebens und die großen Zusammenhänge der Welt.«[32] Gleich in den ersten Szenen des Dramas, so sagt sie es noch heute, habe sie sich ganz wiedergefunden. »Bis hin zu diesem halben oder versuchten oder begonnenen Selbstmord – und dann hört er die Osterglocken. Das Christliche – das war mir völlig fremd, ich war ja völlig atheistisch. Aber dieses innere Ringen – oder auch mit diesem Geist, den er da beschwört, und der ihn dann quasi vernichtet, indem er ihm sagt: ›Was bist du denn? Gegen mich gar nichts.‹ Das fand ich faszinierend.«

Mephisto, der Geist, der stets verneint, und Faust, der Welterforscher, der tief Ergründende: Wen sollte das nicht faszinieren? Vor allem, wenn man diese beiden Gestalten in sich aufnimmt. Wenn beide Identifikationsgestalten werden. Wenn man etwas in sich spürt, das die unterschiedlichen Strebungen vereint. Sahra Wagenknecht, die junge, kantige, kratzige Politeinsteigerin der frühen 90er-Jahre, gab vor allem den Mephisto, den Verneinenden. Aber aus dem Gefühl des überlegenen faustischen Wissens heraus. Es ist das erste Bild der in der Öffentlichkeit auftauchenden Sahra Wagenknecht; eins, das bei vielen bis heute dominiert. Sie selber resümiert: »Mit zwanzig war ich der Meinung, dass viele Andersdenkende einfach Idioten sind, die es eben nicht begriffen haben, und ich bin wohl auch so aufgetreten. Vielleicht ist das normal, wenn man jung ist. Aber so sollte man nicht durchs Leben gehen. Nicht nur, weil man dann ein ziemlich unerträglicher Mensch ist. Sondern auch, weil man damit Dinge aus seiner eigenen Weltsicht ausblendet, die sie bereichern würden.«[33]

Man schreibt das Jahr 2017, als Sahra Wagenknecht diese Erkenntnis formuliert und damit eine durch Prinzipien gemeißelte Weltsicht konterkariert. Vieles war in ihrem Leben so angelegt, dass ihre faustische Gewissheit für immer ins mephistophelische Prinzip der Verneinung gebannt bleiben würde. Jahre hat es sie gekostet, ihr selbst gezimmertes Identitätsprinzip zu korrigieren, ja, aufzubrechen. Manches dabei erscheint kontingent, zufällig. Festzuhalten ist indes, dass es gelang: Sahra Wagenknecht hat ihren Persönlichkeitspanzer abgestreift. Das Resultat eines lebenslangen Lernens – das indes nicht immer dem einfachen Bild eines eifrigen Aufnehmens vorgegebener Lehren entspricht. Nur wenn man begreift, dass ihre Grunddisposition aus der Abwehr eines grandiosen Verlusts entstanden ist, kann man den Radius ihrer Entwicklung verstehen: die Spannung, eine glückliche intellektuelle Begabung mit einer frühen psychologischen Not so zu verbinden, dass daraus ein eigenartiger und eigenwilliger Lebensentwurf entstehen konnte, der niemals Mephisto und Faust grundsätzlich wird trennen können.

Und was war es nun eigentlich genau, das Faszinosum der initialen *Faust*-Lektüre? Im Gespräch mit mir präzisiert sie, was den unvergänglichen Zauber von Goethes Drama ausmacht: Ja, es ist, wie sie es bei anderen Gelegenheiten bereits gesagt hat, auch und gerade die Mondlichtszene am Anfang des Stücks, die sie angezogen hat. Aber es ist nicht der Charme des Außerordentlichen, Außeralltäglichen, sondern die Attraktion der Ähnlichkeit. Dieses Mondlicht, das eine eigene Atmosphäre schafft, ist für die

Nachtarbeiterin Sahra Wagenknecht so etwas wie der Souffleur einer anderen Welt, die die eigene erleuchtet. In diesem Mondlicht sieht sie sich, Nacht für Nacht, selber sitzen, lesend, denkend, Fantasien entwickelnd: Es ist der Begleiter eines Lebens-, ja, eines Weltentwurfs, an dem sie arbeitet. Die Texte und Theorien sind das eine; das Szenario das andere. Mehr noch als die Figuren und das, wofür sie stehen, verbindet sie das Setting mit ihrem Lebensgefühl. Das Mondlicht adelt sie – wie Faust. In diesem Licht sind sie eins: in ihrem Ausnahmestatus und ihren Größenfantasien. Das Mondlicht ist der Begleiter ihres Andersseins. Mag der Normalmodus der Welt der helle Tag sein: Für Faust und für sie gilt eine andere Logik.

Für jeden, der sich einmal in adoleszente Gegenbilder der Welt verloren hat, ist dies leicht nachzuvollziehen. Aus dem Erlebnis solcher Szenarien ist so manche Karriere als Künstler, Schauspielerin oder Ästhet erwachsen. Wohl selten die einer Politikerin. Wenn man die von Sahra Wagenknecht verstehen will, muss man nicht unbedingt ihr umfassendes Faible für Goethe begreifen; aber die einzigartige Faszination dieser Szene des *Faust*. Es ist die Verknüpfung einer literarischen Großtat mit dem eigenen Leben über ein im Prinzip jedermann zugängliches Erlebnis: im Mondlicht zu denken, zu zweifeln, sich wie von außen zu betrachten. Sahra Wagenknecht hat die Sensation dieses ins Leben hineinstrahlenden Mondlichts vielleicht als Erwachsene in dieser Stärke nie mehr gehabt. Wohl aber das damit verbundene Gefühl der Ausnahmesituation, die sie über die Jahre gelernt hat, als ihren persönlichen Normalfall zu begreifen. Es ist, man muss es deutlich sagen, die seltene Vermischung einer grandiosen Omnipotenzfantasie mit dem Erleben eines Außenseiterstatus. Möglicherweise hat ihren Lebensweg nichts mehr geprägt als die Gleichzeitigkeit dieser beiden Komponenten. Was ein Licht (Mondlicht?) auf die Entwicklung ihrer politischen Karriere wirft.

Und, nicht zu vergessen: Die Mondszene zu Anfang des *Faust* ist auch eine der Verzweiflung – und der Sehnsucht nach einem *anderen* Leben. Trotz der großartigen Überlegenheit des Wissens. Der Mond beleuchtet in Fausts Studierzimmer nicht weniger als die lebensferne Pein des großen Geistes. Dessen Wunsch es ist, der Stube zu entkommen und den Mond *draußen* zu genießen. Das, was Sahra Wagenknecht sich seinerzeit im Mondlicht ausdachte, hat sich unter der Hand verwandelt. Und ist doch im Kern gleich geblieben. Sahra Wagenknecht ist ein Musterbeispiel von lebensgeschichtlicher Identität. Und das ist kein Widerspruch dazu, dass ihre Gegner sagen, sie sei die gröbste Abweichlerin, Opportunistin und Revisionistin. Es ist dieses Zusammengehen von Gegensätzen, das ihre Person ausmacht: Grund für die Faszination, die sie gleichermaßen auslöst wie die schroffe Ablehnung.

Sahra Wagenknecht ist Frida Kahlo ist Prinzessin Leia ist Joséphine. Sie ist die faustische Bücherverschlingerin und die mephistophelische »Njet-Maschine« (Lothar Bisky) – »zwei Seelen«, mindestens, sind es, die in ihrer Brust wohnen. »Die eine hält, in derber Liebeslust, / Sich an die Welt mit klammernden Organen; / Die andre hebt gewaltsam sich vom Dust / Zu den Gefilden hoher Ahnen.«[34] Kein Wunder, dass es zu den nächtlichen Stunden am Schreibtisch nur einen – wohlbegründeten – Ausgleich geben kann: die Natur. »Denn die Natur ist aller Meister Meister! / Sie zeigt uns erst den Geist der Geister, / Läßt uns den Geist der Körper sehn, / Lehrt jedes Geheimnis uns verstehn.«[35]

Ehrgeiz

Wer an regenfreien Tagen im Saarland nahe der französischen Grenze unterwegs ist, kann, mit etwas Glück, einem Paar auf Fahrrädern begegnen, das, behelmt und im sportlichen Dress, in beachtlichem Tempo die Hügel erklimmt. 110 Kilometer lang ist die Standardtour, die Sahra Wagenknecht – am liebsten zusammen mit Oskar Lafontaine – in ihrer heutigen Heimat bewältigt. Ein Quell der Regeneration, der bitter nötig ist. Parlamentarische Arbeit als Mitglied des Bundestags und Fraktionsvorsitzende, konfliktuöse Auseinandersetzungen in der Partei, kaum zählbare Auftritte in den Medien und dazu immer wieder eigene Publikationen – ihr anstrengendes Arbeitspensum fordert Sahra Wagenknecht jede Menge Kraft ab. Mehr, als sie manchmal zur Verfügung hat. Die ihr Nahestehenden machen sich Sorgen, insbesondere als sie 2018 die Sammlungsbewegung »Aufstehen« ins Leben ruft, ein Engagement, das ihr weitere Energie raubt.

Aber ihr Fleiß scheint so unerschöpflich wie lange Zeit ihre Kondition. Sie, die als Kind so häufig krank war, ist heute zur durchtrainierten Sportlerin mutiert. Regelmäßig fährt sie seit einigen Jahren Rad – sooft es ihr voller Terminkalender zulässt. Dann aber mit beinahe professionellem Elan. Im Frankreichurlaub ist auch der Mont Ventoux, eine der anspruchsvollsten Etappen der Tour de France, nicht zu schwierig für sie. Ein beachtlicher sportlicher Ehrgeiz, den sie erst als Erwachsene entwickelte. Denn in ihrer Jugend war sie, wie es ihre Mutter formuliert, ein »Sportmuffel«. Zwar begann sie in der ersten Schulklasse, Judo zu lernen, doch das sei weniger ihrer Liebe zu dem Sport geschuldet gewesen als vielmehr ihrer problematischen Situation: »Ich wollte mich auch wehren können …«, erinnert sich Sahra Wagenknecht. Weit gediehen ist ihr Spaß an der Kampfsportart damals nicht. Als sie kurz nach Aufnahme des Trainings in einem Turnier gegen eine erheblich kräftigere Gegnerin haushoch verlor, verlor sie auch die Lust am Judo. Das Sportprogramm wurde bis auf Weiteres auf Eis gelegt. Die schlechte Note im Schulsport war denn auch der einzige Schönheitsfehler in einer ansonsten makellosen Einserbilanz. Vielleicht war hier ebenfalls jener Trotz im Spiel, der sie bei der militärischen Übung vor dem Abitur zur Weigerung getrieben hatte: der Zorn darüber, von anderen zu bestimmten Bewegungen gezwungen zu werden.

Gegen Ende der Schulzeit deutet sich ein Umschwung an. Zusammen mit ihrer Mutter macht sie 1987 Urlaub im Kaukasus. Eine Besteigung des Elbrus, 5 642 Meter hoch, steht auf dem Reiseprogramm, die letzte Station zum Gipfel muss unter Anleitung einer Führerin zu Fuß bewältigt werden. Die meisten schaffen es nicht – wohl aber Sahra. Für sie eine neue, überraschende Erfahrung. Ab da gehören ausgiebige Wanderungen zu ihren Lieblingsbeschäftigungen. Und sie werden mit Ehrgeiz betrieben: Sahra will immer an der Spitze sein, die Mitwanderer staunen über ihre Kondition und ihren Willen. Ihrer Mutter erklärt sie, warum es für sie wichtig sei, Erste zu sein: Nur dann fühle sie ihre Kraft. Wenn sie hinten laufe, gehe ihr die Puste aus. Tatsächlich, sie muss vorweg gehen. Viele Jahre später wird Oskar Lafontaine das zu spüren bekommen. Am Anfang von Sahras später Radfahrerkarriere überholt er sie bei einer gemeinsamen Ausfahrt – und erntet böse Blicke. Sie sei, sagt ihr Ehemann, in diesen Dingen »überehrgeizig« – ein Defizit, wie er meint.

War Sahra Wagenknecht früher lange Jahre eine begeisterte Skifahrerin und verbrachte jede Saison ein paar Tage auf Schweizer oder österreichischen Pisten, so ist heute das Joggen, außer im Winter, Teil ihres Alltags. Joggen – das ist Zeit, die nur ihr gehört, ohne Laufpartner, ohne Musik, auch – man mag es kaum glauben – ohne Ehrgeiz: »das ist nicht die Ebene, auf der ich mich mit anderen messen muss«, diktiert sie der Zeitschrift *Runners World* in die Feder. Sie habe auch keine Wettkampf-Ambitionen. Sie brauche das Laufen, »weil es mich ungeheuer entspannt und weil ich dabei auf neue Gedanken komme. Danach ist der Kopf wie durchgepustet und wieder frisch. In den Berliner Plenarwochen, in denen ich kaum zum Laufen komme, vermisse ich das sehr.«[36] Allerdings: Ihre persönliche Fitness behalte sie anhand der benötigen Laufzeit natürlich im Blick.

Ehrgeiz ist unverzichtbarer Motor, um neue Horizonte zu erkunden. Wie etwa die Ökonomie. Sahra Wagenknechts Entschluss, der von Anfang an feststeht, in Volkswirtschaft nicht einfach nur ein Studium zu absolvieren, sondern in diesem Fachgebiet zu promovieren, ist beispielhaft für ihren Eifer. Dass sie das Projekt, das sich unerwartet lange hingezogen hatte, doch noch zu einem glücklichen Ende bringt, ein Beleg für ihre Ausdauer. Ihr ursprünglicher Betreuer, der sie anfänglich gut unterstützt hatte, hatte sich im Laufe der Zeit immer mehr zurückgezogen. Im Kollegenkreis am Potsdam Institute for Climate Impact Research (PIK) umstritten und zunehmend isoliert, hatte er wohl – so Sahra Wagenknecht – Angst, eine Externe, die kein reguläres Ökonomiestudium absolviert hatte, zu promovieren. Nichtsdestotrotz habe ihr, so Thomas Städtler, der betreuende Professor – in sehr guter Intuition – gleich zu Beginn sechs Aufgaben gestellt, fast als eine Art Bedingung für die Promotion: 1. einen Laptop kaufen, damit die schon damals viel Reisende auch unterwegs arbeiten könne; 2. Englisch lernen (weil sie in der Schule nur Russisch gelernt hatte); 3. sich die entsprechende Mathematik aneignen; 4. nötige Programme beherrschen; 5. Basisschritte des Programmierens erlernen; 6. frühzeitig einen mathematisch-ökonomischen Essay schreiben (in angloamerikanischer Tradition). Städtler kommentiert das so: »Ich weiß, dass normalerweise die Leute an den Unis das alles nur in Arbeitsgruppen bewältigen, aber Sahra hat sich das zu 90 Prozent autodidaktisch erarbeitet. Ich erinnere mich noch, wie begeistert sie war, dass ein bestimmtes Programm komplexe Formeln grafisch veranschaulichte – diese Mischung aus Formalismus und Sinnlichkeit hat sie fasziniert.« Die Arbeit an der Promotion krempelt Sahra Wagenknechts Leben definitiv um. »Sie war wie ein Schlittenhund, der sich freut, dass er endlich sechs vollgepackte Schlitten ziehen darf«, so Thomas Städtler.

Schon 2005/06 hatte sie ihre Promotion im Prinzip fertiggestellt, seither war sie auf Eis gelegt. 2010 spielt der Zufall Schicksal: Sahra Wagenknecht lernt bei einer Anhörung der Linken-Fraktion im Bundestag Fritz Helmedag, Professor für Mikroökonomie an der Universität Chemnitz, kennen, der ihr anbietet, den seit Längerem vakanten Part des Doktorvaters zu übernehmen. 2012 endlich kommt ihre universitäre Beschäftigung mit der Wirtschaft zum Abschluss: Sie erwirbt mit der ein Jahr später publizierten Arbeit *The Limits of Choice. Saving Decisions and Basic Needs in Developed Countries*[37] bei Helmedag den mit »magna cum laude« bewerteten Doktortitel. Das auf Englisch verfasste Werk operiert in atemberaubender Dichte mit mathematischen Formeln – für Nicht-Ökonomen weitestgehend unverständlich und ein Beweis für Sahra Wagenknechts ausgeprägte mathematische Begabung. Sie untersucht in ihrer Dissertation den Zusammenhang von Sparentscheidungen und Grundbedürfnissen in Deutschland und den USA von den 1950er-Jahren bis heute. Dass sie es überhaupt schafft, die umfangreiche Studie neben ihrer politischen Tätigkeit abzuschließen, zeugt von eisernem Willen und großem Fleiß. Und einer ungewöhnlichen Fähigkeit zur Abstraktion.

Ehrgeiz kann aber auch einsam machen. Immer die Erste sein wollen: ein Risiko. Zumal, wenn die alltägliche Belastung derart groß ist. Denn natürlich wirkt der Ehrgeiz erst recht in das Feld hinein, das für Sahra Wagenknecht das derzeit wichtigste ist: die Politik. Wenn sie sich an Bundestagsdebatten beteiligt, will sie selbstverständlich eine gute Figur machen, den besten Auftritt hinlegen. Oskar Lafontaine versucht, sie zu schützen, ihren Ehrgeiz einzudämmen, sie davon abzuhalten, sich immer in die vorderste Reihe zu stellen. Schon auf dem Göttinger Parteitag 2012, als Sahra Wagenknechts Chancen gut waren, zur Parteivorsitzenden gewählt zu werden, habe er ihr das ausgeredet. Nicht ohne Ironie, dass an ihrer Stelle, mit Unterstützung Lafontaines, Bernd Riexinger den Posten erhielt, der sich in der Folge als einer der ärgsten Kritiker Wagenknechts an der Seite seiner Co-Vorsitzenden Katja Kipping profilierte.

All die Jahre hatte es in Partei und Fraktion eine durchaus nicht kleine Gruppe gegeben, die gegen Sahra Wagenknecht arbeitete, doch sie baute darauf, nicht so leicht ersetzt werden zu können. Auch, aber nicht nur wegen ihrer Öffentlichkeitswirksamkeit. Nein, Die Linke wird sie wegen des Gegenwinds, den sie spätestens seit der sogenannten Flüchtlingskrise[38] immer stärker zu spüren bekommt, nicht verlassen. Aber ihre Rolle verändern. Wenn man – und das sollte man bei einem Menschen, dessen bester und ältester Freund die Wörter sind, immer tun – ihre Worte auf die Goldwaage legt, ergibt sich ein überraschend klares Bild ihrer Zukunft. Ihre Antwort auf die im Proust-Fragebogen gestellte Frage »Was möchten Sie sein?« lautet: »Eine Schriftstellerin, deren Bücher gesellschaftliche Debatten auslösen.« Das legt, zusammen mit dem von ihr im selben Kontext formulierten »Traum vom Glück«, den Gedanken nahe, dass sie die Politik zwar nicht aufgeben, aber ihren Einsatz in diesem Feld neu, anders und rationeller gestalten wird: »In Zweisamkeit und Geborgenheit leben, ungestört lesen, nachdenken und schreiben können, jeden Tag ausgeschlafen sein.« Ein solcher Traum lässt sich als Spitzenfunktionärin einer Partei nicht realisieren. Und war es nicht immer Sahra Wagenknechts größte Herausforderung, neue Gebiete zu erobern, neue Aufgaben anzunehmen, ja, sich selbst neu zu erfinden?

BÜCHER MACHEN LEUTE: KAPITALISMUSKRITIK UND GESELLSCHAFTSUTOPIE

Übersetzerin mit hellseherischen Fähigkeiten

Auch wenn der aktuelle Trend hin zum heißen, oft pauschalisierenden, forcierten und kurz greifenden Schlagabtausch in den sozialen Medien geht – differenzierte Auseinandersetzungen und systematische Analysen benötigen einen längeren Atem und ein anderes Medium: das Buch. Bücher sind es, die das Leben der Sahra Wagenknecht in fundamentaler Weise prägen. Ihre Biografie ließe sich, ein rares Phänomen, fast lückenlos entlang ihren Bücherfreunden erzählen – gelesener wie selbst verfasster. Denn noch lange bevor Sahra Wagenknecht die Politik zu ihrem Beruf machte, war sie Buchautorin. Sie blieb es, trotz Zeitmangel, als Berufpolitikerin und wird – davon darf man ausgehen – auch in den kommenden Jahren mit Publikationen an die Öffentlichkeit treten. Eine Öffentlichkeit, die ihr lange Zeit ein Image anheftete, starr wie ein Korsett und unverwechselbar. Unverwechselbar mag Sahra Wagenknecht sein – unveränderlich ist sie deshalb aber nie gewesen. Weder in ihrem Denken noch in ihren politischen Analysen und Strategien ist so etwas wie Stagnation zu beobachten. Nirgends kann man dies so deutlich wahrnehmen wie in der Entwicklung ihrer ökonomischen Einsichten. Zweiflern sei die Lektüre ihrer Bücher empfohlen. 2008 erscheint, was sie selbst als ihr »erstes ernst zu nehmendes Wirtschaftsbuch«[1] bezeichnet. Und tatsächlich: In *Wahnsinn mit Methode. Finanzcrash und Weltwirtschaft* baut Sahra Wagenknecht erstmalig eine Brücke von der marxistischen »Kritik der politischen Ökonomie«, die bislang ihre wirtschaftspolitischen Äußerungen grundierte, zu einer Analyse, die volkswirtschaftliche Erkenntnisse kritisch einbezieht. Zum Zeitpunkt der Publikation hatte sie die Arbeit an ihrer wirtschaftswissenschaftlichen Dissertation im Wesentlichen abgeschlossen, sich dementsprechend auf den Stand der zeitgenössischen ökonomischen Theorie gebracht. Für sie die Basis, um den entscheidenden nächsten Schritt hin zu einem Reformkonzept der aktuellen, nur nominell sozialen Marktwirtschaft zu tun: nämlich die beiden einander fremd, um nicht zu sagen feindlich gegenüberstehenden Ansätze zur Analyse der wirtschaftlichen Entwicklung und ihrer sozialen Bedeutung – den »bürgerlichen« und den »marxistischen« – in Beziehung zu setzen. Denn bislang pflegten die, wie sie es nennt, »orthodoxe Standard-Volkswirtschaftslehre« und der marxistische Blick auf die Bewegungsgesetze der Wirtschaft unter kapitalistischem Vorzeichen einander souverän zu verpassen. Nicht nur, weil sie von unterschiedlichen Interessen ausgehen. Sondern weil sie prinzipiell anderen Kompositionsgesetzen folgen. Geht es im einen Fall darum, Erklärungen für Entwicklungen zu finden, die letztlich immer unter dem Gesichtspunkt der Erhaltung des existierenden Systems gesehen werden, so im anderen wesentlich um die Diskussion der systemimmanenten Krisenerscheinungen, die zu seinem Ende führen. Mit ihrer – äußerst seltenen – theoretischen Konfrontation zweier Zugangsweisen zur wirtschaftlichen Realität beschreitet sie neue Wege.

Just zum Zeitpunkt der genannten Buchveröffentlichung scheinen die Zeitläufte ihren Schlussfolgerungen Recht zu geben: Im Erscheinungsjahr von *Wahnsinn mit Methode* erlebt die Welt mit der bislang letzten globalen Finanzkrise die größte Erschütterung des Kapitalismus seit dem berühmten Schwarzen Freitag des Jahres 1929.[2] Am 15. September 2008 meldet, als Höhepunkt der Entwicklung, die Investmentbank Lehman Brothers Insolvenz an. Tausende Angestellte müssen ihren Schreibtisch räumen, die Aktien rauschen in den Keller. Für Sahra Wagenknecht die zwangsläufige Konsequenz einer »kurzsichtigen Konkurrenzlogik«[3]: »Wer sich die vorangegangene Verschuldungsentwicklung etwa des amerikanischen Privatsektors angesehen hat, musste ahnen, was kam und noch kommen wird. Das ganze globale Wirtschaftsmodell der letzten Jahrzehnte beruhte auf wachsender Verschuldung. Das Platzen der Blase musste deshalb auch die Realwirtschaft in die Knie zwingen.«[4] Ihr Buch kommt nun genau im richtigen Moment und tritt mit dem Anspruch auf, »die Rolle und Funktionsweise der Finanzmärkte im Kapitalismus der Gegenwart offenzulegen und damit auch die wirklichen Hintergründe und Ursachen der jetzigen Krise« zu untersuchen.[5] Und zwar »nicht einfach als das Werk unmoralischer Spekulanten oder angelsächsischer Investmentmethoden«,[6] sondern – ganz im Geiste eines marxistischen Ansatzes – als immanente Konsequenz kapitalistischen, das heißt letztlich ausschließlich renditeorientierten Wirtschaftens. »Noch vor kurzem«, schreibt die konservative *Berliner Morgenpost*, »wäre sie dafür belächelt worden – jetzt wirkt sie wie eine Hellseherin.«[7]

Doch nicht nur Sahra Wagenknechts Kenntnis der wirtschaftlichen Zusammenhänge ist seit dem fiktiven Streitgespräch mit Pierre Curieux vor zehn Jahren erkennbar gewachsen, auch ihre Gewichtung des Verhältnisses von Analyse und Kritik hat sich verschoben. Nach wie vor steht die Praxis kapitalistischer Gewinnmaximierung insbesondere in den jenseits aller realwirtschaftlichen Prozesse angesiedelten, rein finanzkapitalistischen Spekulationsblasen im Fokus. Nun aber stellt sie diese Entwicklung in einen Kontext, den sie gekonnt in der Diktion der von ihr im Studium rezipierten »Standard-Volkswirtschaftslehre«[8] beschreibt. Mit der bemerkenswerten Folge, dass sich ihre Kritik, die bislang mit dem marxistisch-existenziellen Brustton der moralischen Empörung über beklagenswerte Missstände vorgetragen wurde, in eine zumindest sprachlich immanente verwandelt, die zur Folie eines analytischen Weiterdenkens wird.

Sahra Wagenknechts Buch wäre nicht falsch charakterisiert, wenn man es als ein Lehrbuch über die aktuellen Machenschaften des Finanzkapitalismus in der Zeit computergestützter Weltmarktaktivitäten bezeichnete, der sich längst und radikal von jener gesellschaftlichen Entwicklungslogik verabschiedet hat, die z. B. Marx – bei aller Kritik an den damit verbundenen Fehlentwicklungen – das Fortschrittspotenzial dieser Wirtschaftsform durchaus mit Bewunderung wahrnehmen ließ. Detailliert werden die Instrumente und Techniken beschrieben, die zur »Finanzblase« des fortgeschrittenen Kapitalismus geführt haben, die im Jahr der Buchpublikation – Sahra Wagenknecht ist immer noch Abgeordnete des Europaparlaments – platzte. Minutiös dröselt die Autorin Vorgehen und Risiken der Finanzmarktinstrumente auf, die den neoliberal bestimmten Markt kennzeichnen.

Wagenknechts Analyse beleuchtet nicht nur kritisch die Machenschaften eines nicht mehr produktiven, nämlich technologisch nicht innovativen Kapitalismus[9], sondern die Logik einer destruktiv gewordenen, rein auf persönliche Profitimperative zugeschnittenen Wirtschaftsform, die sich jeder gesellschaftlichen Bedeutung und Verantwortung verweigert. War dies der *cantus firmus* all ihrer bisherigen kapitalismuskritischen Bücher, so besteht die grundlegende Neuerung in *Wahnsinn mit Methode* in der genauen Darstellung der Mechanismen, die zum finanzpolitischen Crash führten – führen mussten. Denn ihre Ausführungen machen zum einen deutlich: Der Crash ist kein »Schicksal«, sondern eindeutig Konsequenz der gegebenen Wirtschaftsentwicklung. Zum anderen: Er wäre mit bestimmten politischen Maßnahmen verhinderbar. Und zum dritten: Die Methoden der gängigen Volkswirtschaftslehre sind ungeeignet, den Zusammenhang von Ökonomie und Politik angemessen darzulegen. Ebendies wird dadurch klar, dass Wagenknecht gewissermaßen als »Übersetzerin« zwischen beiden Theoriesprachen auftritt, die sie nun beherrscht. Es ist bemerkenswert, wie weit sie sich dabei von der orthodox marxistischen Terminologie entfernt – ohne indes den Geist ihrer Kritik zu verraten.

So scheut sie sich nicht, den berühmten »Grundwiderspruch« des Kapitalismus in die Sprache der Volkswirtschaft zu übersetzen und das wesentliche Problem kapitalistischer Produktion als ewiges Spiel von Kostensenkung im Personalbereich als Renditegarantie und damit gleichzeitig einhergehender Nachfragereduktion zu benennen: »Egal, wie billig produziert wurde: ohne Absatz kein Gewinn und ohne Gewinn keine Rendite auf das eingesetzte Kapital.«[10] Sie zeigt, wie in der Volkswirtschaftslehre »dieser innerkapitalistische Widerspruch in einer alten Fehde zwischen den sogenannten Angebots- und den Nachfragetheoretikern« seinen Niederschlag gefunden habe. Also zwischen den neoliberalen Ideologen, die Lohndumping, sinkende Steuern für Reiche und sozialen Raubbau als »Bedingungen« eines renditeorientierten Wirtschaftens fordern, und denjenigen, die auf die Bedeutung der Nachfrage verweisen. Jede dieser beiden Schulen beschreibe »eine der zwei Bedingungen, von deren Zusammentreffen die

Dynamik einer kapitalistischen Ökonomie abhängt«[11]. Wann immer sie auseinanderfallen, komme es zu Stagnation, Krise und Zerstörungen: »Für Marx war genau das der ›Grundwiderspruch‹ des Kapitalismus, und es gibt wenig Grund, diese Ansicht für überholt zu halten.«[12]

Diese Synthese aus immanent volkswirtschaftlicher und marxistischer Betrachtung der Realität ist eine kleine theoretische Revolution – mit weitgehenden politischen Implikationen. Indem sie beide Perspektiven aufeinander bezieht, skizziert sie das grundlegende Programm einer reformpolitischen Initiative zum Umbau des Denkens über den Zusammenhang von Ökonomie und Politik. Und zwar, das ist das Entscheidende, nicht mehr nur als theoretische Spekulation. In den 1990er-Jahren wäre eine solche Vermengung der Sprachebenen für die radikalmarxistische Denkerin Wagenknecht noch ein Sakrileg gewesen – und von ihr zweifellos als Kennzeichen eines sich anbahnenden »Revisionismus« diagnostiziert worden.

Von besonderem Charme ist bei dieser Erkundung von wirtschaftstheoretischem Neuland ihr Ansatz, die Analyse der Weltwirtschaftskrise von 1929/30 durch den keynesianischen Ökonomen John Kenneth Galbraith in seinem 1955 veröffentlichten Buch *Der große Crash 1929* in Parallele zur aktuellen Situation zu setzen. Auch wenn dies unter der marxistischen Prämisse geschieht, dass sich Geschichte nicht wiederhole, zeigt der Rückgriff auf die Erkenntnisse des bekannten liberalen Wirtschaftshistorikers, dass es produktive Verbindungslinien zwischen einer marxistischen Analyse und bestimmten »bürgerlichen« Ansätzen geben kann. Sahra Wagenknechts einzige Kritik an Galbraith ist sein in ihren Augen zu großer Optimismus, wenn er davon ausgeht, die von ihm inkriminierte »Verderbtheit« der Ökonomen sei einmalig gewesen. Für sie sind »borniere Mainstream-Ökonomen à la Rürup und Co., deren überflüssige Ratschläge alles noch schlimmer machen«, die legitimen Nachfolger der damaligen Katastrophenberater.[13] Immerhin sei der Schock der Krise so groß gewesen, dass »die Apologeten freier Märkte und ungezügelter Kapitalverwertung zumindest für die nächsten vierzig Jahre einen schweren Stand hatten«.[14]

Im Grunde sieht Wagenknecht mit der neoliberalen Wende der Wirtschaftspolitik zu Beginn der 1980er-Jahre, die in den 90ern irritierenderweise zur Programmatik der neu ausgerichteten deutschen Sozialdemokratie wurde, die gleiche Struktur gegeben, die in die bislang tiefste Krise des Kapitalismus geführt hatte. Von dieser Situation ausgehend, wagt sie einen Blick in die Zukunft, der heute, ein Jahrzehnt nach Erscheinen des Buches, besonders interessant ist. Wagenknecht schildert »vier mögliche Entwicklungsszenarien«, von denen das erste ihr als das unwahrscheinlichste erscheint. Nämlich dass es der Politik gelingt, mit Rettungspaketen, Steuergeld und öffentlicher Neuverschuldung die Finanzmärkte zu stabilisieren. Das zweite Szenario orientiert sich an den Folgen, die das Platzen der japanischen Börsenblase nach 1989 oder der Ausbruch der Schuldenkrise 1982 in Lateinamerika hatte, die für beide Regionen eine Periode ökonomischer Stagnation, sinkender Börsenkurse und sozialisierter Bankverluste zur Folge hatte. Dies sei nun möglicherweise global zu erwarten. Mit der Konsequenz verschlechterter Lebensbedingungen für die Mittel- und Unterschicht sowie drastischer Kürzungen in allen öffentlichen Bereichen. Das dritte Szenario freilich ist noch desolater, gewissermaßen die Wiederholung oder gar Steigerung der Weltwirtschaftskrise von 1930: »Es würde bedeuten, dass sinkende Löhne und Staatsausgaben den globalen Absatz so weit nach unten drücken, dass sie Unternehmen und Banken massenhaft in die Pleite zwingen, was wiederum Löhne und Steuereinnahmen weiter dezimiert.«[15] Träte dies ein, würde laut Wagenknecht »die Schulden- und Vermögensblase tatsächlich vernichtet« – dabei jedoch vor allem das Schicksal der Kleinsparer und Mittelschicht besiegelt: Sie würden schlicht ruiniert. In diesem Fall sieht Wagenknecht kaum eine »Chance und das Potenzial für einen progressiven Neuanfang«.[16] Dies wäre allein im vierten Szenario gegeben, das auf die Überwindung des Kapitalismus hinausläuft. Zum ersten Mal in ihrem Leben als Kritikerin des Kapitalismus und Theoretikerin einer neuen Wirtschafts- und Gesellschaftsform entwickelt Sahra Wagenknecht hier klare Vorstellungen, wie »eine reale Alternative zum Finanzkapitalismus unserer Zeit« aussehen könnte.[17] Es ist der Beginn eines politisch und ökonomisch konkretisierten Programms.

Retrospektiv bleibt festzustellen, dass das als »unwahrscheinlich« qualifizierte erste Szenario tatsächlich im Wesentlichen die deutsche Lösung darstellte, während Nummer 2 und 3 eher die Folgen für die ökonomisch schwächeren Südstaaten Europas abbilden. Szenario 4 bleibt indes nach wie vor eine Utopie. Allerdings keine schlechte. Vielmehr steckt darin eine konkrete, theoretisch begründete Möglichkeit, die allerdings mit der nicht unerheblichen Schwierigkeit zu kämpfen hat, sich praktisch gegen mächtige Interessen durchsetzen zu müssen.

Mit *Wahnsinn mit Methode* betritt Sahra Wagenknecht mithin endgültig das Feld, in dem das alte ethische Problem der Utopie, das »Besserdenkenkönnen« der Welt, realpolitisch geerdet werden kann. Dank ihrer Fähigkeiten als »Übersetzerin«; ob auch mit hellseherischen, sei dahingestellt. Worum es ihr geht, ist nicht weniger als das Verständnis des Zusammenhangs von Denken und Handeln, Ökonomie und Politik, ja: von Wunsch und Wirklichkeit. Und dies auf dem einzigen Terrain, das dafür angemessen ist: dem der Praxis. Es wird ihre weiteren Schritte auf einem konsequent eingeschlagenen Weg bestimmen: Im Folgejahr der Veröffentlichung, 2009, wird Sahra Wagenknecht von Brüssel in den Bundestag wechseln – und damit ein neues Kapitel politischer Praxis beginnen. Ob sie sich tatsächlich als Realpolitikerin »erfinden« wird – wer weiß? Sicher wird sie jedoch nach der von ihr als unfruchtbar erfahrenen Zeit im Europaparlament die neuen Freuden und Leiden einer politischen Praxis erleben. Und sich, wie alle, die diesen Weg wählen, nahezu zwangsläufig als Person verändern – gerade im Bemühen, »identisch« zu bleiben.

Sozialistin mit kreativem Potenzial

Warum geht es in der Welt so ungerecht zu? Wieso sind die Ideale, die einst den Aufstieg des Bürgertums – und damit die Durchsetzung des Kapitalismus – getragen haben, dermaßen verlorengegangen, ja geschändet worden? Sahra Wagenknechts Bekenntnis zum Marxismus ist immer schon von moralischen Intentionen getragen. »Freiheit, Gleichheit, Brüderlichkeit« – das waren doch die eine neue, bessere Welt ankündigenden Forderungen der bürgerlichen Revolution. Früh war für sie klar: Sie sind von den Nutznießern des mit dieser Emanzipation verbundenen bürgerlichen, und das heißt: des kapitalistischen Aufstiegs mit Füßen getreten worden. Ihr zentraler Wunsch war: Das muss anders werden. Und gab es nicht schon die Möglichkeit dazu? Warum ist sie verspielt worden?

Es sind die Grundfragen ihres Lebens geworden. Und geblieben. Ihre vom Emanzipationswunsch getragene marxistische Überzeugung brachte sie nicht nur dazu, Ökonomie zu studieren, um die anstehenden Fragen sachlich beantworten zu können. Ihre ganze Denkbewegung folgt der von Marx initiierten Logik – mit einem kleinen Problem. Auf das wir zurückkommen werden.

In Sahra Wagenknechts intellektueller Entwicklung verknoten sich zwei Perspektiven, die manchen als unvereinbar erscheinen: die genuin revolutionäre, die einen Umsturz der Verhältnisse moralisch fordert und zugleich die geschichtsphilosophische Notwendigkeit dieser Wende »objektiv«, eben durch die ökonomische Analyse unterlegt. Und eine im Laufe der Zeit gewonnene Einsicht in die ungeheure Komplexität der spätkapitalistischen Verhältnisse, die sich nicht zwanglos mit dem marxistischen Lehrbuchwissen hinreichend verstehen lässt. Ganz zu schweigen von der Möglichkeit, sie damit zu ändern. Erst das – teilweise konfliktuöse – Zusammengehen dieser Perspektiven und die Fähigkeit, den Konflikt zu denken, macht Sahra Wagenknechts besondere Position aus, die sie nach der Jahrtausendwende entwickelt. Es ist letztlich ein konsequentes Nachdenken über den stets problematischen Zusammenhang von Theorie und Politik – und damit eine selbstkritische Reflexion auf das komplizierte Spiel von Erkenntniswunsch, Theorie und von ihr geleiteter Praxis. Möglicherweise ist diese Synthese für Sahra Wagenknecht dadurch möglich geworden, dass ihre Wissbegier und die Entwicklung ihrer intellektuellen Fähigkeiten nie wirklich akademisch dominiert waren. Sie konnte den habituell unauffälligen, aber nichtsdestotrotz immens prägenden professionellen Deformationen entgehen, die den universitären Kosmos kennzeichnen. Sahra Wagenknecht hat nicht den Weg einer üblichen Uni-Karriere beschritten. Ihr politisches Engagement war von Anbeginn an – ein Erbe ihres Aufwachsens in der DDR – auf die Partei gerichtet. Ein studentisches Leben hat sie nie in dem Sinn erlebt, der im Westen das Phänomen »68« hervorgebracht hatte. Ihre Fremdheit gegenüber dem akademischen Aufstiegsweg, der für eine Vielzahl der aktuellen Mitglieder des Bundestags der klassische Start ihrer beruflichen Entwicklung war, knüpft nicht nur an ihre ungewöhnliche Frühgeschichte an, sondern schafft einen eigen- und einzigartigen Verlauf ihrer politischen Laufbahn. Faktisch hat sie sich nie in jenem Umfeld zu Hause gefühlt, das akademische Karrieren stimuliert. Die Vorstellung, Philosophie an der Universität zu lehren, scheint sich früh verbraucht zu haben. Überraschenderweise auch wegen eines psychologischen Phänomens: der Angst, sich bewerben zu müssen. Was für Sahra Wagenknecht offenbar damit zusammenhängt, einmal mehr Objekt von »Beurteilern« zu werden, die sie in der DDR auf negativste Weise kennengelernt hatte. Es kann aufgrund ihrer Vita nicht überraschen, dass ihr Lebensweg auch durch eine spezifische Art des Vermeidens geprägt ist.

Mehrfach wurde das Zusammenwirken von Trotz und Treue angesprochen, das dabei eine hervorragende Rolle spielt. Die Frage, wie sich die im Verlauf einer schwierigen Lebensgeschichte erworbenen Faktoren nicht nur in ihrer Persönlichkeit, sondern auch in der Entwicklung ihrer theoretischen Positionen bemerkbar machen, ist eine Schlüsselfrage zum Verständnis der Person.

Antworten findet man in dem Buch, in dem sie den in *Wahnsinn mit Methode* eingeschlagenen Weg fortsetzt, ihr marxistisches Erkenntnisinteresse im Entwurf einer alternativen Wirtschaftsordnung unterzubringen. Auch im 2011 erstveröffentlichten und ein Jahr später als erweiterte Neuausgabe publizierten Band *Freiheit statt Kapitalismus* ist die kritische Darstellung der gegenwärtigen Wirtschaftsordnung Ausgangspunkt ihrer Überlegungen: »Der heutige Kapitalismus lässt nicht allein Oben und Unten in einer Weise auseinanderklaffen, die jeden Menschen mit normal entwickeltem Sozialgefühl entsetzen muss. Er zerstört – systematisch, hartnäckig und brutal – auch die Mitte der Gesellschaft.«[18] Die Analyse ist, ähnlich wie im Vorgängerband, ausgreifend und genau. Sie bezieht sich allerdings weniger auf die Manöver des spekulativen Finanzkapitalismus, die bei *Wahnsinn mit Methode* angesichts der großen Krise im Mittelpunkt standen, sondern auf das Ende der Marktwirtschaft. Wagenknecht weist detailliert die Verschlechterung der Grundversorgung – von der Miete über die ärztliche Versorgung bis zum Bildungssystem – nach, um dann auf die stillschweigende Liquidierung der Marktwirtschaft mit ihren einschneidenden Folgen zu sprechen zu kommen: »Alle positiven Ideen der Marktwirtschaft sind tot. Wo gibt es denn noch wirklich offene Märkte und echten Wettbewerb?«[19] Sie zeichnet das Bild einer Weltwirtschaft, in der einige wenige »global player« sich die Märkte – und die Politik! – unterworfen haben, ihre Macht dazu nutzen, ohne Rücksicht auf Qualität ihren Zulieferern und Kunden die Bedingungen zu diktieren, und damit die »wirtschaftliche Leistungsfähigkeit« ruinieren. »Der Kapitalismus ist im Ergebnis all dessen keine Wirtschaftsordnung mehr, die Produktivität, Kreativität, Innovation und technologischen Fortschritt befördert. Heute verlangsamt er Innovationen, behindert Investitionen und blockiert den ökologisch dringend notwendigen Wandel. Er verschleudert wirtschaftliche Ressourcen und lenkt menschliche Kreativität und Erfindungsgabe auf die unsinnigsten und überflüssigsten Betätigungen im Finanzbereich, die gleichwohl am höchsten bezahlt werden.«[20]

Die daraus folgende soziale Verelendung begreift Wagenknecht als Verlust des Humanen: »Wo jede Lebensregung sich rechnen muss, bleiben Freiheit und Menschenwürde auf der Strecke. Demokratie stirbt, wenn Banken und Wirtschaftskonzerne ganze Staaten erpressen und sich die Politik kaufen können, die ihnen nützt. Der Kapitalismus ist alt und unproduktiv geworden.«[21]

All das hätte sie auch zehn oder zwanzig Jahre früher schreiben können. Gleichfalls nicht neu ist ihr Wunsch nach einer Debatte darüber, »wie wir eine Zukunft jenseits des Kapitalismus gestalten können«[22]. Einmal mehr spricht sie eine »Einladung zum Dialog« aus, diesmal mit liberalen Marktwirtschaftlern. So alt der Dialogwunsch, so bemerkenswert, welche besondere Färbung er in dieser Publikation annimmt. Sahra Wagenknecht öffnet sich gewissermaßen persönlich. Überraschend schließt sie ihre einleitenden programmatischen Überlegungen mit einer Art Selbstporträt ab: deutlich mit der Absicht, damit den durch Vorurteile verengten Pfad des Diskurses zu öffnen.

»Ich weiß, für manche Pseudokonservative und Pseudoliberale bin ich immer noch der Gottseibeiuns, die finstere Kommunistin, die zurück will in die alte DDR. Ich habe auch deshalb zunehmend gespürt: Es wird Zeit, einen positi-

ven Gegenentwurf zu schreiben, zumindest diesen Entwurf zu beginnen. Es wird Zeit, den typischen FDPlern, die von Ökonomie nicht mehr verstehen als die auswendig gelernten Sprüche aus ihren eigenen Wahlwerbungsprospekten, entgegenzuhalten, wie Marktwirtschaft tatsächlich funktioniert. Und es wird Zeit, zu zeigen, wie man, wenn man die originären liberalen Ideen zu Ende denkt, direkt in den Sozialismus gelangt, einen Sozialismus allerdings, der nicht Zentralismus, sondern Leistung und Wettbewerb hochhält.«[23]

Die im Feld der Ökonomie nun endgültig selbstbewusst gewordene Theoretikerin erweitert das in *Wahnsinn mit Methode* begonnene Vorhaben, einen abgewirtschafteten Kapitalismus mit einem »kreativen Sozialismus« zu konfrontieren, indem sie – analog zur »Öffnung« ihres Diskursangebots – die Mythen über Kapitalismus und Sozialismus aufs Korn nimmt und einer kritischen Überprüfung unterzieht. Das reicht von der Innovationshemmung der großen Konzerne, die auf kurzfristigen Shareholder-Value, Größe und Marktmacht ausgerichtet sind und diese Ziele »an die Stelle von Leistung, neuen Ideen und Kreativität«[24] setzen, bis zur »verlogenen« These einer Leistungsgesellschaft, in der in Wirklichkeit das »Prinzip Vererbung«[25] nicht nur bei der Weitergabe von Vermögen, sondern auch der Besetzung der Führungspositionen gelte – und damit die soziale Mobilität entscheidend hemme.[26] Mit Akkuratesse werden die Versprechungen des Kapitalismus aufgerufen und auseinandergenommen, so auch der »Kreditgeiz der Banken«, der eines der größten Hemmnisse für die Entwicklung neuer Geschäftsideen bei kleinen Unternehmen und Neugründungen – und damit eine »der wichtigsten Quellen von wirtschaftlicher Anpassungsfähigkeit, Innovation und technischem Fortschritt«[27] – sei: »Heute verfahren Banken nach der Maxime, lieber zehn gute Ideen sterben zu lassen, als eine schlechte zu kreditieren. Dieses Prinzip muss umgekehrt werden.«[28]

Mit dem Nachdenken über die »Umkehrung« ist im Prinzip die Tür zum Schluss des Buches aufgestoßen: besagter Idee eines »kreativen Sozialismus«. Mit Rückgriff auf Theorien des Ökonomen Joseph Schumpeter feiert Wagenknecht den »Gründungsunternehmer«, der das Risiko auf sich nimmt, zukunftsfähige Konzepte praktisch umzusetzen, als eine Schlüsselgestalt ihrer Vorstellung von Sozialismus: »Ein kreativer Sozialismus muss solche echten Unternehmer fördern und unterstützen, statt ihnen – wie der heutige Kapitalismus – Steine in den Weg zu legen. Das setzt vor allem großzügige Finanzierungsmöglichkeiten voraus.«[29]

Diese Betonung von Eigeninitiative, Erfindergeist und Risikoübernahme führt direkt auf einen Gedanken zurück, den sie schon in ihrer Verteidigung des Neuen ökonomischen Systems Walter Ulbrichts vorgetragen hatte: ein Sozialismuskonzept, dessen integrale Bestandteile Autonomie und Wettbewerb sind: »Kreativer Sozialismus hat sich von der Idee des planwirtschaftlichen Zentralismus verabschiedet. Er will mehr Wettbewerb, nicht weniger. Aber dort, wo lediglich Pseudowettbewerb stattfindet, weil natürliche Monopole oder Oligopole ihre Marktmacht zur Wettbewerbsverhinderung einsetzen, ist die öffentliche Hand gefordert. Es gibt *Marktwirtschaft ohne Kapitalismus und Sozialismus ohne Planwirtschaft.*«[30]

Kreativer Sozialismus wäre die Realisierung des alten Erhard'schen Versprechens vom »Wohlstand für alle«, das selbst in den reichen Industrienationen längst nicht mehr eingelöst wird. In Wagenknechts Konzept geht es – so sehr sie auch umwälzende Reformen etwa der Besteuerung von großen Vermögen ins Spiel bringt – keineswegs bloß um Umverteilung, sondern um eine grundlegende Korrektur der extremen Ungleichheit im aktuellen Kapitalismus – mit Folgen für die Lebensqualität aller. Die Verbesserung der allgemeinen Lebensverhältnisse habe z. B. nicht quantitativen Mehrkonsum zur Folge, sondern »Konsum von höherwertigen Gütern«[31]: ein im Kern »grüner« Gedanke. Vor allem aber nimmt sie die sozialen Folgen und Möglichkeiten in den Blick, die die Abschaffung extremer Ungleichheit nach sich zöge: das bessere, weil weniger von Angst, Einsamkeit und Krankheit getriebene Leben einer solidarischen Gesellschaft. »Ein Leben in Wohlstand schließt ausreichende Freizeit, Freiheit von Stress und Angst und ein Lebensumfeld, das soziale Bindungen zulässt und fördert, ein. Materieller Wohlstand, der um den Preis des Verzichts auf all das erkauft wird, ist in Wahrheit keiner.«[32]

Und so münden denn ihre von der Gestaltung der Ökonomie ausgehenden Überlegungen konsequent in das Problem der persönlichen Autonomie und Identität. »Der flexible Mensch, den der Turbokapitalismus braucht, ist überall, nur nicht bei sich«, zitiert sie den Publizisten, Journalisten und Volkswirtschaftler Roger de Weck.[33] Tatsächlich: In Sahra Wagenknechts politischen Entwürfen steckt nach wie vor die Utopie jenes besseren Lebens, das intellektuell seinen Ausgang im »Besserdenkenkönnen« der Welt genommen hatte. Und es geht dabei keineswegs nur um ein Leben mit dem Versprechen materiellen Wohlstands und in erweiterter Konsumblase. Sondern ihrer immer konsequenter der Realität sich nähernden Denkbewegung ist der Wunsch eingeschrieben, die intellektuellen Grundlagen für eine Realpolitik zu schaffen, die es den Menschen erlaubt, »bei sich« zu sein. Besser hätte es der junge Marx kaum formulieren können.

Demokratieretterin mit konkreter Vision

Das bislang letzte »ökonomische« Buch Sahra Wagenknechts, *Reichtum ohne Gier* von 2016, ist in vielerlei Hinsicht ihr bemerkenswertestes. Sie schreibt es in einer Zeit, da sie durch ein neues Parteiamt beruflich extrem eingespannt ist. Zusammen mit Dietmar Bartsch löst sie im Oktober 2015 Gregor Gysi als Fraktionsvorsitzenden ab. Mit 78,3 Prozent ist ihr Zustimmungswert angesichts der Kontroversen um ihre Person erstaunlich hoch. Bartsch gelingt mit 91,6 Prozent ein noch besseres Ergebnis. Die Doppelspitze aus dem pragmatischen, gemäßigten Reformer und der Wortführerin des linken Parteiflügels funktioniert – so wird sich herausstellen – besser, als viele vorab geunkt haben. In den Jahren ihrer Kooperation wird kaum eine interne Differenz der beiden nach außen dringen, weder werden Spitzen in der Presse lanciert, noch fällt ein schlechtes Wort. Ein »Paar, das alle überrascht hat«, denn: »Die unnahbare Sahra Wagenknecht und der umgängliche Dietmar Bartsch ziehen an einem Strang.«[34] Wichtig seien ein vertrauensvolles Verhältnis und eine gemeinsame inhaltliche Grundlage, meint Sahra Wagenknecht, beides sei gegeben.[35] Die Zusammenarbeit unterschiedlicher Flügel kann also, persönliche Wertschätzung vorausgesetzt, funktionieren – sogar in der Linken.

In dieser Anfangsphase an der Spitze der Partei entsteht mit *Reichtum ohne Gier* in der knappen Freizeit, in nächtlichen Stunden am Schreibtisch ein Buch, das nicht zuletzt deshalb so erstaunlich ist, weil sich in den Reaktionen darauf der in *Freiheit statt Kapitalismus* explizit formulierte Dialogwunsch mit Autoren, die nicht dem linken Lager zugerechnet werden können, erstmals auf breiter Ebene realisiert. Jedenfalls zollen die Besprechungen in Zeitungen verschiedener politischer Ausrichtung diesem Werk Anerkennung – unabhängig davon, ob die Rezensenten mit der politischen Verortung der Autorin konform gehen.

So ist es ausgerechnet Peter Gauweiler, für viele ein »rechter Scharfmacher«, der Sahra Wagenknecht in der *Süddeutschen Zeitung* bescheinigt, sie beherrsche die Kunst des klaren Denkens. Auch wenn er selbstverständlich ihren theoretischen Ursprung aus »der Ursuppe des Marxismus-Leninismus«[36] gründlich missbilligt, kann er doch nicht umhin, ihre Entwicklung wahrzunehmen. Sie, deren Auftritte im Bundestag er über Jahre nicht eben mit Sympathie mitverfolgt hat, wolle nach seinem Verständnis »etwas retten, was uns allen wichtig ist: Marktwirtschaft und Demokratie«. Wagenknecht habe sich damit »ein Verständnis des Wertekanons der bundesrepublikanischen Gründungsväter erarbeitet, das manchen geborenen BRDler erblassen lassen könnte«. Und Gauweiler stimmt auch der Analyse zu, dass die zunehmende Asymmetrie zwischen Realwirtschaft und Finanzwirtschaft seit 1990 die Märkte »außer Rand und Band« gebracht und die Weltwirtschaft in eine potenzielle Dauerkrise gestürzt habe. Man merkt der Besprechung an, dass *Reichtum ohne Gier*, das, wie es im Schlusssatz heißt, »linke Leser erfreuen und Nichtlinke irritieren« werde, beim Rezensenten selber eine produktive Irritation ausgelöst hat.

Ähnlich geht es Markus Günther, der das Buch für die konservative *Frankfurter Allgemeine Zeitung* unter die Lupe genommen hat. Sein erstaunliches Fazit ist schon der Überschrift zu entnehmen: »Was Sahra Wagenknecht schreibt: Über diesen Kommunismus könnte man reden.«[37] Als würde sich der Autor direkt auf Wagenknechts Dialogwunsch beziehen, heißt es in dem Artikel: »Man würde ihr gern an vielen Stellen Einwände und skeptische Fragen entgegenhalten, manchmal will man auch rundheraus widersprechen, aber das spricht nicht gegen ihr Buch.« Dass der Rezensent einiges am Wagenknecht'schen Gedankengang kritisch sieht, dass er ihre Vorschläge zur Reform des Finanzmarkts doch letztlich als »klassisch links« bewertet, kann nicht überraschen; wohl aber, dass er am Ende zu einem positiven Urteil gelangt: »Wagenknecht gelingt es, auch dem skeptischen, liberalen Leser zu zeigen, wo die Grenzen der Marktfreiheit und wo die Chancen einer entschlosseneren staatlichen Ordnung liegen könnten. Wenn das mit ›Kommunismus‹ gemeint ist, könnte man darüber reden.«

Klug legt Günther dabei den Finger in die Wunde der Argumentation Wagenknechts, die uns noch beschäftigen wird, nämlich die Tatsache, dass »die Autorin die Frage umgeht, wie diese neue Wirtschaftsordnung denn politisch durchgesetzt werden soll. […] Eigenartig, dass sie sich nicht traut, Klartext zu reden, wenn es um die realpolitische Perspektive geht. Was Sahra Wagenknecht will, müsste gegen die massiven Widerstände in Politik und Wirtschaft, es müsste auch gegen die Grundsätze der Rechtssicherheit und Vertragstreue, nicht zuletzt auch gegen Widerstand aus dem Ausland durchgesetzt werden.« Trotz der Kritik, daran, dass Sahra Wagenknecht an diesem Punkt der politischen Umsetzung »kleinmütig« bleibe, zeugt Günthers Besprechung von hohem Respekt vor der intellektuellen Leistung der Autorin, ihrem »analytischen Blick« und der Fähigkeit, die richtigen Fragen zu stellen.

Auch die *Handelsblatt*-Autorin Corinna Nohn lobt die analytische Schärfe von Sahra Wagenknechts Buch, das »präzise die zentralen Fehlbildungen unserer Wirtschaftsordnung« seziere: »Die Einmischung des Staates an falscher Stelle. Die Entkopplung von Risiko und Haftung. Die aus dem Ruder gelaufene Geldpolitik der EZB. Fusionen allein um der Größe willen. Die zügellose Gier der Investmentbanker.«[38] Und ähnlich wie der *FAZ*-Rezensent wünscht sie sich »konkretere Ausführungen, wie die Transformation in die Wagenknecht'sche Wirtschaftsordnung gelingen soll«. Womit im Wesentlichen ihr Vorschlag der Umwandlung der heutigen Kapitalgesellschaften in Gemeinwohlunternehmen gemeint ist.

Alle diese Besprechungen zeigen, dass es Sahra Wagenknecht mit ihrem Buch, das Günther als ein »volkswirtschaftliches Propädeutikum«[39] bezeichnet, gelungen ist, eine neue Diskussion zu eröffnen. Ihre persönliche intellektuelle Investition in ein zeitraubendes Volkswirtschaftsstudium hat sich fraglos gelohnt. Und tatsächlich ist auch die Weiterentwicklung ihrer ökonomisch begründeten Konzepte bemerkenswert. *Reichtum ohne Gier* ist nämlich durchaus mehr als eine Einführung, auch wenn sich die Autorin tatsächlich alle Mühe gibt, grundlegende wirtschaftliche Zusammenhänge allgemeinverständlich aufzuschlüsseln und zu erklären. Das Alleinstellungsmerkmal dieses Buches liegt darin, in beinahe enzyklopädischer Art gesellschaftliche, historische und politische, insbesondere aber auch soziologische und psychologische Sachverhalte in den Blick zu nehmen, die zwar allesamt mit der Ökonomie verbunden sind, jedoch keineswegs reduktiv auf die Sphäre der Wirtschaft zurückgeführt werden. *Reichtum ohne Gier* ist, so sehr es fraglos der Versuch einer Analyse des gegenwärtigen Kapitalismus ist, kein »Wirtschaftsbuch« im engen Sinne, sondern eigentlich der Entwurf einer Theorie der Gegenwart. Diese geht selbstverständlich – so wie Wagenknecht es bei Marx gelernt hat – von der grundlegenden ökonomischen Entwicklung aus. Sehr viel stärker als in den früheren Büchern aber – und auch das ist ein Marx'sches Erbe – steht der Zweck des Ganzen im Mittelpunkt: Worauf kommt es bei einem fundamentalen, ja, revolutionären Umbau der Gesellschaft an? Mit anderen Worten: Es geht ihr um die Frage nach dem Sinn politischen Handelns, das versucht, die gesellschaftlichen Entwicklungsmöglichkeiten für die Individuen optimal zu gestalten. Nicht zufällig rekurriert Sahra Wagenknecht immer wieder auf die humanistischen Grundlagen der Moderne. Und versucht, den ökonomischen Diskurs nicht isoliert als »Fachwissen« zu präsentieren, sondern ihn in ein umfassendes Nachdenken über eine befreite und gerechte Gesellschaftsordnung einzubinden.

Infolgedessen widmet sie sich – dies ist die zentrale Argumentationsachse des Buches – den Folgen, die die derzeitige kapitalistische Entwicklung für das ehedem emanzipatorische Programm der bürgerlichen Gesellschaft zeitigt. Zum Beispiel beim Thema Freiheit, die es in der Menschheitsgeschichte viel zu selten – und wenn, dann nur für wenige – gegeben hat. Kollektive Freiheit, Freiheit für alle: das war die erste der drei berühmten Forderungen der Revolution von 1789. Sie ist weitgehend Postulat, Parole geblieben. So sehr, dass heute die Rede darüber oft genug mit einer seltsamen Abstraktheit geschlagen ist. »Es ist interessant, dass das Wort *Freiheit* im Indogermanischen auf die gleiche Wurzel *fri* zurückgeht wie die Wörter *Freund* und *Frieden*. *Frij* bedeutet ›lieben‹, und frei sein hieß ursprünglich, ›zu den Freunden gehören‹ oder auch ›in Frieden mit anderen sein‹.«[40] Dahinter steckt ein Menschenbild, das sich scharf von jenem *homo oeconomicus* absetzt, der gewissermaßen der Idealtypus des Kapitalismus ist: ein ausschließlich auf sich selbst und seinen Vorteil fixierter Egoist, dessen Freiheit vor allem darin besteht, ohne Rücksicht seine Ellenbogen zu gebrauchen. Freiheit in diesem Sinne ist forcierte Unabhängigkeit, letztlich das sich allen Verpflichtungen Entledigen: Bindungslosigkeit.

»Nicht Bindungslosigkeit, sondern Bindung macht frei, weil nur sie Halt gewährt«[41], setzt Sahra Wagenknecht dagegen – mit Hinweis darauf, dass Menschen soziale Wesen seien und in Gesellschaft ihrer Mitmenschen viel zufriedener als alleine. Woraus notwendig ein anderer Freiheitsbegriff resultiert, etwa im Sinne Jean-Paul Sartres, der »Freiheit von« und »Freiheit zu« unterschied, um die Differenz deutlich zu machen zwischen einem Zustand der Unabhängigkeit und der Möglichkeit, sich zu entscheiden, eben auch für bestimmte Bindungen.

Kritiker mögen kopfschüttelnd fragen, was solche Reflexionen in einem Buch zu suchen haben, das doch die ökonomischen Schritte aufzeigen möchte, die notwendig sind, um den Kapitalismus zu überwinden. Für die Vertreter der »Standard-Volkswirtschaftslehre«, wie Sahra Wagenknecht sie nennt, sind derartige Überlegungen allenfalls unangebrachtes Philosophieren, anthropologische oder sozialpsychologische Spitzfindigkeiten in einem unpassenden Kontext: eine eitle denkerische Idylle.

Für die Autorin von *Reichtum ohne Gier* geht es indes um die Rahmenbedingungen menschlichen Handelns, die eben nicht auf ökonomische Gesetze reduziert werden können. Es sind alles andere als müßige Spekulationen über das »Wesen des Menschen«, sondern etwas, was dem gängigen ökonomischen Diskurs verloren gegangen ist: die notwendigen Voraussetzungen, um die entscheidende evolutionäre Frage, die nach dem Zweck des Ganzen, überhaupt stellen zu können. Denn erst vor dem Hintergrund dieser Überlegungen wird der Zusammenhang von Ökonomie und Gesellschaft, Individuum und Kollektiv kenntlich.

»Individuell mag jeder seine eigene Mischung an charakterlichen Anlagen haben. Aber welche Eigenschaften gesellschaftlich die Oberhand gewinnen, welche Verhaltensmuster prägend für eine Gesellschaft sind, das hängt davon ab, welches Verhalten eine Gesellschaft fördert und belohnt und welches sie mit Entzug von Anerkennung und Versagen von Erfolg bestraft.«[42] Sahra Wagenknechts theoretische Entwicklung hat sie über viele Einzelstudien gewissermaßen wieder an den Ausgangspunkt ihrer Überlegungen und ihres Engagements zurückgebracht. Nirgends wird das so deutlich wie in *Reichtum ohne Gier*. Gerade ihre intensive Beschäftigung mit ökonomischen Fragestellungen – dem Wunsch geschuldet, in der Spur von Marx, aber auf dem Niveau der zeitgenössischen Theorien die Bewegungsgesetze des Wirtschaftslebens zu verstehen – hat sie zum Urgrund nicht nur der Marx'schen, sondern aller Emanzipationstheorien geführt: der Frage nach dem *guten Leben* und den Bedingungen, die es ermöglichen. Was muss geschehen, dass es eine reale Möglichkeit für alle wird, nicht nur für eine kleine Minderheit? Was die daraus resultierende, am tiefsten gehende, die radikalste Frage nach sich zieht: Was *ist* »gutes Leben«?

Von der Warte einer rein ökonomischen Theorie aus ließe sie sich möglicherweise knapp mit dem Wort »Reichtum« beantworten. Wobei Reichtum selbst hier nicht mit Geld gleichzusetzen wäre, sondern mit der Möglichkeit, autonom über sein Leben zu verfügen. Was insbesondere heißt, über seine Lebens-Zeit zu verfügen. Ein zentrales Versprechen der technischen Innovation, für die der Kapitalismus steht, ist die Reduktion der Zeit, der Arbeitszeit, die wir aufbringen müssen, um uns unser Leben leisten zu können. Genau an diesem Punkt treffen sich Ökonomie und die Frage: »Wozu? Wozu strengen wir unsere Köpfe an, wenn nicht dazu, den Gedanken des guten Lebens umzusetzen?«

Das Thema Reichtum ist für Sahra Wagenknecht eng mit dieser Perspektive verknüpft: »Wenn wir mit fünf oder vier Stunden Arbeit alles bereitstellen können, was wir zu einem guten Leben brauchen, wunderbar. Dann haben wir endlich mehr Zeit für all die anderen Dinge, die neben anspruchsvoller Arbeit für ein glückliches Leben unerlässlich sind: für unsere Lieben und unsere Freunde, für die Lektüre guter Bücher oder den Besuch schöner Konzerte, fürs Joggen. Radfahren und Fußballspielen oder einfach, um auf einer Wiese in der Sonne zu liegen und dem Gesang der Vögel und dem Brummen einer dicken Hummel zuzuhören.«[43] Was für manche vielleicht naiv oder romantisch klingen mag, ist nicht weniger als die Visualisierung des angestrebten guten Lebens.[44] Und die wiederum ist entscheidend, um den Weg dorthin zu finden. Ob am Schreibtisch ihrer Berliner Wohnung oder in Silwingen in ihrem Arbeitszimmer mit Blick in die idyllische saarländische Landschaft – für Sahra Wagenknecht persönlich wird genau in den Stunden, in denen sie Muße hat, ihre Gedanken schweifen lässt, dann ihre Überlegungen strukturiert und am Ende in einem Aufsatz, einem Buch in Form gießt, jene Vision vom guten Leben zumindest für kurze Zeit Wirklichkeit. Für sie steht fest, dass das gute Leben »keine Frage abstrakter Wachstumszahlen« ist. »Nicht das BIP, nicht die Größe des Kapitalstocks, nicht die Geldvermögen und noch nicht einmal die Produktivität taugen zum letztgültigen Maßstab für den Wohlstand einer Gesellschaft.«[45] Sondern eben die Möglichkeit, sein individuelles Leben sinnvoll und frei gestalten zu können.

Um diese Form kollektiver Freiheit zu erreichen, ist freilich eine Verwaltung des existierenden gesellschaftlichen Reichtums nötig, die das kapitalistische Produktions- und Verteilungsmodell grundlegend verändert. Das herrschende »Prinzip Vererbung«, das nach Wagenknechts Meinung längst das ideologisch immer noch hochgehaltene Modell der Leistungsgesellschaft ausgehebelt hat, müsse abgeschafft, Leistung tatsächlich gewürdigt und Eigentum neu verteilt werden. Dies nun ist genau der Punkt, an dem die ökonomischen Überlegungen notwendigerweise vom Status der Kritik zum Alternativmodell fortschreiten müssen. Dafür sorgt Wagenknecht, indem sie mehrere alternative Eigentumsformen diskutiert.

Ausgehend von dem interessanten und erfolgreichen Stiftungsmodell der bereits 1889 gegründeten Carl-Zeiss-Stiftung bringt Sahra Wagenknecht vier Rechtsformen für Unternehmen ins Spiel, die ihrer Meinung nach die heute marktbestimmende Form der Kapitalgesellschaft ersetzen sollten. Es sind: die Personengesellschaft, die Mitarbeitergesellschaft, die öffentliche Gesellschaft und die Gemeinwohlgesellschaft. Mit Ausnahme der Letzteren, die sich für diejenigen Bereiche anbietet, die nicht gewinnorientiert ausgerichtet sind, arbeiten alle diese Unternehmen kommerziell und ertragsorientiert. Sie gehören nicht dem Staat, sondern »sich selbst«, stehen unter öffentlicher Kontrolle und sind nicht privatisierbar. In allen Fällen sind die Mitarbeiter – so wie zum ersten Mal in der Zeiss-Stiftung praktiziert – am Unternehmensgewinn beteiligt. Durch diese »Gemeinschaftlichkeit« steige die Motivation und erwiesenermaßen die Produktivität des Unternehmens.

Mit dieser Transformation der Unternehmen sollte auch die von der Freiburger Schule um Walter Eucken schon direkt nach dem Krieg geforderte »Entflechtung« der existierenden Konzerne, Trusts und monopolistischen Einzelunternehmen einhergehen. Anstelle globaler Unternehmensriesen mit ihrer Dominanz träten kleinere Unternehmenseinheiten, die um denselben Markt konkurrieren. Damit werde der Wettbewerb gefördert und mit ihm die Innovationsqualität.

Das also wäre der »Kommunismus, über den sich reden ließe«. Es ist ohne Frage ein durchdachtes Modell einer neuen Wirtschaftsordnung – mit einschneidenden Konsequenzen. Nach Meinung seiner Schöpferin würde es »den Weg in eine Ökonomie eröffnen, in der Eigentum tatsächlich nur noch durch eigene Arbeit entstehen kann und in der feudale Strukturen und leistungslose Einkommen der Vergangenheit angehören. Wir würden unser Wirtschaftsleben innovativer, flexibler und zugleich sozial gerechter gestalten. Niemand wäre mehr in der Lage, von fremder Arbeit und zulasten anderer reich zu werden. Echte Märkte und freier Wettbewerb hätten eine weit größere Relevanz als heute, freilich nur dort, wo sie funktionieren und ethisch vertretbar sind. Unsere Gemeinwesen wären wieder demokratisch gestaltbar, ohne dass unkontrollierte Unternehmensgiganten uns ständig dazwischengrätschen.«[46]

Eine Utopie? Gewiss. Jedoch eine konkrete: eine *konkretisierbare*. Sahra Wagenknechts Modelle wären, so sagen es viele Fachleute, durchaus realisierbar. Vieles spricht dafür, dass ein derart gestaltetes Wirtschaftsleben funktionieren würde. Jedoch – und da beginnt das entscheidende Kapitel ihrer politischen Laufbahn – nur, wenn es gelingt, die damit verbundenen weitreichenden Einschnitte in die existierende Eigentumsordnung durchzusetzen. Das wäre nach Lage der Dinge nur gegen heftige Widerstände möglich, das heißt, es hätte eine Chance auf Durchsetzung bloß dann, wenn eine von einer klaren Mehrheit der Bevölkerung getragene politische Macht sich zu diesen radikalreformerischen Schritten durchringen könnte. Eine Mehrheit, die das aktuelle Einflusspotenzial der Linkspartei weit übersteigt.

LINKE POLITIK HEUTE

Im Kreuzfeuer der Partei

Am 10. Juni 2018 ergreift auf dem Leipziger Parteitag die Fraktionsvorsitzende der Linken das Wort. Sie trägt ein hellgelbes Kostüm, das sich klar vom klassisch parteirot gehaltenen Hintergrund abhebt. »Gemeinsam mehr werden. Gerechtigkeit ist machbar« kann man darauf in großen Lettern lesen. Die Stimmung im Saal ist gespannt. Vor ihr haben bereits einige ihrer internen Widersacher gesprochen, jeder hier weiß, wie gerne sie Sahra Wagenknecht ausheben, ja, aus der Partei entfernen würden. Und diesmal kommt ihr nicht wie auf dem Magdeburger Parteitag im Mai 2016 ein Tortenattentat zu Hilfe, das automatisch die Solidarität aller auf den Plan ruft. Rufen muss. Denn das ist der verbliebene Grundkonsens der Demokraten jedweder Couleur, die auch die Linke teilt: Gewalt gegen einzelne politische Player darf nicht sein. Da spielt es keine Rolle, welcher Partei er oder sie angehört. In diesem Diskurs genießt erwiesenermaßen auch der AfD-Politiker Artenschutz.

Sahra Wagenknecht hat sich vor dem Parteitag klar positioniert, für klassische linke Positionen geworben, nämlich Politik für die Benachteiligten und Ausgegrenzten zu machen. Aber sie hat sich dadurch angreifbar gemacht, dass sie ihr Engagement für diese – wenigstens scheinbar – gegen ein anderes linkes Grundgesetz ins Spiel brachte. Es ist einmal mehr ihr klarer ökonomischer Verstand, der ihr sagt, dass die Solidarität mit den Schwachen im eigenen Land zwangsläufig in eine Spannung zu jenen tritt, die ihre Heimatländer verlassen und ihr Heil in Europa suchen. Die Gründe dafür sind, wie wir wissen, vielfältig. Aber es gehört zur guten linken Tradition, Flüchtlinge zu schützen, ihnen beizustehen – nicht zuletzt aufgrund der alten anti-nationalistischen Haltung, die den Namen »Internationalismus« trägt. Es ist eine der großen Traditionslinien des linken Projekts, die sich bewusst gegen borniere Kleinstaaterei abgrenzt: Linke Politik, ob man sie nun Sozialismus oder Kommunismus nennt, ist eine Weltangelegenheit – was sonst? Und Solidarität kann demnach nicht an Staatsgrenzen enden. Die daraus resultierende Frage »Was hat Vorrang?« ist seit jeher eine problematische; aber seit 2015 geradezu eine identitäre. Wobei das Problem der Identität die Parteigrenzen übersteigt. Sowohl der Christ als auch die Linke kann sich die »internationale Solidarität«, wie es im einschlägigen Jargon heißt, zu eigen machen, um daraus eine politische Moral abzuleiten. Die freilich erst auf dem Prüfstand der politischen Praxis, das heißt der Umsetzbarkeit in folgenreiches Handeln, das nicht zugleich andere moralische Grundsätze verletzt, Kontur gewinnt.

Sahra Wagenknecht hat aus ihrer Haltung im Vorfeld des Parteitags kein Geheimnis gemacht. Sie sei gegen offene Grenzen, und wer sich, wie etwa bei den Übergriffen in der Silvesternacht 2015/16 in Köln geschehen, nicht an die Gesetze halte, habe sein Gastrecht verwirkt. Das hat ihr viel Kritik eingebracht. Sie schüre »seit Beginn der Flüchtlingskrise Ängste, Fremde könnten Einheimischen Jobs und Wohnungen wegnehmen«,[1] heißt es. Der Linken-Politiker Jan van Aken schreibt gar: »Wer Merkel von rechts kritisiert, kann nicht Vorsitzender einer Linksfraktion sein.«[2] Und noch schlimmer: Von der AfD wird sie für ihre Äußerungen zum Thema Flüchtlinge gelobt und erhält ein Angebot zum Parteieintritt.[3] Wie sie dieser angespannten Situation mit ihrem Auftritt begegnet und was ihr dabei aus den Reihen der Genossen entgegenschlägt, ist bezeichnend. Von der Leipziger Bühne verkündet sie:[4]

»Mit der AfD ist eine rechtsnationale, in Teilen faschistische Partei ins Parlament eingezogen, die inzwischen offensiv daran arbeitet, die deutsche Geschichte umzuschreiben, die Verbrechen der Hitler-Diktatur zu relativieren und der es immer besser gelingt, die Themen der gesellschaftlichen Debatte zu bestimmen. Und ich finde, hier zeigt sich die wichtigste Aufgabe linker Parteien: Wir müssen den Vormarsch der Rechten stoppen, und wir müssen die Demokratie gegen einen entfesselten Kapitalismus und einen zunehmenden

Autoritarismus verteidigen. Das ist doch unsere zentrale Aufgabe, und wir sollten darüber reden, wie wir das am besten schaffen.«

Die *captatio benevolentiae*, ihr Versuch, sich das Wohlwollen des Publikums zu sichern, ist gelungen, wie der durchaus lebhafte Applaus beweist. Kein Wunder, denn der Aufruf zum »Kampf gegen rechts« ist schließlich ein unumstrittener Programmpunkt. Aber selbst noch in diesem Beifall ist ein Vorbehalt spürbar. Alle warten auf den Knackpunkt. Der nicht in der Abgrenzung gegen rechts liegen kann. Nach weiteren Einlassungen zur AfD und zur Verrohung von Sprache und Denken kommt Wagenknecht auf ihr Urthema zu sprechen: Ausbeutung, Ungleichheit und Ungerechtigkeit – der *cantus firmus* der marxistischen Gesellschafts- und Kapitalismuskritik. Man habe es, so sagt sie, »mit nackter, ausbeuterischer Gewalt zu tun«, die »Millionen Menschen in diesem Land tagtäglich angetan« werde. Es ist der Grundgesang aller linken, insbesondere der deutschen Arbeiterparteien. Die die Verhältnisse umwälzen wollen – weltweit. Aber zunächst selbstverständlich für die eigene Klientel zu kämpfen haben. Dieser Konflikt zwischen dem Wunsch, die Welt besser zu machen, und der Aufgabe, zunächst den eigenen Leuten, ihren Wählern, ein menschenwürdiges Leben zu ermöglichen, ist der elementare Konflikt der europäischen Linken. Und es ist kein programmatischer, sondern eine Frage der politischen Prioritätensetzung.

»Viele Menschen«, sagt Sahra Wagenknecht, diesen Punkt ansteuernd, *»können von ihrem Job nur noch so schlecht leben, dass sie einen zweiten brauchen. Und wer nicht topfit und gesund ist, der hat auf diesem Arbeitsmarkt faktisch keine Chance mehr. […] Das sind doch unerträgliche Zustände. Das sind Zustände, die krank machen, und gegen die müssen wir uns erheben. Dafür werden wir gebraucht, und dafür sind wir da!* (stärkerer Beifall) *Und wenn diese Menschen, denen die Politik der letzten Jahre jede Chance auf ein planbares Leben genommen hat, wenn sie sich nach Sicherheit sehnen, nach Stabilität und nach Schutz, dann – meine ich – müssen sie spüren, dass wir an ihrer Seite stehen.* (Beifall, der auch die folgende Passage begleitet) *Wir sind doch gegründet worden, um uns für die einzusetzen, für die sonst niemand kämpft und die keine laute Stimme haben.*

Und ich finde, wenn wir das als unsere Aufgabe annehmen, dann können
wir nicht damit zufrieden sein, wo wir heute stehen. Natürlich freuen wir uns,
wenn wir in den Uni-Städten, wenn wir in den angesagten Vierteln gute Er-
gebnisse erreichen. [...] Aber wenn wir gleichzeitig im Ruhrgebiet oder in den
abgehängten Regionen des Ostens – das waren ja mal unsere Hochburgen –,
wenn wir dort an Rückhalt verlieren, und wenn ausgerechnet die, deren Le-
ben von der Agenda 2010 am schlimmsten verwüstet wurde, uns immer selte-
ner ihre Stimme geben, wenn inzwischen mehr Gewerkschafter AfD wählen
als uns, wenn mehr Arbeitslose und Arbeiter AfD wählen als uns, dann – fin-
de ich – können wir uns nicht zurücklehnen und zur Tagesordnung überge-
hen.« (starker Beifall und «Bravo»-Rufe)

Nein, die Rednerin will nicht zur Tagesordnung übergehen. Sondern sie
will den Konflikt zwischen der programmatischen Schönheit des Postulats
und der alltagspolitischen Notwendigkeit herausarbeiten, wenn es darum
geht, für jene zu sorgen und zu sprechen, die die traditionelle Klientel der
Partei bilden. Sahra Wagenknecht spricht als Realpolitikerin, nicht wie in
früheren Jahren als unbeirrbare marxistische Programmatikerin, wenn sie
den Blick auf die Arbeiter und Arbeitslosen lenkt.

»Es geht darum, dass wir gemeinsam darüber nachdenken, wie wir die Men-
schen zurückgewinnen, die wir in den letzten Jahren verloren haben. Das ist
doch das Thema! Darum geht es doch! (Beifall und Pfiffe)
Und ich meine, das wird uns nur gelingen, wenn wir ihre Sprache spre-
chen, wenn sie spüren, dass wir ihre Probleme, ihre Ängste, ihre Lebensrea-
lität kennen und dass wir ihnen mit Respekt begegnen und nicht von oben
herab. (Beifall) *Und nur, wenn uns das gelingt, wenn wir die Ärmeren, die*
Abstiegsgefährdeten, wenn wir sie wieder erreichen, nur dann können wir
doch auch darin erfolgreich sein, uns dem Rechtsruck entgegenzustellen.«
(Beifall)

»Ihre Sprache sprechen« … man erinnere sich an das zwei Jahrzehnte zu-
rückliegende Streitgespräch mit Gerhard Zwerenz. Hatte er da nicht auf genau dieses Problem aufmerksam gemacht, dass man mit der Sprache, die

Wagenknecht damals sprach, nichts und niemanden erreichen könne? Der Hinweis auf die Sprache ist hier aber vor allem auch eine Überleitung zum Thema der Ängste, die die Menschen bewegen und anfällig für rechte Propaganda machen. Zunächst jedoch widmet sie sich einem weiteren Punkt, der zur klassischen Programmatik der Partei zählt, damit unstrittig ist und stark beklatscht wird – der Ächtung des Krieges. Damit hat Sahra Wagenknecht eigentlich das ganze Programm linker Parolen und Perspektiven abgearbeitet, entsprechend auch die freundliche Zustimmung zumindest in einem Teil des Auditoriums. Dass es Zuhörer gibt, die sich selbst bei diesen von allen getragenen Äußerungen des Beifalls enthalten, zeigt, wie gespalten die Partei in der Causa Wagenknecht ist. Und es sind genau diese Parteimitglieder, die eigentlich nur auf den folgenden, abschließenden Abschnitt der Rede gewartet haben. Sahra Wagenknecht hat ihn gut vorbereitet.

»Liebe Genossinnen und Genossen, wir sind uns auch einig, dass Kriege eine Hauptursache weltweiter Fluchtbewegungen sind. Und wir sind uns einig, dass Verfolgte Asyl erhalten müssen. Ich bin stolz darauf, dass die Bundestagsfraktion gegen jede Verschärfung des Asylrechts gestimmt hat, und das wird auch so bleiben. Ich finde, das zeigt doch, wo wir in dieser Frage stehen. (Beifall)

Und wir sind uns ebenfalls einig, dass Kriegsflüchtlingen geholfen werden muss. Es gibt niemanden in der LINKEN, der das infrage stellt. Und ich finde, es zeugt nicht von gutem Stil, wenn immer so getan wird, als sei das anders. Nein, das ist nicht anders.

Worüber wir diskutieren, ist, ob eine Welt ohne Grenzen unter kapitalistischen Bedingungen wirklich eine linke Forderung sein kann. Selbst da gibt es einiges, was eigentlich gar nicht umstritten ist. Wir verteidigen das Recht armer Länder, ihre Märkte, ihre Wirtschaft mit Zöllen gegen unsere Agrarexporte zu verteidigen und zu schützen. Das heißt eben aber auch, dem freien Warenverkehr Grenzen zu setzen. Wir fordern Kapitalverkehrskontrollen, um zu verhindern, dass Finanzspekulanten über Währungen, Zinsen und das Schicksal ganzer Volkswirtschaften entscheiden. Also auch dem freien Kapitalverkehr wollen wir natürlich Grenzen setzen. (Beifall)

Ja, viele von uns sind vermutlich der Meinung, dass es unverantwortlich ist, armen Ländern ihre qualifizierten Fachkräfte abzuwerben, weil das Ar-

mut und Elend vor Ort nur weiter vergrößert. Ja, wir streiten über die Frage, ob es für Arbeitsmigration Grenzen geben sollte, und wenn ja, wo sie liegen. Aber warum können wir das nicht sachlich tun, ohne Diffamierungen?« (starker Beifall, Jubelrufe, Pfiffe) Nicht jeder müsse ihrer Meinung sein, aber was sie erwarte, sei »eine solidarische Diskussion. Und wenn mir und anderen Genossinnen und Genossen aus den eigenen Reihen Nationalismus, Rassismus und AfD-Nähe vorgeworfen wird oder wenn unterstellt wird, wir würden vor dem rechten Zeitgeist einknicken, dann ist das das Gegenteil einer solidarischen Debatte!« (Beifall und zustimmende Rufe)

Ich meine, von AfD light war die Rede, Übernahme von AfD-Positionen. Man muss sich doch mal darüber im Klaren sein, was man damit eigentlich sagt: Damit rückt man Genossinnen und Genossen unserer Partei in die Nähe eines Alexander Gauland, der das verbrecherische Naziregime als ›Vogelschiss in der deutschen Geschichte‹ bezeichnet hat. Ich finde das infam, und ich finde, das dürfen wir nicht machen. (Beifall) Deswegen meine ich, wir sollten diese absurden Debatten beenden und lieber gemeinsam darum kämpfen, dass Gaulands AfD zu einem Vogelschiss in der deutschen Geschichte wird, (Beifall, der die nächsten Worte begleitet) nämlich dass Gaulands AfD in zehn Jahren vergessen sein wird. Das ist doch unser Job, statt uns hier zu zerlegen und solche Kämpfe zu führen!«

Der letzte Punkt ihrer Rede widmet sich der Sammlungsbewegung »Aufstehen«, um die laut Wagenknecht »teilweise seltsame Debatten geführt werden«. Es handle sich nicht »um ein Alternativprojekt zur LINKEN, das uns schwächen soll, sondern es geht darum, dass wir breiter und stärker werden, wenn wir die Politik in diesem Land verändern wollen«. Hörbare negative Reaktionen aus dem Auditorium gibt es zu diesen Ausführungen nicht. Mit dem Appell, die Grabenkämpfe innerhalb der Linken zu beenden, kommt sie unter Beifall zum Schluss. Ein Teil der applaudierenden Delegierten, darunter auch die Parteivorsitzenden Kipping und Riexinger, haben sich von den Plätzen erhoben.

Laut Tagesordnung dürfen jetzt drei Fragen an die Rednerin gestellt werden.[5] Alle Wortmeldungen erhalten mit ihren Vorstößen und teils emotional stark aufgeladenen Attacken gegen Wagenknecht viel Zuspruch aus dem Publikum. Natürlich steht deren Position zur Flüchtlingsfrage dabei im Mittelpunkt. Die Stimmung im Saal ist nun aufgeheizt, nach der Rede Wagenknechts war dies nicht der Fall. Es wird deutlich, dass es in der Debatte nicht nur um eine Grundsatzfrage der Partei der Linken geht, sondern um eine fundamentale moralische Position aller Linken. Das Thema Asylrecht und Umgang mit Flüchtlingen berührt das klassische Internationalismus-Paradigma. Ein Thema, das – dies wird deutlich – in diesem Kontext gegen Sahra Wagenknecht verwendet wird. Die Aufregung schwappt so hoch, dass ein Delegierter den Antrag stellt, die angerissenen Probleme für eine Stunde weiter zu diskutieren. Er wird angenommen. Diese Stunde zeigt eine zerrissene, mit sich selbst beschäftigte Partei, in der sich die Sachfragen kaum mehr von den Personalfragen, sprich: von der Frage, welche Rolle Sahra Wagenknecht zukommt, trennen lassen.

Es geht, wie man neuerdings allerorten sagt, um »Identität«: darum, wer man ist, wenn man Linker ist; was man unter dieser Perspektive zu tun und zu lassen hat. Diese Fragen sind durchaus nicht neu. Und doch ist festzustellen, dass diejenigen, die mit guten Gründen gegen die rechte völkische Bewegung der »Identitären« protestieren, häufig ihre eigenen identitären, das heißt letztlich einer rationalen Überprüfung entzogenen Elemente nicht sehen (wollen). Identität in diesem Sinne ist ein Abgrenzungskonzept, das eine klare Trennungslinie zwischen »uns« und »den anderen« formuliert. Es gehört zur Logik politischer Parteien, das zu tun – je mehr, desto weltanschaulicher. Und es müssen die Alarmglocken schrillen, wenn sich diese Logik von Dazugehörigkeit und Trennung *innerhalb* einer Partei durchsetzt. Es ist die Geburtsstunde von kaum mehr regulierbaren Emotionen. Wie hatte es Gregor Gysi im Juni 2012 auf dem Bundesparteitag der Linken ausgedrückt: »In unserer Fraktion im Bundestag herrscht auch Hass.« Am 10. Juni 2018 wird er spürbar.

Aufstehen?

Die Bundestagswahl 2017 bezeichnet einen Wendepunkt in der deutschen Politik. Erstmalig ziehen sieben Parteien ins Parlament ein. Die beiden traditionell größten Parteien bzw. Fraktionen verlieren zusammen beinahe 14 Prozent. Die SPD, die kurz vor den Wahlen noch einen demoskopischen Höhenflug mit ihrem neuen Spitzenkandidaten Martin Schulz erlebt hatte, erhält von den Wählern mit 20,5 Prozent eine gewaltige Ohrfeige. Und obwohl die Grünen wie auch die Linke leicht zulegen können, ist klar: Die in den letzten Jahren immer wieder diskutierte, von manchen als einzig wirkliche politische Alternative zur Großen Koalition oder schwarz-gelben Regierungsbündnissen angesehene rot-rot-grüne Koalition ist rein rechnerisch nicht mehr möglich. Überhaupt hat sich das parlamentarische Bild massiv verändert: Nicht nur ist die 2013 abgestürzte FDP mit mehr als 10 Prozent zurückgekehrt, sondern mit der AfD auch erstmals seit Bestehen der Bundesrepublik eine rechte Partei in den Bundestag eingezogen; zudem mit 12,6 Prozent als drittstärkste Kraft nach der Neuformierung der Großen Koalition in der Rolle der Oppositionsführerin. Vorausgegangen war der Groko-Erneuerung eine Verhandlung über eine neue Regierungskonstellation von CDU/CSU, FDP und Grünen, die sogenannte Jamaika-Koalition, die nach mehrwöchigen Sondierungsgesprächen von der FDP für gescheitert erklärt wurde.

Die neue alte Regierungskoalition von drei Parteien, die allesamt schwere Einbußen hatten hinnehmen müssen, gilt vielen als »unmöglicher« Kompromiss. Insbesondere die Sozialdemokraten, die diese Möglichkeit vorher faktisch ausgeschlossen hatten, festigen einmal mehr ihren Ruf als Umfallerpartei, die ihr problematisches Verhalten im Zweifel mit »staatspolitischer Verantwortung« begründet. »Wer hat uns verraten…?« – der alte Spruch bekommt in bestimmten Kreisen neue Konjunktur.

Am Esszimmertisch in Silwingen herrscht in dieser Zeit trotz des leichten Zugewinns von einem halben Prozentpunkt, den die Linke gegenüber der Wahl 2013 erzielt hat, Katerstimmung. Auch wenn die Bereitschaft zu einer grün-linken Regierung insbesondere bei der Parteispitze der SPD nie besonders groß gewesen ist: Es war immerhin nicht nur eine Hoffnung, sondern eine reale Möglichkeit. Was ist nun zu tun, um nicht nur den deutlich erkennbaren Rechtsruck in Deutschland zu stoppen, sondern eine kraftvolle linke Gegenbewegung zu schaffen?

Vom Silwinger Haus sind es so wenige Meter zur französischen Grenze, dass der Handybenutzer von seinem Anbieter regelmäßig über die Bedingungen für Telefonate in Frankreich informiert wird. Oskar Lafontaine ist nicht nur Träger eines französischen Namens, sondern ein bekennender Sympathisant des französischen Lebensstils – und der Linken des Nachbarlandes, die sich von der deutschen durchaus unterscheidet. Im April 2017 hatte Jean-Luc Mélenchon mit seinem kurz vorher ins Leben gerufenen Bündnis »La France insoumise« fast 20 Prozent der Stimmen bei den Präsidentschaftswahlen geholt. Ein Modell auch für Deutschland?

Der Blick über die Grenze spielt jedenfalls eine Rolle bei den Gesprächen, die Sahra Wagenknecht und Oskar Lafontaine in dieser Zeit führen. Ob beim Abendessen oder auf ihren Spaziergängen, immer wieder geht es darum, wie die desolate politische Pattsituation in der Bundesrepublik überwunden werden könne. »Nach dem Scheitern der Jamaika-Verhandlungen, als sich abzeichnete, dass es tatsächlich eine Neuauflage der Großen Koalition geben wird, haben wir immer wieder darüber gesprochen, wie man aus der Sackgasse herauskommen kann, dass die SPD an ihrem Untergang arbeitet, die Linke aber in ihrer aktuellen Verfassung nicht ansatzweise in der Lage ist, die Wähler, die der SPD davonlaufen, zu erreichen, und dadurch das Lager jenseits der Union insgesamt immer schmaler wird«, sagt Sahra Wagenknecht. Es ist ein Dauerthema in ihren Diskussionen über die politische Zukunft – und immer wieder taucht Mélenchons Bündnis als möglicher Ausweg auf: als eine Initiative, die Schwung in die Verhältnisse bringen könnte. In den Silwinger Gesprächen formt sich mehr und mehr die Idee einer parteienübergreifenden Bewegung. Natürlich kommen in diesem Zusammenhang auch die Kampagne des britischen Labour-Vorsitzenden Jeremy Corbyn und die Initiative »The People for Bernie Sanders« zur Unterstützung des US-Präsidentschaftskandidaten 2016 zur Sprache.

»Als Erster hatte dann, glaube ich, Oskar öffentlich gefordert, dass es eigentlich eine neue linke Volkspartei bräuchte, da die SPD keine mehr sei und die Linke in der aktuellen Verfassung keine werden könne«, erinnert sich Sahra Wagenknecht. »Aus dieser Idee entwickelte sich der Gedanke einer linken Sammlungsbewegung, die die vernünftigen Leute der verschiedenen linken Parteien und die, die sich von ihnen längst abgewandt haben, zusammenbringt und möglichst so viel Schwung entfalten sollte, dass sie auch die Parteien – im Optimalfall die SPD, eventuell aber auch die Linke – so verändert, dass sie sich zu einer mehrheitsfähigen linken Volkspartei fortentwickelt.«

Die Idee ist geboren – Sahra Wagenknecht und Oskar Lafontaine suchen den Kontakt mit einer Reihe von ähnlich Denkenden, parteienübergreifend, und schnell wird deutlich: Es gibt Resonanz. Seit dem Frühjahr 2018 ist die Bewegung öffentliches Gesprächsthema. Als die Internetplattform *#Aufstehen* im August eingerichtet wird, registrieren sich in kürzester Zeit mehr als 100 000 Menschen. Am 4. September erfolgt die offizielle Gründung des Vereins mit einer Pressekonferenz, auf der Sahra Wagenknecht zusammen mit dem Berliner Dramaturgen Bernd Stegemann, dem Grünen-Politiker Ludger Volmer und der Flensburger Oberbürgermeisterin Simone Lange auftritt, die es ein halbes Jahr vorher gewagt hatte, gegen Andrea Nahles bei der Wahl zur SPD-Vorsitzenden anzutreten. Sahra Wagenknecht hatte sie persönlich aufgesucht und für das Projekt »Aufstehen« gewonnen.

»Aufstehen« ist ein medialer Coup. Das Echo in den Publikationsorganen ist so gespalten wie das der etablierten politischen Parteien. Leitmedien wie der *SPIEGEL* geben der jungen Bewegung Platz zur Selbstdarstellung. Noch im August erscheint unter dem Titel »Raus aus der Wagenburg«[6] ein Gastbeitrag von Marco Bülow, damals noch Mitglied der SPD, Sevim Dağdelen von der Linken und der Grünen Antje Vollmer. Das Ganze abgerundet durch – natürlich – ein Interview mit Sahra Wagenknecht.

Zu den ersten Unterstützern zählen bekannte Autoren wie Ingo Schulze und Eugen Ruge, prominente Wissenschaftler wie der Soziologe und ehemalige Direktor des Max-Planck-Instituts für Gesellschaftsforschung Wolfgang Streeck, der Historiker Peter Brandt, der ehemalige Rektor der Hochschule für Schauspielkunst »Ernst Busch« Berlin Wolfgang Engler und der Wirtschaftswissenschaftler Dieter Klein, der seinerzeit schon aktiv bei der Gründung der PDS beteiligt war.

Die Reaktionen aus den Parteien sind überwiegend kritisch. Insbesondere in der Linken gibt es Unmut: Ist »Aufstehen« nicht der Versuch einer

Spaltung der Partei, die Vorform einer neue Parteigründung? Ist es Sahra Wagenknechts Antwort auf den heftigen Gegenwind der Parteiführung?

Aber auch prominente Vertreter und Sympathisanten der Parteien, um die »Aufstehen« wirbt, zeigen den Initiatoren die kalte Schulter. Klaus Staeck, SPD-Mitglied und bis 2015 Präsident der Akademie der Künste in Berlin, versteht »Aufstehen« als »Frontalangriff vor allem gegen die Sozialdemokratie«[7]. Die Grünenvorsitzende Annalena Baerbock kritisiert, wie auch der Sozialforscher Dieter Rucht oder die SPD-Politikerin Hilde Mattheis, Vorsitzende des Forums Demokratische Linke 21, an der Bewegung die »Gründung von oben«. Und der grüne Spitzenkandidat für das Europaparlament, Sven Giegold, seines Zeichens Gründungsmitglied von Attac, bringt einen gängigen Vorbehalt gegen die Leitfiguren der Sammlungsbewegung in einem Tweet exemplarisch zum Ausdruck: »Wer sammeln will, muss aufhören, alle abzuurteilen, die anderer Meinung sind! Bin gespannt, ob bei Europa, UN-Missionen, Wirtschaft, Flüchtlingen, Klima, usw. #aufstehen den Geist von @SWagenknecht und #Lafontaine atmet oder den Geist einer modernen, offenen und pluralen Linken.«[8] Immer wieder geht es um die »Bewegungsrichtung«: von oben nach unten, statt von der Basis aufsteigend?

Am 10. September 2018, wenige Tage nach der ersten Pressekonferenz, diskutiert im Wissenschaftszentrum Berlin, moderiert vom Direktor der WZB-Abteilung »Demokratie und Demokratisierung« Wolfgang Merkel, eine kleine Runde über »Aufstehen« als möglichen Ausweg aus der Krise nicht nur der Linken, sondern auch der repräsentativen Demokratie: Wolfgang Streeck gilt als einer der Masterminds von »Aufstehen«, Nils Heisterhagen, Philosoph, Politik- und Volkswirtschaftler sowie umtriebiger, intelligenter politischer Journalist und Buchautor, ist zu diesem Zeitpunkt Grundsatzreferent der Partei in Rheinland-Pfalz und Hoffnungsträger einer Grunderneuerung der SPD. Wenige Tage nach dieser Podiumsveranstaltung wird die Landtagsfraktion die Zusammenarbeit mit dem eigenständigen Denker beenden. Bei der Veranstaltung in Berlin stehen aber nicht die drei Herren im Mittelpunkt des Interesses, sondern Sahra Wagenknecht, die noch einmal die Idee und die politischen Ziele der Bewegung erläutert.

Gleich zu Beginn ihres Statements greift sie eine gängige Kritik auf: »Sie haben völlig recht«, sagt sie zum Moderator, der in seiner Einleitung erneut das Problem einer »Gründung von oben« anspricht, »im Idealfall entstehen Bewegungen aus der Gesellschaft heraus. Das hat es immer wieder gegeben. Und wenn diese Bewegungen stark werden, dann können sie etwas verändern. Es hat aber auch immer wieder Bewegungen gegeben, die eine Initialzündung brauchten. Die Bewegungen, die in den letzten Jahren in Deutschland entstanden sind – es gibt ja welche –, waren rechte Bewegungen. Also Pegida ist ja eine Bewegung. Pegida ist auch nicht im Selbstlauf entstanden. Natürlich waren da Leute beteiligt aus der rechten Szene, natürlich wurden da bestimmten Stimmungen bewusst genutzt, um eine solche Bewegung aufzubauen und zu installieren, und es hat, aus unserer Sicht leider, funktioniert.«[9]

Als Politikerin der Linken habe sie lange Jahre immer gehofft, »es entsteht einmal eine soziale Bewegung, die Druck ausübt«. Denn gerade als Oppositionspartei wünsche man sich, dass die Regierung unter Druck gesetzt werde. Diese Bewegung, alle wissen das, sei nie entstanden. Stattdessen habe sich eine politische Situation entwickelt, die sich für jeden, der sich als progressiv begreift und sich für soziale Politik einsetzt, eigentlich als Sackgasse darstellen müsse. Jeder müsse sich fragen, »kann man jetzt einfach so weitermachen wie bisher, kann man an den bisherigen politischen Ritualen festhalten, oder macht man sich am Ende nicht mitschuldig an einer Veränderung dieses Landes, der man ganz erkennbar keinen ausreichenden Widerstand entgegensetzen kann«.

Ihre Partei Die Linke stehe augenblicklich bei etwa 9 bis 10 Prozent, gravierende Zugewinne seien nicht absehbar – und damit auch keine Parlamentsmehrheit für soziale Politik. Dass die AfD Oppositionsführerin ist und in vielen ostdeutschen Bundesländern stärkste Partei – damit will sich Sahra Wagenknecht nicht abfinden. »Und für mich war das wirklich der Auslöser, als die letzte Bundestagswahl gelaufen war, als wir die Wahlergebnisse hatten, die wir hatten, also für die Sozialdemokratie ein dramatisch schlechtes Ergebnis, allerdings auch für die Union Angela Merkels ein sehr schlechtes Ergebnis – die AfD entsprechend stark. […] da hab ich mir wirklich gesagt: Jetzt reicht's nicht nur, zu warten, ob irgendwas passiert. Man muss jetzt versuchen, etwas in Gang zu setzen, was einen neuen linken Aufbruch, zumindest als Potenzial, als Chance, beinhaltet.«

Sie bestreitet, dass es sich bei »Aufstehen« um eine Idee handele, die »am Küchentisch im Saarland geboren wurde, sondern es ist eine Idee gewesen, die jetzt relativ schon im Frühstadium mit Menschen diskutiert wurde und besprochen wurde, die aus einer ganz anderen Warte ähnliche Sorgen umtreiben. Wir haben dann über viele Monate – das war dann nicht inszeniert, sondern um mit vielen Menschen zu sprechen, die das mit auf den Weg bringen, muss man einfach eine gewisse Zeit einplanen – mit insgesamt 80 Initiatoren Gespräche geführt.«

Unzweifelhaft ist sie stolz auf die vielen Intellektuellen und Künstler, die sich anschließen – und beinahe schockiert über den gewaltigen, in dieser Größenordnung nicht erwarteten Zulauf. Man spürt in ihrem Redebeitrag etwas von der Überforderung, die in dem Projekt steckt. Aber eben auch etwas von der Herausforderung angesichts einer politischen Krise, die Endzeitvisionen heraufbeschwört.

Es sei, sagt sie,

»vielleicht die letzte Chance, die wir haben – jetzt ein solches Potenzial zu erschließen, ansonsten sehe ich den Zug irgendwann als abgefahren an. Dann werden wir einen Rechtstrend erleben, dann werden wir eine Rechtsentwicklung erleben, die am Ende aus diesem liberalen Wirtschaftsliberalismus, den wir heute haben, einen autoritären Wirtschaftsliberalismus machen wird. Das ist ja das, was wir in vielen anderen europäischen Ländern beobachten können. […] Und dem etwas entgegenzusetzen, das war die Motivation, und da finde ich, wenn man eine Entwicklung beobachtet, die in eine falsche Richtung geht, und das Gespür hat, wenn wir einfach das machen, was wir bisher gemacht haben, dann stoppen wir das nicht, dann muss man zu einem Punkt kommen und etwas Neues versuchen, weil sonst ist man auch sich selber gegenüber nicht mehr glaubwürdig.

Zumindest ich bin in die Politik gegangen, weil ich etwas verändern will und nicht in der Opposition Reden halten will. Und ich halte es für ganz wichtig, dass wir in Deutschland nach der nächsten Wahl eine andere Regierung haben mit einem anderen Programm. Ansonsten sehe ich das, was sich jetzt schon an Stimmungsveränderung, an Klimaveränderung andeutet, ob das in Chemnitz, in Köthen oder anderswo ist, wirklich in eine ganz gefährliche Entwicklung münden. Und irgendwann kann man der vielleicht auch nicht mehr entgegentreten.«

Sahra Wagenknecht redet in dieser Veranstaltung sehr verhalten, wissenschaftlich präzise, unter gänzlichem Verzicht auf agitatorische Töne. Natürlich will sie für ihre Sammlungsbewegung werben, weiß aber um den Rahmen, in dem die Podiumsdiskussion stattfindet. Auf diesem Forum geht es nicht um Agitation, sondern um Analyse. Wenn man den gesprochenen Text genauer betrachtet, kann man sich indes des Eindrucks kaum erwehren, dass sich hier die analytische Klarheit mit einer gänzlich anderen Qualität paart: der Verzweiflung. »Letzte Chance«: Es liegt ein Hauch von Endzeitstimmung über dem Ganzen. »Jetzt oder nie!« Sahra Wagenknecht spricht über politische Realitäten im Modus der Eschatologie. Was sich an den Rändern der Demokratie zeigt, sind in der Tat Phänomene und Symptome, die Erinnerungen an die schrecklichsten Zeiten des 20. Jahrhunderts heraufbeschwören.

Das Projekt »Aufstehen« hat in der linken Szene fast dieselbe Wirkung wie ihre Initiatorin: Es polarisiert. Und es hat ein grundlegendes Problem: Die hohe Zustimmung im Internet bedeutet nicht unbedingt, dass die Sympathisanten sich auch im *real life* engagieren. Das entscheidende Feld für Bewegungen dieser Art ist nach wie vor die Straße, und nach der Sommerpause sind die Träger der Idee noch nicht so weit, eigene Demonstrationen und Veranstaltungen zu organisieren.

Sahra Wagenknecht versucht, ihr Engagement für »Aufstehen« mit ihrer Partei abzustimmen, klarzumachen, dass keine Spaltungsabsicht dahintersteht. Aber das Misstrauen in der Gruppierung, die gegen sie arbeitet, ist gewaltig. Und auch in der Spitze von »Aufstehen« sind nach der Euphorie der Anfangsphase Konflikte aufgebrochen. Die politische Heterogenität der Teilnehmer ist größer als gedacht. Als »Aufstehen« sich nicht an der großen »unteilbar«-Demonstration gegen Rassismus und Rechtsradikalismus im Oktober 2018 beteiligt, wird das in weiten Kreisen der linken Szene scharf kritisiert. Und der darauffolgende Winter scheint den Initiatoren keine geeignete Startzeit für die Präsenz auf der Straße.

Als Sahra Wagenknechts durch Krankheit erzwungener Ausstieg, Rückzug oder wie immer man die Reduktion ihres Engagements für die Bewegung im Winter 2019 nennen will, erfolgt, haben sich die Kontroversen und Konflikte im Kreis der prominenten Leitfiguren verstärkt. Zudem klafft nach wie vor ein gewaltiges Loch zwischen der Internetpotenz von 170 000 Inskribierten und den leeren Straßen, die sowohl den Mangel an einem Programm als auch einer Mobilisierung anzeigen, die von der virtuellen zur wirklichen Realität reicht. »Aufstehen« wirkt derzeit wie die Wiederkehr der alten Hoffnung auf eine mächtige linke Bewegung – und des ewigen Unvermögens, sie zu realisieren.

Für Sahra Wagenknecht könnte es die letzte Station in ihrem Bemühen sein, ihren politischen Traum tatsächlich auch im politischen Feld zu verwirklichen. Zurückgepfiffen durch eine perfide Krankheit, wird ihr vielleicht erstmalig wirklich das Gefälle zwischen Wunsch und Wirklichkeit, »richtigem« Denken und seiner Durchsetzbarkeit, Theorie und Praxis deutlich. Ausgetragen nicht auf den Plattformen von Parteitagen, parlamentarischen Debatten oder medialen Scharmützeln, sondern im eigenen Körper. In diesem Sinne gewinnt das Label »Aufstehen« eine nahezu tragisch-ironische Konnotation. Wer durch die Folgen eines erschöpfenden Engagements, gleichgültig, wie es zu bewerten sei, seine eigenen Möglichkeiten übersteigt, wird es, nach zu kurzer Nachtruhe, schwer haben mit dem Aufstehen.

Die Revolution frisst ihre Kinder

Ein Beben geht durch die bundesrepublikanische Presselandschaft, wie es wohl nur wenige aktuelle Politikerinnen auszulösen vermögen. Am Samstag bereits ist es durchgesickert, und am Sonntag, dem 10. März 2019, haben es die Leser der *Frankfurter Allgemeinen Sonntagszeitung* bei Kaffee und Brötchen schwarz auf weiß: Sahra Wagenknecht wird sich aus der Führungsspitze der »Aufstehen«-Bewegung zurückziehen. Dass dies nur die erste Welle des Wagenknecht-Tsunamis war, der über Talkshows, Printmedien und das Netz hinwegrollen würde, stellt sich einen Tag später heraus: Am 11. März bestätigt der Fraktionssprecher der Linken, Michael Schlick, entsprechende Medienberichte, Sahra

Wagenknecht habe ihren Rückzug auch aus dem Fraktionsvorstand der Linken angekündigt. Es ist ein Paukenschlag, in dessen Folge viel über Mobbing, Burn-out und die Intriganz des politischen Berlin diskutiert wird, das Thema aber ebenso schnell wieder in der Versenkung verschwindet. Während die einen, wie Ralf Stegner, sofort die Chance für neue Mehrheiten wittern, stehen Teile der Linken unter Schock. Wie aber formuliert es die Frau, die dieses Beben verursacht hat, selbst? Viele haben den O-Ton gewiss noch im Ohr:

>Die Gründe dafür sind schlicht, dass meine Gesundheit mir Grenzen gesetzt hat. Und wenn man solche Grenzen erlebt, dann gibt es irgendwo einen Punkt, wo man dann doch merkt, wenn man den Warnschuss nicht ernst nimmt, dann geht das nicht gut aus. Und das war für mich dann nach einer Abwesenheit jetzt von fast zwei Monaten, in der ich krank war, doch der Punkt, wo ich mich entschieden habe, etwas zurückzutreten.<[10]

Durchaus charmant: die Formulierung >etwas zurückzutreten<. Denn sie umschifft das Pathos, das gerne mit der Mitteilung derartiger Entscheidungen verbunden wird, und macht zugleich deutlich, dass die Verkünderin der Botschaft politisch aktiv bleiben wird – auch ohne das wichtige Parteiamt. Die am 11. März an die Fraktion versandte Mail klingt selbstverständlich etwas formeller:

>Liebe Kolleginnen und Kollegen,
wie ihr wisst, musste ich knapp zwei Monate lang meine politische Arbeit krankheitsbedingt ruhen lassen. Viele von Euch haben mir in der Zeit Genesungswünsche geschickt, worüber ich mich sehr gefreut habe. Inzwischen geht es mir wieder gut. Allerdings hat mir die lange Krankheit, deren Auslöser in erster Linie Stress und Überlastung waren, Grenzen aufgezeigt, die ich in Zukunft nicht mehr überschreiten möchte. Ich habe daher heute den Fraktionsvorstand informiert, dass ich bei der in diesem Jahr anstehenden Neuwahl der Fraktionsspitze nicht erneut kandidieren werde. Um einen ordentlichen Übergang zu gewährleisten, werde ich meine Aufgaben als Fraktionsvorsitzende bis dahin wahrnehmen. Auch danach bleibe ich selbstverständlich po-

litisch aktiv und werde mich weiterhin für meine Überzeugungen und sozia-
len Ziele engagieren.

Mit solidarischen Grüßen,

Eure Sahra Wagenknecht«[11]

Ja, es waren Gesundheitsgründe, die sie zu ihrer für viele überraschenden Entscheidung bewogen haben. Burn-out *ist* eine schwere Krankheit. Interessant indes auch hier die Wortwahl. Sahra Wagenknecht spricht dezidiert von »meinen Überzeugungen«, für die sie sich auch künftig einsetzen wolle. Beim Rücktritt der Fraktionsvorsitzenden einer Partei, die sich stärker als andere programmatisch, ja teilweise immer noch »weltanschaulich« orientiert, könnte man durchaus erwarten, dass »unsere Überzeugungen« in den Mittelpunkt gestellt würden. Schließlich wird vom »ordentlichen Übergang« bis zu den »solidarischen Grüßen« forciert die Kontinuität des politischen Zusammenhangs angesprochen, den die Partei repräsentiert.

Wer Augen zu lesen und Ohren zu hören hatte, konnte zwischen den Zeilen ihrer verschiedenen Verlautbarungen durchaus etwas von dem wahrnehmen, was über die »Gesundheitsgründe« hinauswies. Sahra Wagenknechts Rücktritt von ihrem wichtigen, mühsam erkämpften Parteiamt war die Konsequenz eines langen Prozesses, der in die Krankheit führte. Und die Krankheit war die Ausnahmesituation, die es ihr gestattete, den Irrsinn der Normalität zu erkennen.

Es ist eines der zentralen Themen unseres letzten Gesprächs in Silwingen. Wieder die Terrasse, wieder der überwältigend orchestrale Gesang der Vögel. Es ist ein schöner Tag. Sogar die lebenssinnstiftende Hummel brummt vorbei. Die graue Katze bekomme ich erst kurz vor meiner Abfahrt zu Gesicht.

Als Sahra Wagenknecht nun, ein paar Wochen nach der schwierigen Entscheidung, über diese Krankheitstage redet, wird deutlich, dass es tatsächlich eines solchen »von außen« gesetzten Ereignisses, einer nicht steuerbaren Zäsur bedurfte, um ihr Leben neu einzustellen. Denn um nicht weniger ging und geht es. Die Entscheidung, das Parteiamt niederzulegen, war und ist der körperlichen Verfassung geschuldet. Aber nicht nur. Und zugleich war die Entscheidung weit mehr als eine »politische«. Sie lässt sich weder auf Fragen parteipolitischer Strategie noch auf persönliche Karriere-perspektiven reduzieren. Die Zeit der Krankheit war die dringend notwen-dige Auszeit eines gehetzten Lebens. Viele Spitzenpolitiker der Republik kennen diesen zerfetzenden Dauerstress. Den manche nicht nur in Kauf nehmen, sondern lieben, obwohl er immer mit Verzicht und Lebensein-schränkung erkauft ist. Sehr viele, die es in diesem Geschäft zu etwas ge-bracht haben, können schlicht nicht mehr ohne. Und es wäre eine falsche Überhöhung, darin ausschließlich eine verantwortungsethische Entschei-dung zu sehen. Der Thrill, im Rampenlicht zu stehen, Einfluss, ja Macht zu haben, ist riesengroß. Er ist das Crystal Meth des öffentlichen Lebens. Die Klügeren der Politstars wissen das, und manche geben es sogar zu. Sucht ist ein Problem, ziemlich gleichgültig, welchem »Stoff« sie gilt.

Sahra Wagenknecht hat zweifellos auch mit dieser Sucht Bekanntschaft gemacht. Natürlich ist auch sie angefixt von der Aufmerksamkeit, die ihr zuteil wird. Aber es gibt bei ihr ein anderes Leben, ein älteres, das nach an-deren Regeln funktioniert. Ein Leben, das sie zwar in die Politik geführt hat, aber nicht darin aufgeht, ja eigentlich nicht wirklich in dieses Format passt. Ihre Lebensdroge sind nach wie vor die Wörter: die Ausdrucksmit-tel der Gedanken anderer, die Anreger des eigenen Denkens, die Botschaf-ter, die es möglich machen, sich Dritten mitzuteilen. Lesen, Lektüre ist für Sahra Wagenknecht buchstäblich ein Lebensmittel: Nahrung, *Futter*. Ohne das sie verhungert. Oder eben krank wird.

In den Wochen ihrer Krankheit bekommt sie zum ersten Mal seit Jah-ren wieder ausreichend von dem Stoff, der sie satt macht und ihr Leben mit Sinn ausstattet. Endlich hat sie Ruhe zum Lesen, kann ihr geliebtes Spiel mit den Wörtern wieder aufnehmen. Die Sehnsucht danach ist seit Jahren groß – aber zu ihrem Erstaunen muss sie feststellen, dass die Wörter es nicht einfach verzeihen, für längere Zeit in die zweite Reihe gerückt zu werden. Als sie sich, von der Krankheit gequält, aber von der Routine des Politalltags freigesetzt, dem meterhoch gewachsenen Stapel der noch un-gelesenen Bücher nähert, den sie in den letzten Monaten und Jahren auf-gehäuft hatte, merkt sie mit Erschrecken, dass es nicht mehr geht: Sie, die es gewohnt war, ohne Probleme zwölf Stunden am Tag schwierigste philosophische Texte zu lesen, sieht sich damit konfrontiert, dass sie nicht mehr die nötige Konzentration aufbringen kann. Eine Krise. Die sie nachdenklich stimmt. »Das Denken muss erst wieder anspringen«, sagt sie: »Ich war leer.«

Als es mit der Lektüre nach ein paar Tagen wieder klappt, macht sich auch das alte Suchtpotenzial des Wortfutters bemerkbar – ein anderes als das der Politik. Wobei das nicht heißen muss, Lesen, Schreiben, Denken seien die Kehrseite der Politik. Aber die Politik – als Beruf – ist mit dem reflexiven Kosmos der Wörter durch die aufwendigen Routinen, die jede Spitzenpolitikerin zu bewältigen hat, in der Tat wenig kompatibel. Während ihrer Krankheit erfährt Sahra Wagenknecht, wie sie es im Brief an die Fraktion geschrieben hat, eine Grenze. Ihre Grenze. Vielleicht die ihres Lebens. Vielleicht die ihrer Utopie.

Sahra Wagenknechts Krankheit wirkt wie das harmlose Steinchen, das eine Lawine auslöst. In der vom Arzt verordneten Auszeit, in der sie keine Wahlkampfauftritte absolviert, keine Parteisitzungen durchzustehen hat, ja, in der sie sogar darauf verzichtet, ihre Mails zu lesen, wird ihr klar, was sie die letzten Jahre gekostet haben. Sie ist jetzt zehn Jahre im Bundestag, steht seit vier Jahren an der Spitze der Fraktion, kennt das politische Geschäft in- und auswendig. Sie ist eines der bekanntesten Gesichter Deutschlands. Und was hat sie erreicht? »Opposition ist Mist« – nicht nur der ehemalige SPD-Vorsitzende Franz Müntefering, der dieses Wort prägte, war davon überzeugt, dass eine Politik, die tatsächlich etwas verändern will, nur über Regierungsbeteiligung möglich ist. Die liegt für Sahra Wagenknecht Anfang 2019 in weiter Ferne. Der Traum von einer rot-rot-grünen Regierung ist geplatzt. Nicht nur, weil SPD und Grüne politische Wendungen hinter sich haben, die sich immer weiter von den Ideen eines sozialen Umbaus der Republik entfernt haben, die Wagenknecht bewegen. Nein, seit der Bundestagswahl 2017 ist klar, dass es augenblicklich nicht einmal eine rechnerische Mehrheit für eine solche Koalition gibt. Die eigene Partei dümpelt bei 10 Prozent, Tendenz eher abwärts. Die Stimmung in der Linken ist mehr als schlecht, seit Jahren ist Sahra Wagenknecht die Zielscheibe eines bemerkenswerten Hasses ihrer innerparteilichen Feinde und Gegnerinnen; der letzte Parteitag in Leipzig 2018 hatte Züge einer öffentlich inszenierten Hinrichtung. Nicht leicht, dem standzuhalten, zumal sie sich neben dem Engagement in der Partei auch noch in der von ihr initiierten Bewegung »Aufstehen« einbringt – und verschleißt.

Was steht auf der Haben-Seite dieser letzten Dekade? Klar, ihr Aufstieg zur Spitzenpolitikerin, die erworbene öffentliche Achtung. Der freilich eine starke Portion Ächtung, vor allem in den eigenen Reihen, gegenübersteht. Sicherlich, die Eroberung vieler Medien, die sie vorher nicht beachtet hatten. Etwa die Möglichkeit, in der *FAZ* zu publizieren, nicht zuletzt das Verdienst des intellektuell wachen Frank Schirrmacher, der mittlerweile nicht mehr am Leben ist. Und selbstverständlich ihre theoretischen Fortschritte im Bereich der Ökonomie, die sie auch die Politik anders beurteilen lassen. Aber was sie in diesem Feld publiziert hat, liegt schon etwas zurück: *Reichtum ohne Gier* – ihr bestes Buch – stammt von 2016. Und sie sieht sich, so sagt sie, derzeit außerstande, dem etwas folgen zu lassen.

Die Bilanz fällt höchst ambivalent aus. Zumal ihr während der erzwungenen Auszeit deutlicher als jemals die Grenzen ihrer Fähigkeiten bewusst werden. Ja, sie stimmt im Grunde dem Urteil ihres Mannes zu, der sie nicht wirklich als Politikerin sieht. »Mein politisches Talent«, sagt sie zu mir, »ist ein gebrochenes.« Sie weiß, dass sie Menschen gewinnen kann, dass sie die Fähigkeit hat, mit ihren Auftritten Vertrauen und Zustimmung zu schaffen. Aber letztlich, sagt sie, sei ihr das politische Handwerk fremd: »Also, den Apparat beherrschen, das liegt mir nicht. Die Fraktion zu führen, das macht eigentlich Dietmar Bartsch. Und das gehört ja eigentlich zur Politik: Leute zusammenzuholen, zu strukturieren, mit Leuten umzugehen.«

Mir fällt Oskar Lafontaines Bemerkung ein, dass sie keine Rudelführerin sei. Als ich überlege, ob ich es ansprechen soll, sagt sie: »Ich hab's versucht. Im Nachhinein bin ich auch froh, dass ich's versucht habe ... Wenn ich's damals nicht versucht hätte, hätte ich wahrscheinlich immer gesagt, wer weiß, wie's gelaufen wäre.« Noch nie hat sie Zweifel an ihrer politischen Fähigkeit so deutlich formuliert. Heute kann sie ihr Talent, im Rückblick auf die kompromisslose radikale Marxistin, die sie vor 25, 30 Jahren war, und den langen Weg, den sie seither zurückgelegt hat, mit anderen Augen sehen. Sahra Wagenknechts Burn-out bringt sie sich selber wieder in einer Weise nahe, die in der Stresszeit als Fraktionsvorsitzende der Linken wie ausgelöscht war. Ihr krankheitsbedingter Rückzug ins Private, die Wiedereröffnung ihres internen literarischen Salons, die gewonnene Zeit, ihre Beziehung mit Oskar Lafontaine so intensiv zu leben, wie es sonst nur in den Urlauben möglich war – all dies schafft Raum für den schwierigsten, aber eben auch wichtigsten Dialog, den ein Mensch im Leben führen kann: den Dialog mit sich selbst.

Als sie mir 2019 auf der Silwinger Terrasse in der matten Frühjahrssonne gegenübersitzt, meine ich etwas von den Veränderungen zu spüren, die sich seit unserem letzten Treffen im Dezember 2018 ereignet haben. In das konzentrierte Sprechen, das ich von ihr kenne, hat sich ein neuer Ton eingeschlichen. Tatsächlich habe ich ab und zu den überraschenden Eindruck, wir säßen zu dritt am Tisch; so, als wäre ihr Alter Ego stumm an unserer Unterhaltung beteiligt. Das Gespräch mit mir ist in vielen Passagen die Veröffentlichung ihres inneren Diskurses. Manchmal scheint es, als würde sie ihre Gedanken einem Praxistest aussetzen. Es ist spürbar, dass ihr im März verkündeter Beschluss, sich nicht nur von der Fraktionsspitze zurückzuziehen, sondern auch ihr Engagement bei »Aufstehen« einzuschränken, in den letzten Wochen die Kraft des Faktischen entfaltet hat. Sahra Wagenknecht weiß nun unwiderruflich, dass sie an einem Wendepunkt steht. »Das Leben ist ja nicht unbegrenzt«, sagt sie ernst. Und ich habe das Gefühl, dass sie – vielleicht zum ersten Mal – für sich eine Gegenwart erobert hat, die es ihr erlaubt, ihre Vergangenheit gelassen zu betrachten – ohne dass aus der Erinnerung automatisch Belastungen für die Zukunft erwachsen. Und ohne dass moralische Bewertungen und Selbstkritiken einen Zwang des ewigen Weitermachens stiften.

»Was war denn Ihr größter politischer Fehler?«, frage ich. Die Antwort kommt nach kurzem Nachdenken – und überrascht mich: »›Aufstehen‹ nicht gut vorbereitet zu haben. Ich hab damals gedacht, wenn es einmal läuft, dann hat das eine Eigendynamik. Ich hätte mir viel mehr Gedanken machen müssen. Ich hätte vorher ein Tableau von Leuten haben müssen, die wirklich mitarbeiten. Ich hab mich darum gekümmert, die Promis zu sammeln, aber ich hatte zu wenige Leute, die wirklich arbeiten. Und ich hätte natürlich ein Konzept haben müssen: Was ist die erste, die zweite, die dritte Aktion … Ich hab mich ein bisschen treiben lassen von dem Eindruck: Ja, jetzt haben wir so viele gute Leute … und da dachte ich, alles Weitere wird sich aus der Bewegung ergeben. Da war ich wirklich zu spontaneistisch, was ich sonst gar nicht bin.«

Alles, was sie sagt, und wie sie es sagt, vermittelt mir den Eindruck eines wirklichen Rückblicks. Sahra Wagenknecht redet über ein abgeschlossenes Kapitel ihres Lebens. Sicherlich, sie wird weiter in der Linkspartei – und, wenn sie gefragt wird, auch in der Bundestagsfraktion – bleiben. Und sie wird »Aufstehen« nach Kräften unterstützen. Aber eben nach den Kräften, die sie, vielleicht zum ersten Mal in ihrem Leben, gelernt hat, realistisch einzuschätzen. Möglich, es würde jedenfalls zu ihrem außergewöhnlichen Charakter passen, dass sie im Moment, da sie von der Position der Spitzenpolitikerin Abschied nimmt, wirklich zur Realpolitikerin – in einem sehr persönlichen Sinn – geworden ist: jemand, der seine individuellen Kräfte und Grenzen kennt und achtet, sie in ein realistisches Verhältnis zu den gegebenen Handlungsmöglichkeiten setzt. 2017 hatte Sahra Wagenknecht zur Vorbereitung einer Klausurtagung der Fraktion an die »liebe[n] Abgeordnete[n] unserer neu gewählten Bundestagsfraktion« einen Brief geschrieben, in dem es heißt:

> *»Nachdem ich gemeinsam mit Dietmar Bartsch, dem Wahlkampfleiter Matthias Höhn und Tausenden Parteimitgliedern in einem engagierten Wahlkampf um ein möglichst gutes Ergebnis gekämpft habe, bin ich gern bereit, mich auch weiterhin an der Spitze der Fraktion mit ganzer Kraft für eine starke Linke und eine sozialere Politik in unserem Land einzusetzen. Allerdings bitte ich um Euer Verständnis, dass ich das nur tun kann, wenn ich meine Kraft tatsächlich für die Auseinandersetzung mit dem politischen Gegner zur Verfügung habe und nicht einen großen Teil davon in innerparteilichen Kleinkriegen verschleißen muss. Das setzt ausreichenden Rückhalt in der Fraktion und Unterstützung im Fraktionsvorstand voraus. Dafür werden Dietmar und ich Euch entsprechende personelle Vorschläge machen, die alle Richtungen in der Fraktion berücksichtigen, aber zugleich unsere Arbeitsfähigkeit gewährleisten.«[12]*

Wenn man diese Worte mit der Realität des kaum ein halbes Jahr danach stattfindenden Leipziger Parteitages vergleicht, wird endgültig deutlich, wo die Grenzen liegen, die ihr von außen gesetzt wurden. Es sind die Grenzen, die in der Politik häufig genug dadurch gezogen werden, dass Politisches mit Moralischem vermischt wird. In Wagenknechts Brief an die Abgeordneten werden sie konkret angesprochen:

»Leider gibt es nicht erst seit der Bundestagswahl in unserer Partei Konflikte, die, wenn sie weiter eskalieren, der Linken massiven Schaden zufügen können. Es ist in einer pluralistischen Partei normal, dass es unterschiedliche Sichtweisen gibt. Es ist legitim, dass die Parteivorsitzenden Katja Kipping und Bernd Riexinger 2015 in der Nachfolge von Gregor Gysi eine andere Fraktionsspitze als Dietmar und mich vorgezogen hätten. Es ist genauso legitim, dass sie uns beide als Spitzenkandidaten für den Bundestagswahlkampf verhindern wollten. In beiden Fällen hat es demokratische Entscheidungen gegeben, die anders ausfielen, als Bernd Riexinger und Katja Kipping sich das gewünscht hatten. Nicht legitim ist es nach meinem Verständnis, dass diese Entscheidungen von ihnen auch im Nachhinein nie akzeptiert wurden, sondern in einem penetranten Kleinkrieg daran gearbeitet wurde, sie aus dem Hinterhalt und mittels Intrigen zu unterlaufen. [...] Am Tag nach der Wahl musste ich mir im Parteivorstand in einer spürbar feindseligen Atmosphäre sogar vorhalten lassen, ich würde Wähler vergraulen. Seither bringt das Neue Deutschland online fast täglich Artikel von engen politischen Vertrauten der Parteivorsitzenden Kipping, die mich ›halb-rechter‹, ›AfD-naher‹ oder gar ›rassistischer‹ und ›nationalsozialer‹ Positionen bezichtigen. Die Art dieser Debatte zeigt leider auch, dass in unserer Partei inzwischen ein Klima geschaffen wurde, das keine normale Diskussionskultur mehr zulässt. Wenn jeder, der die Position ›offene Grenzen für alle Menschen jetzt sofort‹ nicht teilt, sofort unter Generalverdacht gestellt wird, ein Rassist und halber Nazi zu sein, ist eine sachliche Diskussion über eine vernünftige strategische Ausrichtung nicht mehr führbar.«[13]

Diese Kritik wird im selben Herbst 2017 Nahrung durch eine durchgesickerte Äußerung von Bernd Riexinger finden. Mittlerweile berühmt ist der von Zeugen bestätigte Ausspruch, den er im Oktober 2017 in einer

Madrider Kneipe nach dem Genuss einiger Gläser Wein tat: Man werde Wagenknecht zwar nicht stürzen können, aber »Sahra muss gegangen werden, und daran arbeiten wir. Wenn wir sie immer wieder abwatschen und sie merkt, sie kommt mit ihren Positionen nicht durch, wird sie sicher von alleine gehen.«

Es ist nur ein kleiner Einblick in die inneren Konflikte der Linkspartei in den letzten Jahren. Warum die Differenzen so stark sind, ist eine interessante, aber hier nicht zu beantwortende Frage. Die Vermutung, es sei der traditionelle weltanschauliche Rahmen, der sich besonders heftig an den für alle Parteien geltenden Konkurrenz- und Aufstiegsbedingungen sowie auch am innerparteilichen Neid bricht, hat wohl etwas für sich. Ideologisch aufheizbare Konflikte sind stets besonders destruktiv. Nicht zuletzt, weil sie Abstraktionen zulassen und befördern, die dem eigentlichen politischen Geschäft abträglich sind. Denn Politik ist, auch wenn das nicht jedem gefällt, in letzter Konsequenz immer ein Aushandeln, ein Kompromiss, ja, ein Abweichen von in Stein gehauenen Grundsätzen. Wer sie blank vertreten, das heißt gegen die im Kern stets »kompromisslerische« Realität als unhintergehbare Prinzipien setzen möchte, hat in unserer parlamentarischen Demokratie keine Chance.

Politiker werden: Politik als Beruf lernen und ausüben, ist ein schwieriges, mitunter schmieriges Geschäft. Sahra Wagenknecht hat ihren Sonderstatus in dieser Szene nicht zuletzt deshalb, weil sie eben nicht wirklich als Politikerin wahrgenommen wird. Ihr Bild als Außenseiterin ist das Kapital ihres besonderen Erfolgs. Wie naiv ihr ursprünglicher Zugang zur Politik war, wie verblendet ihre Vorstellungen und wie seltsam ihr aktueller Rückblick auf die gerade ad acta gelegte politische Karriere ist, ist in unserem Gespräch nach dem Rücktritt erlebbar:

»Ich hab in der Politik überhaupt erst gelernt, was Politik machen bedeutet. Damals, als ich mich dazu entschieden hab, ich will politisch was verändern, hieß das für mich: Ich habe eine richtige Meinung, und diese richtige Meinung muss ich allen so eindrücklich vermitteln, dass sie die teilen. Das war meine Vorstellung von Politik. Und so erreicht man Mehrheiten. Und ich hab ja überhaupt erst dadurch, dass ich in Funktionen gekommen bin, auch mitbe-

kommen, was meine Probleme sind. Also ich war ja damals vollständig davon überzeugt, dass ich ein hoch fähiger Politiker bin. Weil ich einfach meinte, ich habe eine gute Meinung, die ich fundiert begründen kann. Und ich hab dann relativ schnell bemerkt, dass ich so reden kann, dass ich die Menschen erreiche. Aber das ist eben nur ein winziger Teil von Politik. Noch lange nicht, was den erfolgreichen Politiker ausmacht.«

Erst nach 2009 habe sie bemerkt,

> *»dass es ein Problem ist, wenn man sich in andere nicht hineinversetzt, sich nicht hineinversetzen kann und einfach bestimmte Dinge nicht merkt, die man bemerken müsste. […] Ich glaube schon, dass ich heute ein wesentlich sozialerer Mensch bin als vor 20 oder 30 Jahren. Da war ich ja sehr einzelgängerisch. Heute bin ich viel mehr gruppenbezogen. Also heute habe ich auch eine gewisse Fähigkeit, mit Menschen umzugehen, auf Menschen einzugehen, diese Arroganz abzulegen gegenüber anderen, die man vielleicht als nicht so brillant erlebt, wo man eher die Schwächen wahrnimmt. Ich habe früher auch dazu geneigt, Schwächen zu verachten. Also nicht die sozial Schwachen, sondern wenn jemand was gemacht hat, was ich als opportunistisch eingeschätzt habe, wenn er einen Kompromiss gemacht hat, hab ich früher viel mehr dazu geneigt, das zu verachten.*«

Sahra Wagenknecht beschreibt – eine ziemlich einzigartige Betrachtungsweise – Politik nicht nur als hartes Geschäft konfligierender Interessen, sondern als Lehrjahre des Gefühls. »Éducation sentimentale« nannte es Flaubert in seinem berühmten Roman, der das Erwachsenwerden eines Menschen in den Koordinaten von Wunsch und Wirklichkeit, Liebe und Fremdheit gegenüber dem Leben zu fassen versucht. Und wenn es so wäre? Für Sahra Wagenknecht, die lange Zeit ihre Wünsche über die Wirklichkeit gestellt und den Wunsch analytisch entsprechend präpariert hat, ist es ein doppelt aufsehenerregender Schritt, ihren Abschied von der Politik mit der Idee eines grundsätzlich anderen Identitätsentwurfs zu koppeln.

Trotz der unbestreitbaren Konsequenz, die darin aufscheint, gibt es, zumindest in den Medien, doch auch die Kritik an einem vermeintlich »feigen« Aufgeben. Und nicht erst seit 2019 wird das Paar Lafontaine-Wagenknecht als »Spalter« der deutschen Linken bezeichnet.[14] Wie immer man das bewerten mag, es trifft einen wunden Punkt. Oskar Lafontaines Rückzug aus der jungen rot-grünen Regierung 1999 löste eine Krise der deutschen Sozialdemokratie aus; anders gesagt: machte die in der Partei untergründig schwelende Krise deutlich.[15] Sahra Wagenknechts Positionen zur Migrationsfrage haben in der Linkspartei ein Beben initiiert, dessen Folgen noch nicht absehbar sind. Welche Wirkung ihr Rückzug aus der Fraktionsspitze für die Partei haben wird, ist heute kaum abzuschätzen.

Ein alter linker Traum – wie weiter?

Halten wir fest: Sahra Wagenknechts Kapitalismus- und Gesellschaftsdiagnose trifft so viele neuralgische Punkte der Gegenwart, dass man sie »zutreffend« nennen muss. Und zwar jenseits aller moralischen Begründung oder politischen Präferenz. Die Krisenphänomene, die Wagenknecht nicht zuletzt in ihren Publikationen anspricht, sind vielfältig. Sie reichen vom systemischen Versagen des Bankenwesens und des Finanzmarkts mit seinen weitgehend unkontrollierbaren Aktionen über den renditeabhängigen technologischen Innovationsstopp der Wirtschaft bis hin zu dem, was John Kenneth Galbraith Mitte des letzten Jahrhunderts in seiner Analyse des Weltwirtschaftscrashs von 1929 »Bluff und Schwindel an der Spitze vieler Unternehmen«[16] genannt hatte. Mittlerweile ist nicht nur der schamlose Betrug von Firmen wie VW gegenüber ihren Kunden aktenkundig, sondern auch die direkte Beteiligung ihrer Führung Gegenstand strafrechtlicher Verfolgung. Immerhin: Die Verfahren gegen die verantwortlichen Chefs sind ein gutes, demokratisches Zeichen. Der Beweis, dass »die da oben« möglicherweise doch nicht einfach so davonkommen.

Die Liste skandalöser Verfehlungen im nationalen und internationalen Kontext indes wäre leicht zu verlängern. Ganz zu schweigen von den Steuerbetrügereien in schwindelerregender Milliardenhöhe, die ab und zu kurze mediale Aufregung nach den entsprechenden *Tagesschau*-Meldungen verursachen. Nicht nur Steueroasen wie Panama oder die Cayman Islands stehen dabei im Fokus, sondern EU-abgesicherte Garantien, die es internationalen Konzernen wie Google oder Amazon erlauben, lediglich minimale Abgaben zu entrichten. Oder wirtschaftskriminelle Machenschaften wie die Cum-Ex-Affäre, die dem Staat insgesamt so viele Milliarden geraubt hat, wie er im Jahr für Hartz IV ausgibt.[17] Über das Auseinanderdriften der Schere zwischen Arm und Reich könnte man endlose Klagegesänge anstimmen.

Um es kurz zu machen: Der real existierende Kapitalismus *ist* ein System, das die herrschende Ungleichheit und Ungerechtigkeit in unserer Gesellschaft perpetuiert und verschärft. Der Versuch, dagegen eine radikalreformerische Politik zu setzen, ist nicht nur sympathisch: Er ist, sofern man die Versprechungen sozialstaatlicher Demokratie ernst nimmt, notwendig.

Dass Sahra Wagenknecht ihre Kräfte dafür eingesetzt hat, wird niemand leugnen. Nicht immer mit dem professionellen Geschick, das viele Politiker auszeichnet. Was auch damit zusammenhängt, dass sie nie wirklich »Berufspolitikerin« geworden ist. Obgleich sie mittlerweile seit 15 Jahren als solche gilt. Aber sie hat nicht nur viele der Stigmata vermieden, die heute immer mehr Bürger als typisch für professionelle Politiker ansehen, sondern ein Alternativmodell vorgelebt. Mitunter unfreiwillig. Sahra Wagenknechts Beitrag zur politischen Auseinandersetzung in Deutschland ist von einer Vielgestaltigkeit, die viele verwirrt. Und viele fasziniert. Dass etwa neben der analytischen Kraft ihrer Überlegungen eine verblüffende Lust an der Selbstinszenierung steht, sorgt gerade in ihrem näheren politischen Umfeld oft genug für Ratlosigkeit: Ist sie vielleicht doch nur eine Selbstdarstellerin? Eine, die aus persönlichen Motiven linke Positionen vertritt?

Dieser Verdacht lässt sich bei genauerer Kenntnis der Person kategorisch abweisen. Für Sahra Wagenknecht ist Linkssein der Kern ihrer Identität. Allerdings haben sich die Perspektiven, was darunter zu verstehen sei, im Laufe der Jahre verändert. Denn in einem Punkt ist Sahra Wagenknecht tatsächlich dem einst verehrten Lenin treu geblieben, der das Motto »Lernen, lernen, lernen« in die Welt gesetzt hatte: Sie hat es getan. Sowohl in ihrer theoretischen Analyse als auch in ihren praktisch politischen Interventionen hat sie sich seit den frühen Tagen ihres gesellschaftspolitischen Engagements stetig weiterentwickelt.

Ihre Entscheidung für linke, sozialistische Politik hatte ursprünglich damit zu tun, in Marx einen Theoriegott gefunden zu haben, der sie auf die sichere Spur des Wissens geführt hat. Aber es sind vor allem ihre persönlichen Erfahrungen von Verlust, Ausgrenzung und »Andersheit«, ihre konfliktreiche Kindheit und Jugend in der DDR, die sie auf den Weg gebracht haben, dem sie seit nunmehr 30 Jahren treu gefolgt ist.

Sahra Wagenknecht ist in diesem Sinne »Ostfrau« geblieben. Sie hat, im Gegensatz zu vielen anderen, ihre frühen theoretischen Intuitionen nicht pauschal verworfen, nicht die Seite gewechselt. Sie ist nicht untreu geworden. Aber sie hat gelernt. Politisch ganz wesentlich durch die Erfahrungen, die sie im Westen machte. 1998 ist dafür das Schlüsseljahr. Sie ist dadurch keine »Westfrau« geworden. Aber sie ist heute fraglos nicht mehr in erster Linie durch ihre DDR-Sozialisation beeinflusst. Sahra Wagenknecht würde es vielleicht nicht so formulieren, aber ihre Biografie ist nicht zuletzt geprägt durch die Synthese zweier Kulturen, die in ihr Leben eingegriffen und es geformt haben: die komplizierte Verdichtung eines geschichtlichen Prozesses in der eigenen Person.

Sahra Wagenknecht hat in der Politik Erfahrungen machen können, die auch ihr intellektuelles Leben bereichern: nicht zuletzt in den mitunter zehrenden Auseinandersetzungen mit politischen Freunden und Gegnern. In ihnen bilden und schärfen sich Einsichten, die nicht aus Büchern zu gewinnen sind – auch wenn der dabei durchlaufene Prozess von ihr mitunter beinahe übersehen oder ignoriert wird. Denn fast scheint es, als entginge Sahra Wagenknecht ihr eigener Entwicklungsprozess, das, was sich bei ihrer Sicht auf die Welt und sich selber verändert hat. Immer wieder gibt es eine Art *backstop*, der ihr zu suggerieren scheint, die früh im Leben gefundene Denkposition, die mit den Namen Goethe, Hegel und Marx verbunden ist, sei identisch geblieben. Es ist das Fundament der Wagenknecht'schen Treue. Und zugleich eine seltsame Selbstverkennung. In der persönlichen Unterhaltung spricht sie die teilweise durchaus grundlegenden theoretischen und politischen Veränderungen erstaunlich indirekt an: »Ich hab dann irgendwie gemerkt, dass ich die Erklärungen, die ich gemacht habe, also die Texte, nicht mehr gut fand oder dass ich den Tonfall auch nicht mehr gut fand … Also, ich hab mich ja nie so empfunden, dass ich mich so stark verändert hätte. Das war ja mehr aus dem Prozess heraus.« Dabei sind ihre Entwicklungen unverkennbar. Was ihr von ihren Gegnern den Vorwurf eingebracht hat, sie habe aus Karrieregründen frühere Positionen aufgegeben. Das weist sie zurück. Jeder, der ihre Geschichte kennt, wird ihr glauben.

Trotzdem – und das gehört zu Wagenknechts genuinem Trotz – gibt es etwas in ihr, das sich der Vorstellung einer »Revision« ihrer ursprünglichen Ansichten widersetzt. Ist es das bei vielen Marxisten erkennbare Zurückschaudern davor, von »der Wahrheit« abgefallen zu sein? Tatsächlich existiert keine zweite Theorie, die wie der Marxismus zum Bekenntnis auffordert. Wer sich als Marxist begreift, nimmt sein Leben lang – retrospektiv – an dem großen historischen Emanzipationsversuch der Arbeiterbewegung mit ihren aufopfernden Kämpfen um gesellschaftliche Veränderung persönlichen Anteil. In dieser Geschichte steckt ein Identitätsangebot, das nicht selten zum Identitätszwang wird. Auf der Seite der Erniedrigten und Beleidigten zu stehen und für sie und ihre Rechte zu kämpfen ist eine moralische Verpflichtung. Eine Verpflichtung, die sich nicht nur aus der Marx'schen Theorie ableitet, sondern sie in letzter Konsequenz als unhintergehbare Wahrheit anerkennt. Von dieser Annahme ist das persönliche Weltbild ebenso wie die eigene Identität abhängig.

Für Sahra Wagenknecht ist Marx derjenige, der die faustische Frage, was die Welt im Innersten zusammenhält, dahin erweitert, wie man, im Wissen um das »Gesetz der Welt«, nicht nur sich selber, sondern sie, die Welt, transformieren kann. Sein vielleicht bekanntester Satz, die 11. Feuerbachthese, lautet: »Die Philosophen haben die Welt nur verschieden *interpretiert*; es kommt aber darauf an, sie zu *verändern*.«[18] Er wird, insbesondere in linken Kreisen, gerne dafür benutzt, den ominösen Übergang von der Theorie zur Praxis, den Sprung vom Wissen ins Handeln, gewissermaßen aus dem Wesen der Marx'schen Theorie zu erklären. So, als folge aus der aufmerksamen Lektüre des Meisters automatisch die Entscheidung für politische Praxis. Das macht vielleicht auch verständlich, warum die begabte Theoretikerin und Literaturliebhaberin nicht den scheinbar vorgezeichneten Weg in die Universität und das Universum des Wissens, sondern den ins praktische Handgemenge der Politik genommen hat. Denn wer mit Marx eine überzeugende Antwort auf die Frage, wie die Welt funk-

tioniert, gefunden hat, dem ist es aufgegeben, dieses Wissen zur Weltver-
änderung zu nutzen.

Die Realgeschichte des Marxismus zeigt indes die ihm innewohnende Struktur des Bekenntnisses und des *Glaubens* – ganz unabhängig davon,
welchen Wahrheitsgehalt man dieser sicherlich wichtigsten Gesellschafts-
und Emanzipationstheorie der Neuzeit zusprechen mag. Und wer von der
identitären Logik angeblich marxistisch inspirierter Parteien infiziert worden ist, trägt einen inneren Schaden davon. Sahra Wagenknecht selber hat
den wohl umstrittensten Besucher ihres Salons nie ausgebürgert. Sie ist nicht
bereit, die Marx'schen Analysen in ihrer Triftigkeit preiszugeben. Aber sie
sieht auch – und das ist eine Folge ihres politischen Lebens –, wie grotesk seine angeblichen Erbwalter ihn für einen politischen Entwurf benutzt haben,
der nichts mehr mit den emanzipatorischen Zielen von Marx zu tun hatte.

Nahezu alles, wofür Sahra Wagenknecht heute politisch steht, entspricht dem klassischen, dem besten sozialdemokratischen Erbe. Es ist
der Versuch, das nachzuholen, was die SPD versäumt oder aufgegeben hat.
Dass es von einer theoretisch »höheren« Warte aus geschieht, ist dabei fast
nebensächlich. Sahra Wagenknecht will das, was die SPD vor 1914 vertrat,
was die von ihr verehrte Rosa Luxemburg forderte, was jeder will, der mehr
Gerechtigkeit in der Gesellschaft verlangt. Aber immer noch gibt es einen
»identitären Rest«, der typisch für alle ist, die ihr intellektuelles Profil am
und im Marxismus gewonnen haben: eine schwer zu durchschauende Be-
kenntnisstruktur. Wenn man Sahra Wagenknecht fragt, ob sie noch Marxistin sei, kommt die übliche Antwort: Ja. Aber zunächst müsse geklärt
werden, was man denn unter Marxismus verstehe. Es ist die Antwort, die
alle geben, die im Marxismus mehr als nur ein potentes Analysemittel sehen. Tatsächlich scheint es das Schicksal dieser Theorie zu sein, dass ihre
Anhänger die ihr ureigene Religionskritik nicht selbstreflexiv wenden können. Karl Marx war da durchaus entschiedener: »Je ne suis pas Marxiste«[19]
war seine Selbstauskunft. Man könnte es als Hinweis darauf verstehen, dass
er eine Theorie, einen Analysetyp und keine Wahrheit oder einen an diese
anknüpfenden Glauben vorzuschlagen hatte.

Die in der Wolle gefärbte marxistische Theoretikerin Sahra Wagenknecht, die über drei Jahrzehnte politischer Arbeit immer mehr über die

Realität – auch in den Dimensionen, die sich eben nicht mehr mit der Marx'schen Theorie hinreichend begreifen lassen – gelernt hat, steckt in einem grundsätzlichen Dilemma. Was kann sie, die sich dem Kampf für mehr Gerechtigkeit und ein gutes Leben für alle verschrieben hat, sich selber vorweisen? Was wird sie am Ende erreicht haben? Politisches Handeln ist für sie immer auch eine Art »Selbstbeweis«: der Nachweis, dass sie mit ihren außergewöhnlichen Fähigkeiten etwas zu schaffen in der Lage ist, das dem eigenen kritischen Blick standhält. Es gehe, so sagt sie es selbst, um ihre »Lebensleistung«. Ihr wichtigstes Ziel ist immer noch, etwas für die zu bewirken, die ihr am Herzen liegen, weil sie ungerecht behandelt werden; eben die Erniedrigten und Beleidigten, diejenigen, die ohne Schuld ins gesellschaftliche Abseits geraten sind. Sie will die Gesellschaft gerechter, die Wirtschaft transparenter und effizienter, das Leben der Menschen lebenswerter machen. Der gesellschaftliche Reichtum soll fair verteilt werden: »Reichtum ohne Gier« ist möglich, wie sie in einem ihrer Bücher nachgewiesen hat. Es gibt also objektive Handlungsziele. In diesem Sinne bleibt sie einer Utopie verpflichtet, die es wagt, sich realpolitisch zu Wort zu melden. Genau das ist ihr Alleinstellungsmerkmal. Und wohl auch das, was sie so vielen Menschen als Hoffnungsträgerin plausibel macht. Sie verkörpert den Möglichkeitssinn im Feld des Politischen. Wie lange das im Rahmen ihrer Partei glaubwürdig sein wird, ist so offen wie die Frage, ob das Umfeld von »Aufstehen« dafür das richtige Habitat sein kann.

Es ist fraglos nach wie vor der alte linke Traum, der sie antreibt. Dass sie seine Verwirklichung längst nicht mehr wie die orthodoxen Marxisten im Modell der Revolution sieht, sondern in einer konsequenten Reformpolitik, die die immanenten Chancen des auch von Marx in dieser Hinsicht hoch geschätzten Kapitalismus mit neuen sozialen Modellen der Eigentumsverteilung umsetzt, steht bislang am Ende ihres Denk- und Erfahrungswegs. Ihr Wunsch, beides voranzubringen: das Denken der Welt und ihre praktische Veränderung, ist eine Utopie, an deren Realisierung Zweifel erlaubt sind. Zu welcher Zerreißprobe diese Doppelexistenz als Theoretikerin, Intellektuelle, Autorin mit einer unstillbaren Lust am Denken auf der einen und als pragmatisch agierende Politikerin auf der anderen Seite werden kann, musste Sahra Wagenknecht schmerzhaft erfahren.

Erinnern wir uns: »Im Innersten meiner Plane und Vorsätze, und Unternehmungen bleib ich mir geheimnisvoll selbst getreu und knüpfe so wieder mein gesellschaftliches, politisches, moralisches und poetisches Leben in einen verborgenen Knoten zusammen.«[20] So Goethe in einer Selbstreflexion, die er darauf ausweitete, dass jedes wesentliche Leben einen solchen Knoten besitze; dass ein Leben nur zu begreifen und zu beschreiben sei, wenn es gelinge, diesen Knoten auszumachen: zu verstehen, welche möglicherweise ganz unterschiedlichen Stränge sich hier zusammenfinden. Wobei es nicht immer um glückliche Verknüpfungen geht, sondern manchmal – häufig genug – um problematische Verbindungen des Ungleichnamigen, einander Widerstreitenden, um nicht zu sagen: des Widersprüchlichen. Die Persönlichkeit, so Goethe, könne nur in der »lebendigen Vereinigung« entgegengesetzter Eigenschaften gedacht werden.

Scheinbar antiquierte Wortbildungen passen gut zum Leben Sahra Wagenknechts. Das sich ja seit den Anfängen ihres Denkens immer wieder in außergewöhnlichen, immer wieder »unzeitgemäßen« Rahmen abgespielt hat; das sie dazu bewogen hat, sich in andere Zeiten und Welten hineinzuversetzen, die sie oft genug auch in eine unzeitgemäße Differenz zur Realität brachten. Eine Differenz, die in gewisser Weise die Antwort darauf war, sich in der Realität nicht geduldet, nicht angenommen zu finden. Das Gefühl »Ich bin anders« ist das grundlegende lebensgeschichtliche Identitätsgefühl Sahra Wagenknechts. Eine durch und durch ambivalente Perspektive. Gerade deshalb ist es angemessen, die moderne Identitätsfrage in die Goethe'sche Frage nach dem »Knoten« einer Lebensgeschichte zurückzubinden. Denn diese hat gegenüber dem beliebigen Identitätsgerede im aktuellen Diskurs den Vorteil der Sachlichkeit.

Was also verknotet sich in Sahra Wagenknechts facettenreichem Leben? Die Auflistung ihrer Qualitäten und Eigenschaften vermerkt auf der intellektuellen Ebene eine bemerkenswerte Intelligenz, auf der sozialen das Zusammenspiel von Trotz und Treue, das sich mit großem Ehrgeiz paart. Psychologisch ist ein bestimmtes Defizit unverkennbar, das sich aus ihrer Lebensgeschichte ergibt: aus einem frühen und radikalen Verlust eines wichtigen Menschen, dessen Erbschaft nicht zuletzt darin bestand, sie optisch von ihrer Umwelt abzuheben. Sahra Wagenknecht ist in der genealogischen Spur ihres Vaters buchstäblich a priori als »Andere«, als Abweichende und damit Außenseiterin gekennzeichnet. Stigmatisiert durch die Mitgift einer Person, die sie geliebt und verloren hat. Die Folgen wirken bis heute.

Ihr lebensgeschichtlicher Knoten, so könnte man es formulieren, ist die Verknüpfung eines frühen Verlusts mit dem Wunsch, das Verlorene präsent zu halten und sich selbst damit lebensfähig zu machen: anders sein zu dürfen, ohne damit in die Falle von Ausgrenzung und Entwertung zu geraten. Es ist der Wunsch nach einem Zustand, in dem die Freiheit der Selbstentfaltung nicht mit dem Verlust von persönlicher und sozialer Sicherheit bezahlt werden muss.

Politisch und intellektuell hat sie diesen Wunsch bis zu einem gewissen Grad verwirklichen können. Nicht zuletzt mit Hilfe ihres frühen Salonfreundes Karl Marx. Seine Theorie hat ihr Halt, ebenjene Gewissheit, die Welt und das Leben richtig zu betrachten, gegeben, die sich jeder wünscht. Lebensgeschichten bewegen sich zwischen den Polen Gewissheit und Unsicherheit. Man kann sie durchaus als Synonyme für Glück und Angst verstehen. Der Wunsch nach dem Glück der Gewissheit ist der Konterpart der mächtigsten Einflussgröße des modernen Lebens: der Angst.

Nicht zuletzt die Frage nach dem »guten Leben« hängt damit zusammen, wie sich die Angst beherrschen, wie sich der Wunsch nach sachlicher und emotionaler Sicherheit erfüllen lässt. Wer in einer unsicheren Welt lebt, möchte wenigstens die Gewissheit haben, über sie Bescheid zu wissen. Gewissheit kann nur erlangen, wer *richtig* denkt – so die verbreitete Meinung und das Angebot von Theorien, die mit dem Anspruch auftreten, die Welt systematisch und »restlos« zu erklären.

»Es gibt kein richtiges Leben im falschen«, Sahra Wagenknechts Lebensmotto, stammt – überraschenderweise – von Theodor W. Adorno. Überraschend insofern, als dieses Motto eine theoretische Stimme zitiert, die in ihrem Leben nicht wirklich eine Rolle gespielt hat. Adorno, Chefdenker der Kritischen Theorie der Frankfurter Schule und Stichwortgeber der westdeutschen Studentenbewegung von 1968, verstand sich zwar auch als Marxist, aber er vertrat eine vollständig andere, in jeder Hinsicht »westlich« geprägte Auffassung eines modernen Marxismus. Seine berühmte Devise bezeugt eine Totalität des Falschen, die nur der richtig Wissende einschätzen kann. Und deutet damit wenigstens negativ an, dass es doch richtig zu machen sei. Schließlich gibt es ja, einsam im Meer des Falschen, die Insel der allein richtigen Erkenntnis. Die es zu verteidigen gilt. Die richtige, Gewissheit vermittelnde Erkenntnisposition hat, wer meint, unumstößliche Einsichten zu besitzen, die ihm oder ihr die Welt erschließen. Gewissheit haben heißt Recht haben, über die Wahrheit zu verfügen. Eine durch Theorie gewisse Welt verschafft das Gefühl, sie nicht nur zu verstehen, sondern sie in einem bestimmten Sinne auch zu beherrschen.[21] Mindestens erwächst daraus die gewissermaßen moralische Pflicht, diese Wahrheit als Lehre weiterzugeben. Zur Diskussion werden absolute Gewissheiten nicht gestellt.

Sahra Wagenknechts innigster Wunsch in allen Phasen ihres Lebens ist aber genau der nach einem gelingenden Dialog: der Wunsch nach Abgleich und Austausch von Eigenem und Fremdem, der auf die Herausforderung des anderen reagiert. Und, das macht es kompliziert, es ist ausgerechnet ihre grundlegende theoretische Orientierung, die ihr zum einen Sicherheit gibt, aber zum anderen sich gegen den Dialogwunsch stellt. Der Marxismus, ihre Vaterreligion, schafft ihr Gewissheit, aber um den Preis, den Dialog zu erschweren. Sahra Wagenknechts politisches Leben kreist zu einem guten Teil darum, einen Ausgleich zwischen der Treue zu ihren theoretischen Ausgangsidealen und dem realpolitisch notwendigen Austauschprozess zu schaffen, der eben Kern des Dialogischen ist.

Politik machen heißt, Kompromisse einzugehen. Jedenfalls in demokratisch verfassten Systemen. Das Ungewöhnliche an Sahra Wagenknechts Lebens- und Erkenntnisweg besteht darin, dass es ihr gelungen ist, gegen den ursprünglichen Glauben zu denken, ohne ihn zu verraten. Der Konflikt zwischen ihrer Intellektualität, dem Vermögen, präzise zu analysieren, und dem wunschbestimmten Glauben ist gewissermaßen die fortgeschriebene Aporie des ethischen Problems der Utopie. Die Frage, ob sich das »Besserdenkenkönnen der Welt« tatsächlich in politische Praxis umsetzen muss oder nicht vielleicht doch im Reich des Denkens – des politischen Denkens – verbleiben sollte, um dort Impulse zu setzen, die für andere wesentlich werden können, ist weitestgehend identisch mit der angesprochenen Problematik des »Knotens«. Manchmal ist es wohl notwendig, bestimmte Stränge zu entflechten, um sie in neuer Weise verbinden zu können.

Sahra Wagenknecht wird, wenn nicht Unvorhersehbares geschieht, der Politik treu bleiben. Sicherlich nicht in Form der bisher von ihr gepflegten Praxis an der Spitze ihrer Partei. Aber als öffentlich denkende Person, die durch ihre theoretischen Anstöße möglicherweise neue Formen des Politischen initiieren kann. In ihrer Biografie zeichnet sich die Möglichkeit eines neuen Anfangs ab, eben weil Sahra Wagenknecht die Dimension des Politischen in anderer, »eigenartiger« Weise verkörpert. Darin liegt die Chance, die Gefühlsdynamik des Politischen in diesem Land zu verändern.

Postskriptum: Die Lebensgeschichte einer 50-Jährigen könne nur eine Biografie der Möglichkeiten sein: Als ich das nach meinem ersten Treffen mit Sahra Wagenknecht notierte, war keine der Entscheidungen auch nur zu ahnen, die ihr Leben im Frühjahr 2019 so gründlich verändert haben.

Lebensgeschichtliche Veränderungsprozesse haben immer mit Trennungen zu tun: Etwas wird aufgegeben, um anderes anfangen oder wiederaufnehmen zu können. Wie diese Trennung geschieht, ist dabei ausschlaggebend. Die negative Form ist der Verrat. Denn er bedeutet die Zerstörung von etwas, das einmal wichtig war. Trennungen so zu gestalten, dass das Alte nicht zerstört werden muss, setzt die Kunst der Integration des Alten in einen neuen Rahmen voraus. Sahra Wagenknecht ist dabei, diese Kunst zu entwickeln.

Vielleicht ist das, was ich »gegen einen Glauben zu denken, ohne ihn zu verraten« genannt habe, ihre größte Leistung auf diesem Weg. Denn diese Haltung öffnet einen integrativen Möglichkeitsraum, der der deutschen Linken weitgehend abhandengekommen ist. Auf dieser Basis können sich ein neuer Begriff und eine neue Praxis des Politischen entwickeln, in der private und politische Existenz zur Balance finden können. Sahra Wagenknechts ebenso umwegige wie konsequente Lebensgeschichte zeigt exemplarisch diese Möglichkeit. Auf die Folgen dürfen wir gespannt sein.

ANMERKUNGEN

Eine Frau mit Widersprüchen

1 https://www.berliner-zeitung.de/politik/gregor-gysi-ueber-wagenknecht-sahra-ist-keine-goettin-und-das-weiss-sie-auch-30570356 (letzter Zugriff: 12.06.2019).
2 Vgl. u. a. https://www.bild.de/politik/inland/menschen-bei-maischberger/menschen-bei-maischberger-20533786.bild.html; https://www.superillu.de/jetzt-kocht-sie-im-tv (letzter Zugriff jeweils: 12.06.2019).
3 Zit. n.: Hans-Dieter Schütt, *Zu jung, um wahr zu sein? Gespräche mit Sahra Wagenknecht*, Berlin 1995, S. 130.
4 https://magazin.spiegel.de/EpubDelivery/spiegel/pdf/9157564 (letzter Zugriff: 16.06.2019).
5 https://www.tichyseinblick.de/daili-es-sentials/stalins-geistige-gross-neffen-sind-unter-uns/ (letzter Zugriff: 16.06.2019).
6 https://www.superillu.de/sarah-wagenknecht (letzter Zugriff: 16.06.2019).
7 https://www.focus.de/regional/erfurt/wahlen-wagenknecht-kritisiert-eu-ukraine-politik-wahlkampfauftakt_id_3811799.html (letzter Zugriff: 16.06.2019).

Aufwachsen im Osten

1 Alle Zitate entnommen aus: *Der Froschkönig oder Der eiserne Heinrich*, in: *Das große Märchenbuch. Die schönsten Märchen aus ganz Europa*, hrsg. von Christian Strich, Zürich 1987, S. 660–663.
2 Alle Zitate aus: http://www.maerchenatlas.de/kunstmarchen/die-schneekonigin-2/ (letzter Zugriff: 12.06.2019); Kursivierungen im Originaltext von Hans Christian Andersen.
3 Johann Wolfgang von Goethe, *Die Leiden des jungen Werther*, in: ders., *Werke. Hamburger Ausgabe*, Bd. VI, *Romane und Novellen I*, München 1989, S. 7.

4 Undatierter Brief von Sahra Wagenknecht an Peter Hacks, Privatarchiv Sahra Wagenknecht.

Der Untergang der DDR und die Folgen

1 Friedrich Hölderlin, *Oden I*, in: ders., *Sämtliche Werke. Kritische Textausgabe*, Bd. 4, hrsg. von D. E. Sattler, Darmstadt und Neuwied 1985, S. 147.

2 Georg Lukács, *Die Theorie des Romans*, Darmstadt und Neuwied o. J., S. 117.

3 Johann Wolfgang von Goethe, Brief an Karl Ludwig von Knebel vom 21. November 1782, in: *Goethes Briefe*, Bd. 1, Hamburg 1962, S. 416.

4 Johann Wolfgang von Goethe, Brief an Carl Friedrich Zelter vom 29. Mai 1801, in: *Goethes Briefe*, Bd. 2, Hamburg 1967, S. 417.

5 Johann Wolfgang von Goethe, Brief an Carl Friedrich Zelter vom 26. Januar 1829, in: *Goethes Briefe*, Bd. 4, Hamburg 1967, S. 319.

6 Schütt, *Zu jung, um wahr zu sein?*, S. 35.

7 Zit. n.: Manfred Behrend, *Eine Geschichte der PDS. Von der zerbröckelnden Staatspartei zur Linkspartei*, Köln 2006, S. 28.

8 Zit. n.: ebd.

9 Ebd., S. 26.

10 Schütt, *Zu jung, um wahr zu sein?*, S. 37.

11 Ebd., S. 40.

12 Ebd., S. 50.

13 Ebd., S. 49.

14 Ebd., S. 49f.

15 Georg Wilhelm Friedrich Hegel, *Vorlesungen über die Geschichte der Philosophie III*, in: ders., *Werke*, Bd. 20, Frankfurt/Main 1971, S. 331f. Die Fortsetzung dieser Stelle wird selten zitiert, liest sich aber beinahe wie ein Kommentar zum hier Verhandelten: »In Deutschland hat dasselbe Prinzip das Interesse des Bewußtseins für sich genommen; aber es ist theoretischerweise ausgebildet worden. Wir haben allerhand Rumor im Kopfe und auf dem Kopfe; dabei läßt der deutsche Kopf eher seine Schlafmütze ganz ruhig sitzen und operiert innerhalb seiner« (S. 332). Es wirkt wie eine ironische Fortführung der Jugendgedanken im Tübinger Stift.

16 Es ist nicht ohne Ironie, dass der theoretisch begabteste Kopf der westdeutschen 68er-Bewegung, der ehemalige Adorno-Schüler Hans-Jürgen Krahl, ein paar Jahre vorher eine Reflexion über das Verhältnis von Hegel und Marx anstrengt, die sich bestens mit Wagenknechts Magisterarbeit verträgt: »Aber wenn man diese Verbindung von Marxscher und Hegelscher Theorie sieht, könnte man auch meinen, es sei ein großer spekulativer Kreis. Entweder Projektion Hegelscher Kategorien auf die Marxsche Theorie oder wirklich Verifikation einer kategorialen Realität auch außerhalb dieser Hegelschen Philosophie. Und ob Marx das geleistet hat, ist eine große Frage. Das heißt, es steht dann zur Debatte, ob Marx absoluter Idealist war oder nicht. Und dann wäre es mit allem Materialismus Essig.« Hans-Jürgen Krahl, »Schulungsprotokoll vom

3. Februar 1970«, in: ders., *Konstitution und Klassenkampf. Schriften und Reden 1966–1970*, Frankfurt/Main 1971, S. 20.

17 Schütt, *Zu jung, um wahr zu sein?*, S. 44f.

18 Ebd., S. 54.

19 Zit. n.: ebd., S. 58.

20 Zit. n.: ebd.

21 Ebd., S. 55.

22 Zit. n.: ebd., S. 56.

23 Ebd., S. 57.

24 Dass nicht nur in China, sondern auch in einigen kommunistischen Parteien des Westens ein fünfter hinzukam, Mao Tse-Tung, spielt in diesem Zusammenhang keine Rolle. Und einen Bart hatte er auch nicht.

25 Wagenknecht, »Marxismus und Opportunismus«, in: *Weißenseer Blätter*, online abrufbar unter: http://www.glasnost.de/pol/wagen.html (letzter Zugriff: 12.06.2019).

26 Ebd.

27 Vgl. https://www.zeit.de/1970/16/der-bolschewik-aus-gutem-hause/komplettansicht (letzter Zugriff: 12.06.2019).

28 Undatierter Brief von Sahra Wagenknecht an Peter Hacks, Privatarchiv Sahra Wagenknecht.

29 Vgl. Ronald Weber, *Peter Hacks, Heiner Müller und das antagonistische Drama des Sozialismus. Ein Streit im literarischen Feld der DDR*, Berlin 2015, S. 31.

30 Eben in diesem Sinne wurde Hacks' Stück von vielen verstanden: Als Kritik daran, dass es den Obergenossen im ZK und Politbüro mehr um die Erhaltung ihrer persönlichen Macht als um die Entwicklung des Sozialismus ging.

31 Peter Hacks, *Marxistische Hinsichten. Politische Schriften 1955–2003*, Berlin 2018, S. 113.

32 Ebd., S. 453.

33 Heiner Müller, *Krieg ohne Schlacht. Leben in zwei Diktaturen*, Köln 1992, S. 142.

34 So der Herausgeber der Hacks'schen Schriften, Heinz Hamm, in seiner »Einleitung« zu Hacks' politischen Schriften, in: Hacks, *Marxistische Hinsichten*, S. 51.

35 Tatsächlich wird Ulbrichts »Alleingang« nicht zuletzt von der Sowjetunion nicht geduldet. Kurz nach Ulbrichts Sturz wird Kurt Hager im Oktober 1971 auf der Konferenz der Gesellschaftswissenschaftler erklären: »Die Theorie vom Sozialismus als relativ selbständige Gesellschaftsformation läßt sich also nicht mit der marxistisch-leninistischen Theorie des Übergangs vom Sozialismus zum Kommunismus in Übereinstimmung bringen.« Kurt Hager, *Die entwickelte sozialistische Gesellschaft. Aufgaben der Gesellschaftswissenschaftler nach dem VIII. Parteitag der SED*, Berlin 1971, S. 31f.

36 Hacks, *Marxistische Hinsichten*, S. 383.

37 Ebd., S. 385.

38 Ebd., S. 474.

39 Hamm, »Einleitung«, in: Hacks, *Marxistische Hinsichten*, S. 36.

40 Hacks, *Marxistische Hinsichten*, S. 77.

41 Ebd., S. 78.

42 Ebd.

43 Ebd.

44 Sahra Wagenknecht, *Vom Kopf auf die Füße? Zur Hegel-Kritik des jungen Marx oder: Das Problem einer dialektisch-materialistischen Wissenschaftsmethode*, Bonn 1997.

45 Schütt, *Zu jung, um wahr zu sein?*, S. 79.

46 Undatierter Brief von Sahra Wagenknecht an Herbert Burmeister, Privatarchiv Sahra Wagenknecht.

47 Rosa-Luxemburg-Archiv, ADS, Bestand: PDS-PV-280.

48 Ebd., PDS-PV-040.

49 Ebd.

50 Ebd.

51 Ebd.

52 Ebd.

53 Ebd.

54 Ebd.

55 Ebd.

56 Ebd.

57 Rosa-Luxemburg-Archiv, ADS, Bestand: PDS-PV-040; alle Rechtschreibfehler im Original.

58 Ebd.

59 Schütt, *Zu jung, um wahr zu sein?*, S. 134.

60 Ebd., S. 136.

Auf dem Weg zur Berufspolitikerin

1 Sahra Wagenknecht, *Antisozialistische Strategien im Zeitalter der Systemauseinandersetzung: Zwei Taktiken im Kampf gegen die sozialistische Welt*, Bonn 1994.

2 Vgl. u. a. https://www.spiegel.de/spiegel/print/d-9157564.html; https://www.sahra-wagenknecht.de/de/article/8.mich-kann-man-nicht-kaltstellen.html (letzter Zugriff jeweils: 13.06.2019).

3 https://www.bunte.de/panorama/sahra-wagenknecht-das-sagt-ihr-ex-zur-trennung-31770.html (letzter Zugriff: 12.06.2019).

4 Schütt, *Zu jung, um wahr zu sein?*, S. 34f.

5 Vgl. u. a. https://www.sueddeutsche.de/politik/die-linke-streit-um-klaus-ernst-porsche-klaus-und-die-lebensluege-1.984622 (letzter Zugriff: 12.06.2019).

6 http://www.spiegel.de/politik/deutschland/linke-abgeordnete-wagenknecht-beim-hummer-essen-fotografiert-bilder-geloescht-a-523509.html (letzter Zugriff: 12.06.2019).

7 Vgl. u. a. https://www.spiegel.de/spiegel/print/d-29274022.html (letzter Zugriff: 12.06.2019).

8 http://www.spiegel.de/spiegel/print/d-139226794.html (letzter Zugriff: 12.06.2019).

9 Wagenknecht, *Vom Kopf auf die Füße?*, S. 180.

10 Ebd., S. 189.

11 Sahra Wagenknecht/Jürgen Elsässer, *Vorwärts und vergessen? Ein Streit um Marx, Lenin, Ulbricht und die verzweifelte Aktualität des Kommunismus*, Hamburg 1996.

12 *Kapital, Crash, Krise ... Kein Ausweg in Sicht? Fragen an Sahra Wagenknecht*, Bonn 1998.

13 https://michaelbittner.info/2018/09/19/die-grenzen-der-sahra-wagenknecht/ (letzter Zugriff: 12.06.2019).

14 Vgl. Immanuel Kant, *Anthropologie in pragmatischer Hinsicht*, in: ders., *Werke in zwölf Bänden*, Bd. XII: *Schriften zur Anthropologie, Geschichtsphilosophie, Politik und Pädagogik*, Frankfurt/Main 2000, S. 500: »Denken ist Reden mit sich selbst […], folglich sich auch innerlich (durch reproduktive Einbildungskraft) Hören.«

15 Vgl. Immanuel Kant, *Anthropologie in pragmatischer Hinsicht*, online abrufbar unter: https://korpora.zim.uni-duisburg-essen.de/Kant/aa07/161.html (letzter Zugriff: 16.06.2019).

16 *Kapital, Crash, Krise ...*, S. 7.

17 Sahra Wagenknecht/Gerhard Zwerenz, *Die grundsätzliche Differenz. Ein Streitgespräch in Wort und Schrift*, Querfurt 1999, S. 23.

18 Ebd., S. 40.

19 Ebd., S. 41.

20 Ebd., S. 46.

21 *Kapital, Crash, Krise ...*, S. 24.

22 Ebd., S. 53.

23 Wagenknecht/Zwerenz, *Die grundsätzliche Differenz*, S. 10.

24 Ebd., S. 101.

25 *Kapital, Crash, Krise ...*, S. 174.

26 Wagenknecht/Zwerenz, *Die grundsätzliche Differenz*, S. 105.

27 Ebd.

28 Ebd., S. 106.

29 https://www.welt.de/print-welt/article630972/Den-Sieg-des-Kommunismus-fest-im-Blick.html (letzter Zugriff: 12.06.2019).

30 *Kapital, Crash, Krise ...*, S. 180.

31 Sahra Wagenknecht, *Couragiert gegen den Strom. Über Goethe, die Macht und die Zukunft*, Frankfurt/Main 2017, S. 151f.

32 Ebd.

33 Max Weber, »Politik als Beruf«, in: *Geistige Arbeit als Beruf. Vier Vorträge vor dem Freistudentischen Bund*, zweiter Vortrag, München und Leipzig 1919.

34 Über einen ehemaligen Kanzler der Bundesrepublik hält sich hartnäckig das Gerücht, er habe, im kleinen privaten Kreis nach den Gründen gefragt, warum er in die Politik gegangen sei, die klassische Antwort gegeben: »Macht und Kohle«.

35 Weber, »Politik als Beruf«, S. 66.

36 Wir erinnern uns an den Aufsatz »Marxismus und Opportunismus« der Jungpolitikerin, der scharf mit den Mitgliedern der SED und ihrer Nachfolgeorganisationen ins Gericht ging, die mit der »Wende« von 1989/90 eifrig ihr politisches Fähnchen in den Westwind drehten.

Das richtige Leben im falschen?

1 *Kapital, Crash, Krise ...*, S. 151.

2 Gregor Gysi, *Ein Leben ist zu wenig. Die Autobiographie*, Berlin 2017, S. 532.

3 Ebd.

4 Vgl. https://www.spiegel.de/spiegel/a-661508.html; https://www.waz.de/waz-info/affaere-zwischen-lafontaine-und-wagenknecht-id2084866.html (letzter Zugriff jeweils: 13.06.2019).

5 Vgl. https://www.sueddeutsche.de/leben/linke-liebe-lafontaine-stellt-wagenknecht-als-seine-freundin-vor-1.1187400 (letzter Zugriff: 13.06.2019).

6 Wagenknecht, *Couragiert gegen den Strom*, S. 71f.

7 Vgl. https://www.sahra-wagenknecht.de/kontext/controllers/document.php/101.../8bf.pdf (letzter Zugriff: 13.06.2019).

8 Vgl. Oskar Lafontaine, *Das Herz schlägt links*, München 1999.

9 Vgl. Sahra Wagenknecht, *Die Mythen der Modernisierer*, Querfurt 2001.

10 Vgl. Oskar Lafontaine, *Politik für alle. Streitschrift für eine gerechte Gesellschaft*, München 2005.

11 Sahra Wagenknecht, *Freiheit statt Kapitalismus. Über vergessene Ideale, die Eurokrise und unsere Zukunft*, Frankfurt/Main 2012.

12 Sahra Wagenknecht, *Reichtum ohne Gier. Wie wir uns vor dem Kapitalismus retten*, Frankfurt/Main 2016.

13 http://www.spiegel.de/politik/deutschland/bundestagswahl-2009-streit-um-geplante-wagenknecht-kandidatur-a-571134.html (letzter Zugriff: 13.06.2019).

14 https://www.wz.de/politik/landespolitik/bundestagswahl-2009-in-mettmann-ein-hauch-von-stalinismus_aid-31499033 (letzter Zugriff: 13.06.2019).

15 https://recht.nrw.de/lmi/owa/br_vbl_show_pdf?p_id=13183 (letzter Zugriff: 13.06. 2019).

16 http://www.spiegel.de/politik/deutschland/bespitzelung-von-linken-chef-lafontaine-oskar-und-die-detektive-a-662853.html (letzter Zugriff: 13.06.2019).

17 http://www.spiegel.de/politik/deutschland/geheimdienst-verfassungsschutz-beobachtet-27-linken-abgeordnete-a-810651.html; https://www.sueddeutsche.de/politik/linksfraktion-im-bundestag-verfassungsschutz-stellt-beobachtung-von-linken-abgeordneten-ein-1.1912666 (letzter Zugriff jeweils: 13.06.2019).

18 Gysi, *Ein Leben ist zu wenig*, S. 536.

19 Ebd., S. 537.

20 Ebd., S. 543.

21 Ebd., S. 543f.

22 http://www.spiegel.de/kultur/gesellschaft/das-undemokratische-zdf-markus-lanz-und-sahra-wagenknecht-a-945361.html (letzter Zugriff: 13.06.2019).

23 Nicole Baumann/Julius Kuhl, »Selbstdisziplin«, in: M. A. Wirtz (Hrsg.), *Dorsch – Lexikon der Psychologie*, Göttingen 2017, online abrufbar unter: https://m.portal.hogrefe.com/dorsch/selbstdisziplin/ (letzter Zugriff: 13.06.2019).

24 https://www.youtube.com/watch?v=s1uuPUkncxA; https://www.bild.de/politik/inland/bundestagswahl2017/lilly-live-wagenknecht-53293358.bild.html (letzter Zugriff jeweils: 13.06.2019).

25 https://www.superillu.de/sahra-wagenknecht-ueber-ehe-kinder-und-ddr (letzter Zugriff: 13.06.2019).

26 https://www.aachener-zeitung.de/nrw-region/sahra-wagenknecht-von-der-prinzes sin-zur-ritterin_aid-32374029 (letzter Zugriff: 13.06.2019).

27 Wagenknecht, *Couragiert gegen den Strom*, S. 32.

28 Undatierter Brief von Sahra Wagenknecht an Peter Hacks, Privatarchiv Sahra Wagenknecht.

29 Wagenknecht, *Couragiert gegen den Strom*, S. 33.

30 Ebd., S. 33f.

31 Ebd., S. 34.

32 Ebd.

33 Ebd., S. 79f.

34 Johann Wolfgang von Goethe, *Faust I*, Verse 1114–1117, München 1999, S. 41.

35 Johann Wolfgang von Goethe, *Künstlers Apotheose*, in: ders., *Poetische Werke. Vollständige Ausgabe dritter Band*, Stuttgart 1953, S. 841.

36 https://www.runnersworld.de/community/ein-lauf-mit-sahra-wagenknecht.293968. htm (letzter Zugriff: 16.06.2019).

37 Sahra Wagenknecht, *The Limits of Choice. Saving Decisions and Basic Needs in Developed Countries*, Frankfurt/Main 2013.

38 Dieses medial inflationär verwendete Wort ist eigentlich ein Indiz für falsches, mindestens beschwichtigendes Denken. Denn »Krisen« sind wesentlich passager, sie haben es an sich, vorübergehend zu sein. Das hinter der »Flüchtlingskrise« steckende Migrationsproblem dagegen muss als dauerhafte weltpolitische Realität verstanden werden.

Bücher machen Leute

1 Sahra Wageknecht, *Wahnsinn mit Methode. Finanzcrash und Weltwirtschaft*. Frankfurt/Main 2008.

2 Der eigentlich ein »schwarzer Donnerstag« war, weil an diesem Tag die Wall Street kollabierte. Es brauchte genau einen Tag, bis die Ereignisse auch die europäische Bühne erreichten, weshalb hier vom Schwarzen Freitag gesprochen wird.

3 https://www.sueddeutsche.de/geld/prominente-zur-lehman-pleite-ich-habe-meine-gegner-ueberschaetzt-1.390555 (letzter Zugriff: 15.05.2019).

4 Ebd.

5 Wagenknecht, *Wahnsinn mit Methode*, S. 11.

6 Ebd.

7 https://www.morgenpost.de/kultur/article103380684/Die-Sternstunde-der-Sozialistin-Wagenknecht.html (letzter Zugriff: 14.06.2019).

8 Wagenknecht, *Wahnsinn mit Methode*, S. 82.

9 Zu diesem prima vista überraschenden Urteil in der Zeit der IT-Revolution später mehr.

10 Wagenknecht, *Wahnsinn mit Methode*, S. 188.

11 Ebd., S. 189.

12 Ebd.

13 Ebd., S. 195.

14 Ebd.

15 Ebd., S. 244.

16 Ebd., S. 255.

17 Ebd.

18 Wagenknecht, *Freiheit statt Kapitalismus*, S. 8.

19 Ebd., S. 9.

20 Ebd., S. 10.

21 Ebd., S. 11.

22 Ebd.

23 Ebd.

24 Ebd., S. 142.

25 Ebd., S. 146.

26 Ganz abgesehen davon, wie »Leistung« überhaupt definiert sei. Wagenknecht zitiert in diesem Zusammenhang den Kabarettisten Volker Pispers mit seiner Frage: »Wenn morgen entweder alle Unternehmensberater, Investmentbanker und Aktienanalysten tot umfielen oder aber alle Krankenschwestern, Polizisten, Feuerwehrleute und Altenpfleger – wen würden Sie mehr vermissen?« Ebd., S. 144.

27 Ebd., S. 371.

28 Ebd., S. 372.

29 Ebd., S. 382.

30 Ebd., S. 383, Kursivierung im Originaltext.

31 Ebd., S. 388.

32 Ebd., S. 396.

33 Ebd.

34 https://www.augsburger-allgemeine.de/politik/Wagenknecht-und-Bartsch-Ein-Paar-das-alle-ueberrascht-hat-id42636481.html (letzter Zugriff: 16.06.2019).

35 https://www.faz.net/aktuell/politik/inland/dietmar-bartsch-und-sahra-wagen knecht-im-interview-13856944.html (letzter Zugriff: 16.06.2019).

36 Dieses und die folgenden Zitate aus: https://www.sueddeutsche.de/politik/kapitalis mus-die-entfremdeten-1.2922659 (letzter Zugriff: 16.06.2019).

37 Dieses und die folgenden Zitate aus: https://www.faz.net/aktuell/feuilleton/buecher/sahra-wagenknecht-schreibt-von-reichtum-ohne-gier-14254222.html (letzter Zugriff: 16.06.2019).

38 Dieses und die folgenden Zitate aus: https://www.handelsblatt.com/arts_und_style/literatur/wirtschaftsbuchpreis/rezension-sahra-wagenknecht-die-gordon-gekko-gegenrede/14685420.html?ticket=ST-63011-XtTCHq7hqIqjWDh2pF77-ap5 (letzter Zugriff: 16.06.2019).

39 https://www.faz.net/aktuell/feuilleton/buecher/sahra-wagenknecht-schreibt-von-reichtum-ohne-gier-14254222.html (letzter Zugriff: 16.06.2019).

40 Wagenknecht, *Reichtum ohne Gier*, S. 46.

41 Ebd.

42 Ebd., S. 47.

43 Ebd., S. 205.

44 Bert Brecht hat dieses Problem in einem seiner Me-Ti-Aphorismen thematisiert: »Tu will kämpfen lernen und lernt sitzen. Tu kam zu Me-ti und sagte: Ich will am Kampf der Klasse teilnehmen. Lehre mich. Me-ti sagte: Setz dich. Tu setzte sich und fragte: Wie soll ich kämpfen? Me-ti lachte und sagte: Sitzt du gut? Ich weiß nicht, sagte Tu

erstaunt, wie soll ich anders sitzen? Me-ti erklärte es ihm. Aber, sagte Tu ungeduldig, ich bin nicht gekommen, sitzen zu lernen. Ich weiß, du willst kämpfen lernen, sagte Me-ti geduldig, aber dazu mußt du gut sitzen, da wir jetzt eben sitzen und sitzen lernen wollen. Tu sagte: Wenn man immer danach strebt, die bequemste Lage einzunehmen und aus dem Bestehenden das Beste herauszuholen, kurz, wenn man nach Genuß strebt, wie soll man da kämpfen? Me-ti sagte: Wenn man nicht nach Genuß strebt, nicht das Beste aus dem Bestehenden herausholen will und nicht die beste Lage einnehmen will, warum sollte man da kämpfen?« Bertolt Brecht, *Gesammelte Werke in 20 Bänden*, Bd. 12: *Prosa 2*, Frankfurt/Main 1967, S. 576.

45 Wagenknecht, *Reichtum ohne Gier*, S. 204.

46 Ebd., S. 310f.

Linke Politik heute

1 https://www.sueddeutsche.de/politik/linke-sozialismus-national-gefaerbt-1.3825955 (letzter Zugriff: 16.06.2019).

2 https://www.welt.de/politik/deutschland/article157312994/Heftige-Kritik-nach-Wagenknechts-Fluechtlings-Aeusserungen.html (letzter Zugriff: 16.06.2019).

3 https://www.handelsblatt.com/politik/deutschland/sahra-wagenknecht-afd-lobt-wagenknecht/13928486-2.html?ticket=ST-519262-qaaxYbbMzSCUyZrqRhsQ-ap4 (letzter Zugriff: 16.06.2019).

4 Der Wortlaut der Rede ist zu finden unter: https://www.die-linke.de/start/news-default-detailseite///dieses-land-veraendern/ (letzter Zugriff: 16.06.2019).

5 Sahra Wagenknechts Parteitagsrede sowie die Nachfragen und ihre Antworten können eingesehen werden unter: https://www.youtube.com/watch?v=4BabTcGY4kk (letzter Zugriff: 16.06.2019).

6 https://www.spiegel.de/politik/deutschland/linke-sammlungsbewegung-raus-aus-der-wagenburg-gastkommentar-a-1221568.html (letzter Zugriff: 16.06.2019).

7 https://www.saarbruecker-zeitung.de/nachrichten/politik/topthemen/hier-sind-linke-spieler-am-werk_aid-24219861 (letzter Zugriff: 16.06.2019).

8 https://twitter.com/sven_giegold/status/1025411604425453568 (letzter Zugriff: 16.06.2019).

9 Die Podiumsdiskussion ist abrufbar unter: https://www.youtube.com/watch?v=av6y-CDMFtY (letzter Zugriff: 16.06.2019). Alle Zitate sind dem Video entnommen.

10 Vgl. u.a. https://www.zaronews.world/zaronews-presseberichte/keine-neuausrichtung-wagenknecht-begruendet-ihren-ruecktritt-video/ (letzter Zugriff: 16.06.2019).

11 Privatarchiv Sahra Wagenknecht.

12 Privatarchiv Sahra Wagenknecht.

13 Ebd.

14 Vgl. u.a. https://www.spiegel.de/politik/deutschland/linke-oskar-lafontaine-volkspartei-vorstoss-sorgt-fuer-unruhe-a-1187264.html; https://www.n-tv.de/politik/politik_person_der_woche/Der-Jaeger-und-Sammler-pirscht-wieder-umher-article20623339.html; https://www.handelsblatt.com/politik/deutschland/sammlungsbewe

gung-aufstehen-wagenknecht-und-lafontaine-spalten-die-linke/22986206.html?ti
cket=ST-564773-gAkOaRbkBdz4ufsDzqyk-ap1 (letzter Zugriff jeweils: 16.06.2019).

15 »Dass Sahra Wagenknecht ihren Rückzug von der Fraktionsspitze ausgerechnet an
dem Tag verkündet, da sich der noch viel spektakulärere Rücktritt ihres Mannes,
Oskar Lafontaines, von der SPD-Spitze und vom Amt des Finanzministers zum zwan-
zigsten Mal jährt, kann eigentlich kein Zufall sein. Schließt sich da nicht geradezu ein
Kreis der Vergeblichkeit?« (https://www.zeit.de/2019/12/sahra-wagenknecht-die-lin
ke-aufstehen-bewegung-rueckzug, letzter Zugriff: 16.06.2019).

16 Zit. n.: Wagenknecht, *Wahnsinn mit Methode*, S. 193.

17 https://www.zeit.de/wirtschaft/2017-05/cumex-skandal-steuern-verlorene-gelder-
deutschland (letzter Zugriff: 16.06.2019).

18 http://www.mlwerke.de/me/me03/me03_533.htm (letzter Zugriff: 16.06.2019).

19 Vgl. http://www.mlwerke.de/me/me22/me22_068.htm (letzter Zugriff: 16.06.2019).

20 Goethe, Brief an Karl Ludwig von Knebel vom 21. November 1782, in: *Goethes Briefe*,
Bd. 1, S. 416.

21 Es berührt das Kernproblem des Glaubens. Denn nur der Glaube kann letztlich die
ewige Lücke schließen, die sich zwischen der Welt und ihrer Erkenntnis auftut. Was
das »richtige Denken« als Garant der Gewissheit betrifft, ließe sich mit Gründen
behaupten, dass wirkliches Denken erst da anfängt, wo Gewissheit aufhört. Aber das
führt hier zu weit.

BILDNACHWEIS

Abb. 1: © Andreas Schoelzel

Abb. 2, 5 bis 15 © privat, mit freundlicher Genehmigung von Gudrun Erler und Sahra Wagenknecht

Abb. 3 und 4 © privat, mit freundlicher Genehmigung von Beate Peukert und Sahra Wagenknecht

Abb. 16 © privat, mit freundlicher Genehmigung von Gudrun Erler, Sahra Wagenknecht und Beate Peukert

Abb. 17 © dpa / Paulus Ponizak

Abb. 18 © Andreas Schoelzel

Abb. 19 © imago / Jürgen Eis

Abb. 20 © shutterstock / Michele Limina

Abb. 21 bis 27 © privat, mit freundlicher Genehmigung von Gudrun Erler und Sahra Wagenknecht

Abb. 28 © Thomas Rusch

Abb. 29 © dpa / Rainer Jensen

Abb. 30 © dpa / Becker & Bredel

Abb. 31 © gettyimages / Thomas Trutschel

Abb. 32 © alamy / Peter Endig

Abb. 33 © Wolfgang Borrs

Abb. 34 © Dennis Williamson

DANK

Bücher, Biografien zumal, schreibt man nie alleine. Immer gibt es Helfer, Diskussionspartnerinnen, kritische Leser – und natürlich diejenigen, die im Leben der Hauptperson eine Rolle spielen und über ihre Erfahrungen und Eindrücke berichten. Hier sei explizit gedankt: Dietmar Bartsch, Sevim Dağdelen, Gudrun Erler, Dietmar Fischer, Oskar Lafontaine, Beate Peukert und Thomas Städtler. Den Mitarbeiterinnen und Mitarbeitern der Rosa-Luxemburg-Stiftung danke ich für ihre Unterstützung bei meinen Archiv-Recherchen. Vielfältige Anregungen und Kritiken während des Schreibens verdanke ich Urs Allemann, Michael Ehrke und Cordelia Stillke. Waltraud Berz hat souverän den verlegerischen Rahmen gestaltet. Ein besonderer Dank gilt Sabine Bayerl, die mich – nach einer schweren Erkrankung – in der Schlussphase großartig unterstützt hat.

Und selbstverständlich wäre dieses Projekt nicht möglich geworden ohne die vorbehaltlosen und freundlichen Auskünfte von Sahra Wagenknecht. Danke!